N5·N4·N3

시원스쿨닷컴

# 진짜 한 권으로 끝내는 JLPT 기출단어장 N5·N4·N3

**초판 1쇄 발행** 2025년 2월 3일

**지은이** 시원스쿨어학연구소
**펴낸곳** (주)에스제이더블유인터내셔널
**펴낸이** 양홍걸 이시원

**홈페이지** japan.siwonschool.com
**주소** 서울시 영등포구 영신로 166 시원스쿨
**교재 구입 문의** 02)2014-8151
**고객센터** 02)6409-0878

**ISBN** 979-11-6150-939-6 13730
**Number** 1-311301-30301807-02

## 당장 시험을 앞두고 있으면서
## 아직도 두꺼운 단어장으로 공부하고 계신가요?

JLPT(일본어능력시험)에 합격하려면 단어를 어떻게 외워야 할까요? JLPT를 준비하는 학습자라면 한 번쯤은 고민해 봤을 것 같습니다. 시원스쿨어학연구소에서는 이러한 학습자 분들의 고민과 불안감을 해소하고, 효율적으로 JLPT 시험을 대비하는 방법을 제시하고자 2010년부터 2024년 12월까지, 총 28회분의 기출 데이터를 기반으로 시험에 반복적으로 출제되는 단어들을 뽑아냈습니다. 또한 독해와 청해 문제의 지문 문장을 예문으로 수록하였기 때문에 이 단어장 한 권으로 독해와 청해 영역까지 대비할 수 있습니다. 본 단어장과 함께 하루에 70개의 단어 암기에 한번 도전해 봅시다!

## 합격을 위한 단어는 1,680개, 딱 한 달이면 충분합니다.

본 도서는 단어를 확실하게 암기할 수 있도록 3단계 테스트를 구성하였으며, 진짜 한 권 시리즈만의 마스터 비법을 제시합니다. 이제는 더 이상 두꺼운 단어장으로 힘들게 외우지 않아도 괜찮습니다.

또한, JLPT N5, N4, N3에서는 일상생활에서 많이 사용하는 어휘와 한자가 출제되기 때문에 본 단어장은 JLPT뿐만 아니라 일본어 회화 능력까지 향상시켜 줄 것입니다.

저희 시원스쿨어학연구소는 언제나 학습자의 입장에서 생각하고 끊임없이 고민하여, 보다 좋은 교재를 만들어낼 수 있도록 최선을 다하겠습니다.

**여러분의 JLPT 합격을 기원합니다.**

**시원스쿨어학연구소**

# 목 차

## N5

## N4

## N3

# 학습 플랜

## 한 달 학습 플랜

| 월 | 화 | 수 | 목 | 금 | 토 | 일 |
|---|---|---|---|---|---|---|
| 1주째<br>**DAY 1**<br>암기 | 1주째<br>**DAY 2**<br>암기 | 1주째<br>**DAY 3**<br>암기 | 1주째<br>**DAY 4**<br>암기 | 1주째<br>**DAY 5**<br>암기 | 1주째<br>**DAY 6**<br>암기 | 1주째<br>실력 체크<br>실전 JLPT 도전 |
| 2주째<br>**DAY 1**<br>암기 | 2주째<br>**DAY 2**<br>암기 | 2주째<br>**DAY 3**<br>암기 | 2주째<br>**DAY 4**<br>암기 | 2주째<br>**DAY 5**<br>암기 | 2주째<br>**DAY 6**<br>암기 | 2주째<br>실력 체크<br>실전 JLPT 도전 |
| 3주째<br>**DAY 1**<br>암기 | 3주째<br>**DAY 2**<br>암기 | 3주째<br>**DAY 3**<br>암기 | 3주째<br>**DAY 4**<br>암기 | 3주째<br>**DAY 5**<br>암기 | 3주째<br>**DAY 6**<br>암기 | 3주째<br>실력 체크<br>실전 JLPT 도전 |
| 4주째<br>**DAY 1**<br>암기 | 4주째<br>**DAY 2**<br>암기 | 4주째<br>**DAY 3**<br>암기 | 4주째<br>**DAY 4**<br>암기 | 4주째<br>**DAY 5**<br>암기 | 4주째<br>**DAY 6**<br>암기 | 4주째<br>실력 체크<br>실전 JLPT 도전 |

| 품사 일람표 | |
|---|---|
| 명 | 명사 |
| 동 | 동사 |
| イ | イ형용사 |
| ナ | ナ형용사 |

| 관련어 일람표 | |
|---|---|
| ↔ | 반의어 |
| + | 추가 관련 어휘 |
| ≒ | 유의어 |

**一発合格、**
**目指そう!**

# 이 책의 구성

### DAY1부터 DAY6까지 하루 20개(N5·N4)/30개(N3)씩 암기!

2010년부터 2024년 12월까지의 기출 어휘를 분석하여 반복되는 단어를 테마별로 꼼꼼하게 정리하였습니다. 모든 예문은 28회분의 독해·청해 기출 문제에서 추출한 문장으로 단어장만으로도 독해·청해까지 커버할 수 있습니다. MP3음원을 들으면서 쉽고 빠르게 단어를 암기해 봅시다.

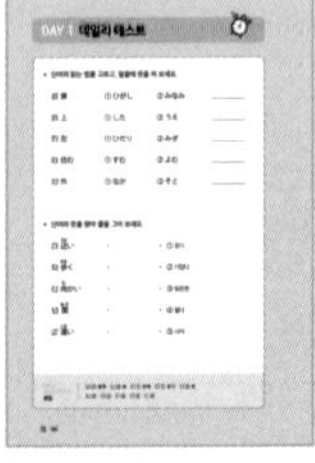

### 하루에 외운 어휘, 데일리 테스트로 점검!

외운 단어를 시험장까지 가져가기 위해 그날 익힌 단어는 바로 점검할 수 있도록 하였습니다. 특히 더 중요한 어휘만을 선정해 문제를 제작하였습니다. 데일리 테스트로 셀프 점검해 봅시다.

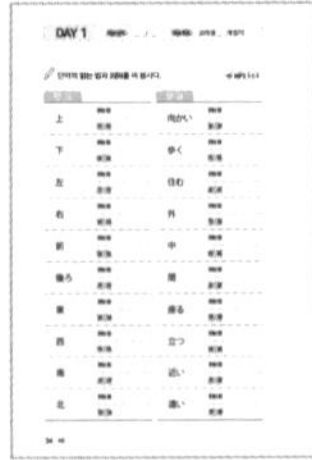

### 외운 단어를 직접 써 보며 실력 체크!

DAY1부터 DAY6까지 등장했던 모든 단어의 읽는 법과 의미를 직접 써 보도록 구성했습니다. 완벽하게 암기가 될 때까지 실력을 체크할 수 있습니다. 합격까지 빈틈없이 준비해 봅시다.

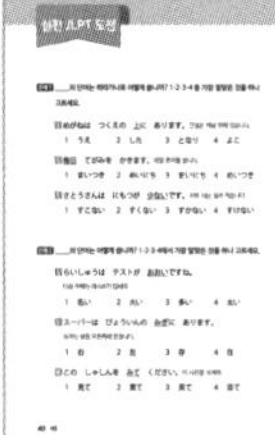

## 실제 시험 유형으로 JLPT 도전!

JLPT 문자·어휘 파트에 등장하는 한자읽기, 표기, 문맥규정, 유의표현, 용법까지 모든 유형의 연습문제를 수록하였습니다. 한 주 동안 배운 단어를 응용하여 실전에 철저하게 대비합시다.

## 반드시 알고 있어야 할 기초 문법 체크!

간단한 기초 문법도 마스터할 수 있도록 문법 활용표를 수록해 놓았습니다. 한 눈에 쏙 들어오는 문법 활용표로 문법도 학습합시다.

## 특별 부록

**❶ MP3 무료 다운로드**

**❷ 나만의 JLPT 단어 시험지**

**❸ 보충 단어 관용 표현**

**❹ 필수 기초 문법**

MP3, 나만의 JLPT 단어 시험지는 시원스쿨 일본어 홈페이지(japan.siwonschool.com) 접속 〉 학습지원센터 〉 공부자료실 〉 도서명 검색 후 무료로 다운로드 가능합니다.(※ 회원가입 후 로그인을 하셔야 이용 가능합니다.)

# 이 책의 활용법

***"JLPT는 고득점이 목표가 아니라 합격이 우선이다!"***

100% 반복 출제되는 어휘만으로도 한방에 합격하는
'진짜 한 권으로 끝내는 JLPT 단어장'만의 마스터 암기 비법 공개!

## 1 데일리 단어 암기

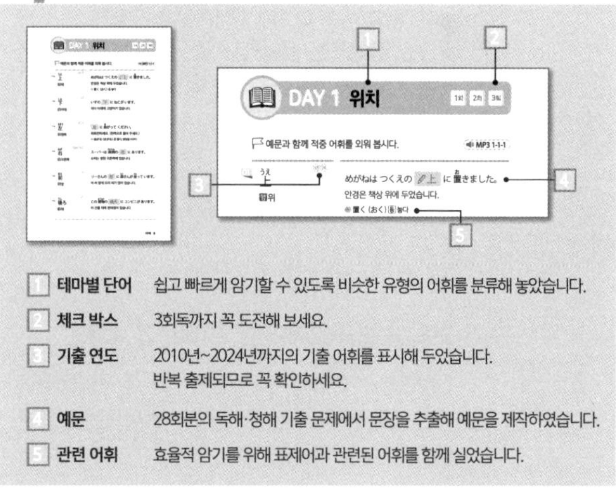

DAY 1 위치
1회 2회 3회
예문과 함께 적중 어휘를 외워 봅시다.
MP3 1-1-1
うえ
上
명 위
めがねは つくえの 上 に 置きました。
안경은 책상 위에 두었습니다.
※ 置く(おく) 동 놓다


1 **테마별 단어** 쉽고 빠르게 암기할 수 있도록 비슷한 유형의 어휘를 분류해 놓았습니다.

2 **체크 박스** 3회독까지 꼭 도전해 보세요.

3 **기출 연도** 2010년~2024년까지의 기출 어휘를 표시해 두었습니다. 반복 출제되므로 꼭 확인하세요.

4 **예문** 28회분의 독해·청해 기출 문제에서 문장을 추출해 예문을 제작하였습니다.

5 **관련 어휘** 효율적 암기를 위해 표제어과 관련된 어휘를 함께 실었습니다.

## 2 3단계 자동 암기 테스트

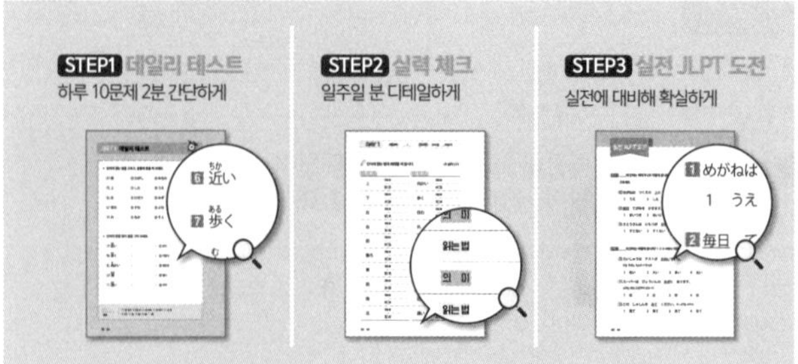

# 진짜 한 권으로 끝내는 JLPT 기출단어장

시원스쿨어학연구소 지음

N5

S 시원스쿨닷컴

WEEK 01

# 1 주 째

# DAY 1 위치

1회 2회 3회

예문과 함께 적중 어휘를 외워 봅시다. (MP3 1-1-1)

01 うえ
上 ⑱⑲
명 위

めがねは つくえの 上 に 置(お)きました。
안경은 책상 위에 두었습니다.
+ 置く (おく) 동 놓다

02 した
下 ⑰
명 아래

いすの 下 に ねこが います。
의자 아래에 고양이가 있습니다.

03 ひだり
左 ⑮㉓
명 왼쪽

左 に 曲(ま)がって ください。
좌회전하세요. (왼쪽으로 돌아 주세요.)
+ 曲がる (まがる) 동 돌다, 방향을 바꾸다

04 みぎ
右 ⑭⑱⑲㉑
명 오른쪽

スーパーは 病院(びょういん)の 右 に あります。
슈퍼는 병원 오른쪽에 있습니다.

05 まえ
前 ⑰
명 앞

リーさんの 前 に 森(もり)さんが 座(すわ)って います。
이 씨 앞에 모리 씨가 앉아 있습니다.

06 うしろ
後ろ ⑪
명 뒤

この 建物(たてもの)の 後ろ に コンビニが あります。
이 건물 뒤에 편의점이 있습니다.

07 ひがし
東
명 동(쪽)
⑱

川(かわ)の ✎東 がわに 公園(こうえん)が あります。

강 동쪽에 공원이 있습니다.

+ ~がわ ~쪽, ~방면

08 にし
西
명 서(쪽)
⑮⑲

西 の 空(そら)が 赤(あか)く なって きれいです。

서쪽 하늘이 빨갛게 물들어 예쁩니다.

09 みなみ
南
명 남(쪽)

南 図書館(としょかん)の 方(ほう)が 本(ほん)が 多(おお)いです。

남쪽 도서관 쪽이 책이 많습니다.

10 きた
北
명 북(쪽)
⑭⑰㉔

こうばんは 駅(えき)の 北 がわに あります。

파출소는 역의 북쪽에 있습니다.

11 む
向かい
명 맞은편

家(いえ)の 向かい に 病院(びょういん)が あって 便利(べんり)です。

집 맞은편에 병원이 있어서 편리합니다.

+ 向こう (むこう) 명 저쪽, 건너편

12 ある
歩く
동 걷다

学校(がっこう)まで 歩いて 30分(ぷん) かかります。

학교까지 걸어서 30분 걸립니다.

13 す
住む
동 살다

ヤンさんは 1年前(ねんまえ)から 日本(にほん)に 住んで います。

얀 씨는 1년 전부터 일본에서 살고 있습니다.

14 そと
**外** [11]
[명]밖

タクシーが ✏外 で 待(ま)って います。
택시가 밖에서 기다리고 있습니다.

15 なか
**中** [14][16]
[명]안, 속

かばんの 中 には 何(なに)も ありません。
가방 안에는 아무것도 없습니다.

16 あいだ
**間** [16]
[명]사이

銀行(ぎんこう)と コンビニの 間 に パン屋(や)が ある。
은행과 편의점 사이에 빵집이 있다.

17 すわ
**座る** [23]
[동]앉다

となりに 座っても いいですか。
옆에 앉아도 될까요?
+ となり [명] 옆, 이웃

18 た
**立つ** [19][21][24]
[동]서다

彼(かれ)は 今(いま) げんかんに 立って います。
그는 지금 현관에 서 있습니다.

19 ちか
**近い** [19]
[イ]가깝다

ABC病院(びょういん)が 私(わたし)の 大学(だいがく)から 一番(いちばん) 近い です。
ABC병원이 우리 대학에서 가장 가깝습니다.
+ 近く (ちかく) [명] 근처

20 とお
**遠い** [24]
[イ]멀다

彼女(かのじょ)の 家(いえ)は 会社(かいしゃ)から 遠くない です。
그녀의 집은 회사에서 멀지 않습니다.

# DAY 1 데일리 테스트

- 단어의 읽는 법을 고르고, 밑줄에 뜻을 써 보세요.

| | | | |
|---|---|---|---|
| 1 東 | ① ひがし | ② みなみ | ________ |
| 2 上 | ① した | ② うえ | ________ |
| 3 左 | ① ひだり | ② みぎ | ________ |
| 4 住む | ① すむ | ② よむ | ________ |
| 5 外 | ① なか | ② そと | ________ |

- 단어의 뜻을 찾아 줄을 그어 보세요.

| | | | |
|---|---|---|---|
| 6 近い(ちか) | • | • | ① 걷다 |
| 7 歩く(ある) | • | • | ② 가깝다 |
| 8 向かい(む) | • | • | ③ 맞은편 |
| 9 間(あいだ) | • | • | ④ 멀다 |
| 10 遠い(とお) | • | • | ⑤ 사이 |

DAY1 데일리 테스트 정답

1 ① 동쪽 2 ② 위 3 ① 왼쪽 4 ① 살다 5 ② 밖
6 ② 7 ① 8 ③ 9 ⑤ 10 ④

# DAY 2 자연과 동물

1회 2회 3회

예문과 함께 적중 어휘를 외워 봅시다.

MP3 1-1-2

01 そら 空 ⑮⑯㉑㉔

[명] 하늘

きれいな 空 ですね。

예쁜 하늘이네요.

+ くうき [명] 공기

02 うみ 海 ⑮⑯

[명] 바다

山(やま)より 海 の 方(ほう)が 好(す)きです。

산보다 바다를 더 좋아합니다.

03 かわ 川 ⑭⑮⑯

[명] 강

私(わたし)の 国(くに)は 川 が たくさん あります。

우리나라는 강이 많이 있습니다.

04 やま 山 ⑪⑬⑰

[명] 산

山 の 上(うえ)は 少(すこ)し 寒(さむ)いです。

산 위는 조금 춥습니다.

05 き 木

[명] 나무

私(わたし)の 学校(がっこう)には 木 が たくさん あります。

우리 학교는 나무가 많이 있습니다.

06 のぼる ⑮

[동] (산을) 오르다

そふは 毎週(まいしゅう) 山(やま)に のぼります 。

할아버지는 매주 산에 오릅니다.

07 花(はな) ⑱⑲
명 꽃

いっしょに 花 を 見(み)に 行(い)かない。
함께 꽃 보러 가지 않을래?

08 火(ひ)
명 불

火 はもう 消(き)えました。
불은 벌써 꺼졌습니다.

09 水(みず) ㉒
명 물

夏(なつ)には 水 を たくさん 飲(の)んで ください。
여름에는 물을 많이 마시세요.

10 咲(さ)く ㉑㉒
동 (꽃이) 피다

春(はる)に なって、花(はな)が 咲きました 。
봄이 되어 꽃이 피었습니다.

11 見(み)る ⑯
동 보다

つかれた 時(とき)は 空(そら)を 見て ください。
지쳤을 때는 하늘을 보세요.

12 見(み)える
동 보이다

天気(てんき)が よくて ふじさんが 見えます 。
날씨가 좋아서 후지산이 보입니다.

13 見(み)せる
동 보여주다

あなたに 見せたい 海(うみ)が あります。
당신에게 보여주고 싶은 바다가 있습니다.

14 どうぶつ
動物 ⑱
명 동물

いもうと だいす
妹は 動物 が大好きです。
여동생은 동물을 매우 좋아합니다.

15 いぬ
犬 ⑱
명 개, 강아지

そぼはいつも 犬 とさんぽします。
할머니는 항상 강아지와 산책합니다.

16 ねこ ⑱
명 고양이

わたし いぬ ほう す
私は犬より ねこ の方が好きです。
저는 강아지보다 고양이를 더 좋아합니다.

17 とり
鳥
명 새

き うえ ね
鳥 が木の上で寝ています。
새가 나무 위에서 자고 있습니다.

18 と
飛ぶ
동 날다

とり そら
鳥が空を 飛んで います。
새가 하늘을 날고 있습니다.

19 なく
동 (새 등이) 울다

こうえん い むし
公園に行ったら虫が ないて いた。
공원에 갔더니 벌레가 울고 있었다.

20 し
死ぬ
동 죽다

ねんまえ
2年前、ペットの「シロ」が 死んだ 。
2년 전에 애완동물인 '시로'가 죽었다.

# DAY 2 데일리 테스트

- 단어의 읽는 법을 고르고, 밑줄에 뜻을 써 보세요.

| | | | |
|---|---|---|---|
| 1 木 | ① はな | ② き | ________ |
| 2 海 | ① やま | ② うみ | ________ |
| 3 空 | ① そら | ② みず | ________ |
| 4 川 | ① かわ | ② よむ | ________ |
| 5 花 | ① そら | ② はな | ________ |

- 단어의 뜻을 찾아 줄을 그어 보세요.

| | | | |
|---|---|---|---|
| 6 のぼる | • | • | ① (새 등이) 울다 |
| 7 飛(と)ぶ | • | • | ② (산을) 오르다 |
| 8 見(み)せる | • | • | ③ (꽃이) 피다 |
| 9 なく | • | • | ④ 보여주다 |
| 10 咲(さ)く | • | • | ⑤ 날다 |

DAY2 데일리 테스트 **정답**

1 ② 나무 2 ② 바다 3 ① 하늘 4 ① 강 5 ② 꽃
6 ② 7 ⑤ 8 ④ 9 ① 10 ③

# DAY 3 날씨

1회 2회 3회

예문과 함께 적중 어휘를 외워 봅시다. MP3 1-1-3

01 てんき
天気 ⑮⑲㉔
[명]날씨

天気がいいから さんぽしましょう。
날씨가 좋으니까 산책합시다.

02 あめ
雨 ⑯⑱
[명]비

朝(あさ)から 雨 が 降(ふ)って います。
아침부터 비가 내리고 있습니다.

03 ゆき
雪
[명]눈

雪 で 電車(でんしゃ)が とまりました。
눈으로 전철이 멈췄습니다.

04 かぜ
風 ⑪
[명]바람

強(つよ)い 風 が ふいて います。
강한 바람이 불고 있습니다.

05 くも
雲
[명]구름

ひこうきが 雲 の 上(うえ)を 飛(と)んで います。
비행기가 구름 위를 날고 있습니다.

06 ふ
降る
[동]내리다

秋(あき)に 降る 雨(あめ)は つめたいです。
가을에 내리는 비는 차갑습니다.

07 はる
春
명 봄

✎春 になると ねむく なる。
봄이 되면 졸음이 온다.
+ きせつ 명 계절

08 なつ
夏
명 여름

夏 は くだものが おいしい。
여름은 과일이 맛있다.

09 あき
秋
명 가을

秋 は 9月(がつ)から 11月(がつ)を いう。
가을은 9월부터 11월을 말한다.

10 ふゆ
冬
명 겨울

去年(きょねん)の 冬 は 雪(ゆき)が 降(ふ)りませんでした。
작년 겨울은 눈이 내리지 않았습니다.

11 ⑯
ふく
동 (바람이) 불다

風(かぜ)が ふく と おでんが 食(た)べたく なる。
바람이 불면 어묵이 먹고 싶어진다.

12 ㉑
あか
明るい
イ 밝다

夏(なつ)は 夕方(ゆうがた)に なっても 明るい 。
여름은 저녁이 되어도 밝다.

13 ⑯ N4 ㉒
くら
暗い
イ 어둡다

この へやは 暗い ですね。
이 방은 어둡군요.

14 **かさ**
명 우산

学校(がっこう)に [かさ] を 忘(わす)れました。
학교에 우산을 깜빡 두고 왔습니다.
+ かさを さす 우산을 쓰다

15 **くもり**
명 흐림

明日(あした)の 天気(てんき)は [くもり] です。
내일 날씨는 흐립니다.

16 **はれる** ㉓
동 맑다, 개다

今日(きょう)は 午後(ごご)から [はれる] でしょう。
오늘은 오후부터 맑겠습니다.

17 **あたたかい**
イ 따뜻하다

冬(ふゆ)なのに 今日(きょう)は [あたたかい] です。
겨울인데 오늘은 따뜻합니다.

18 **暑(あつ)い**
イ 덥다

今年(ことし)の 夏(なつ)は 去年(きょねん)より [暑かった] 。
올해 여름은 작년보다 더웠다.

19 **すずしい**
イ 서늘하다, 선선하다

[すずしい] 風(かぜ)が ふくと きもちが いいです。
서늘한 바람이 불면 기분이 좋습니다.

20 **寒(さむ)い** ⑰ N4 ㉒
イ 춥다

雪(ゆき)が 降(ふ)って いますから、そとは [寒い] です。
눈이 내리고 있어서 밖은 춥습니다.

# DAY 3 데일리 테스트

- 단어의 읽는 법을 고르고, 밑줄에 뜻을 써 보세요.

| | | | |
|---|---|---|---|
| 1 天気 | ① でんき | ② てんき | ________ |
| 2 雪 | ① あめ | ② ゆき | ________ |
| 3 夏 | ① なつ | ② あき | ________ |
| 4 寒い | ① さむい | ② あつい | ________ |
| 5 暗い | ① くらい | ② くろい | ________ |

- 단어의 뜻을 찾아 줄을 그어 보세요.

| | | | |
|---|---|---|---|
| 6 ふく | • | • | ① 맑다, 개다 |
| 7 すずしい | • | • | ② (바람이) 불다 |
| 8 はれる | • | • | ③ 흐림 |
| 9 あたたかい | • | • | ④ 서늘하다, 선선하다 |
| 10 くもり | • | • | ⑤ 따뜻하다 |

DAY3 데일리 테스트 정답

1 ② 날씨 2 ② 눈 3 ① 여름 4 ① 춥다 5 ① 어둡다
6 ② 7 ④ 8 ① 9 ⑤ 10 ③

1회 2회 3회

예문과 함께 적중 어휘를 외워 봅시다.

MP3 1-1-4

01 あさ 朝 ⑰㉔
명 아침

あした 明日の 朝 は じゅぎょうが あります。
내일 아침에는 수업이 있습니다.

02 ひる 昼
명 점심, 낮

きょう 今日の 昼 、さくらを み 見に い 行きませんか。
오늘 낮에 벚꽃을 보러 가지 않겠습니까?

03 よる 夜
명 밤

いつも 夜 おそ 遅くまで しごとを します。
항상 밤 늦게까지 일을 합니다.

04 こんばん 今晩
명 오늘 저녁

今晩 とも 友だちと えいが 映画を み 見に い 行きます。
오늘 저녁 친구와 영화를 보러 갑니다.

+ 夕べ (ゆうべ) 명 어제저녁

05 お 起きる
동 일어나다

わたし 私は まいあさ 毎朝 6 じ 時ごろ 起きます 。
저는 매일 아침 6시쯤 일어납니다.

06 ね 寝る
동 자다

いちにち 一日に 8 じかん 時間は 寝て ください。
하루에 8시간은 주무세요.

07 まいにち
毎日 [17]
[명]매일

✎毎日 あるいて 学校(がっこう)へ 行(い)きます。
매일 걸어서 학교에 갑니다.

08 まいしゅう
毎週 [19][21]
[명]매주

毎週 日曜日(にちようび)には マラソンを して います。
매주 일요일에는 마라톤을 하고 있습니다.

09 まいあさ
毎朝 [18]
[명]매일 아침

おじいさんは 毎朝 6時(じ)に 起(お)きます。
할아버지는 매일 아침 6시에 일어납니다.
↔ 毎晩 (まいばん) [명] 매일 저녁

10 けさ
今朝 [17][24]
[명]오늘 아침

今朝 は 何(なに)も 食(た)べませんでした。
오늘 아침은 아무것도 먹지 않았습니다.
↔ 今晩 (こんばん) [명] 오늘 밤

11 あと
後 [11]
[명]나중, 다음, ~후

毎日(まいにち) 朝(あさ)ご飯(はん)の 後 で そうじを して います。
매일 아침 식사 후에 청소를 하고 있습니다.

12 いそがしい [19][21]
[イ]바쁘다

月曜日(げつようび)は 仕事(しごと)が とても いそがしい です。
월요일은 일이 매우 바쁩니다.

13 ひまだ [19]
[ナ]한가하다

私(わたし)は ひまな 時(とき)、ケーキを 作(つく)ります。
저는 한가할 때, 케이크를 만듭니다.

14 ごぜん
**午前**
[명]오전

銀行(ぎんこう)は ✎午前 10時(じ)から 午後(ごご) 5時(じ)までです。
은행은 오전 10시부터 오후 5시까지입니다.

15 ごご ⑱⑲㉒
**午後**
[명]오후

明日(あした)の 午後 は じゅぎょうが ありません。
내일 오후에는 수업이 없습니다.

16 おそ
**遅い**
[イ]늦다

昨日(きのう)、遅い 時間(じかん)まで 勉強(べんきょう)して ちょっと つかれました。
어제 늦은 시간까지 공부해서 좀 피곤합니다.

17 はや
**早い**
[イ]이르다, 빠르다

早い 時間(じかん)に 寝(ね)ると 体(からだ)に いいです。
이른 시간에 자면 몸에 좋습니다.

18 おお ⑪⑭⑱⑲㉓
**多い**
[イ]많다

今年(ことし)は 雨(あめ)の 日(ひ)が 多い でしょう。
올해는 비가 내리는 날이 많을 것입니다.

19 すく ⑰㉑㉒
**少ない**
[イ]적다

私(わたし)たちは 話(はな)す 時間(じかん)が 少ない 。
우리들은 이야기할 시간이 적다.

20 だいじょうぶ
**大丈夫だ**
[ナ]괜찮다

明日(あした)は 昼(ひる)と 夜(よる)と どちらも 大丈夫です 。
내일은 점심과 저녁 어느 쪽도 괜찮습니다.

# DAY 4 데일리 테스트

• 단어의 읽는 법을 고르고, 밑줄에 뜻을 써 보세요.

| | | | |
|---|---|---|---|
| 1 毎日 | ① まいにち | ② まいあさ | ________ |
| 2 多い | ① おおい | ② おおきい | ________ |
| 3 午後 | ① ごぜん | ② ごご | ________ |
| 4 起きる | ① おきる | ② いきる | ________ |
| 5 少ない | ① ちいさない | ② すくない | ________ |

• 단어의 뜻을 찾아 줄을 그어 보세요.

| | |
|---|---|
| 6 いそがしい • | • ① 괜찮다 |
| 7 大丈夫(だいじょうぶ)だ • | • ② 한가하다 |
| 8 ひまだ • | • ③ 이르다, 빠르다 |
| 9 早(はや)い • | • ④ 늦다 |
| 10 遅(おそ)い • | • ⑤ 바쁘다 |

DAY4 데일리 테스트 정답

1 ① 매일 2 ① 많다 3 ② 오후 4 ① 일어나다 5 ② 적다
6 ⑤ 7 ① 8 ② 9 ③ 10 ④

# DAY 5 학교

1회 2회 3회

예문과 함께 적중 어휘를 외워 봅시다. MP3 1-1-5

01 がっこう
**学校** [11][15][16][17]
[명]학교

友(とも)だちと いっしょに ✏学校 に 行(い)きます。
친구와 함께 학교에 갑니다.

02 がくせい
**学生** [24]
[명]학생

学生 の 時(とき)、コンビニで アルバイトを した ことが あります。
학생 때 편의점에서 아르바이트를 한 적이 있습니다.
+ せいと (生徒) [명] (중·고등) 학생

03 せんせい
**先生** [19][21]
[명]선생님

分(わ)からない 時(とき)は 先生 に しつもん しましょう。
모를 때는 선생님에게 질문합시다.

04
**つくえ** [14]
[명]책상

つくえ と いすを ならべて ください。
책상과 의자를 일렬로 나란히 해 주세요.

05
**いす** [14]
[명]의자

こくばんの 前(まえ)の いす に 座(すわ)って 作文(さくぶん)を 読(よ)みましょう。
칠판 앞 의자에 앉아서 작문을 읽읍시다.

06 おし
**教える** [18][19][24]
[동]가르치다

お菓子(かし)の クラスは 山下先生(やましたせんせい)が 教えます 。
과자 클래스는 야마시타 선생님이 가르칩니다.

07 しょうがっこう
小学校
명 초등학교

私(わたし)の姉(あね)は ✎小学校 の先生(せんせい)です。
저의 언니는 초등학교 선생님입니다.
+ 中学校 (ちゅうがっこう) 명 중학교

08 こうこう
高校
명 고등학교

高校 の入学(にゅうがく)の プレゼントで 時計(とけい)を もらいました。
고등학교 입학 선물로 시계를 받았습니다.

09 だいがく
大学
명 대학교

さくら 大学 は遠(とお)いですから タクシーが 便利(べんり)です。
사쿠라대학교는 멀어서 택시가 편리합니다.
+ 大学生 (だいがくせい) 명 대학생

10 にゅうがく
入学する
명 입학하다

大学(だいがく) 入学 おめでとうございます。
대학 입학 축하합니다.

11
そつぎょうする
명 졸업하다

私(わたし)は そつぎょう したら 先生(せんせい)に なりたい。
나는 졸업하면 선생님이 되고 싶다.

12
りゅうがくする
명 유학하다

来年(らいねん) アメリカの 大学(だいがく)に りゅうがく します。
내년에 미국에 있는 대학으로 유학갑니다.
+ りゅうがくせい 명 유학생

13
うける
동 (시험을) 치르다

明日(あした)、漢字(かんじ)の テストを うけます 。
내일 한자 테스트를 칩니다(봅니다).

14 図書館(としょかん) ⑲
명 도서관

昨日(きのう)は駅(えき)のそばの 図書館 へ行(い)きました。
어제는 역 옆에 있는 도서관에 갔습니다.

15 教室(きょうしつ)
명 교실

先生(せんせい)は 教室 で学生(がくせい)と話(はな)しています。
선생님은 교실에서 학생과 이야기하고 있습니다.

16 えんぴつ
명 연필

えんぴつ で書(か)いてください。
연필로 쓰세요.

＋けしゴム 명 지우개

17 かす ⑯
동 빌려주다

すみませんが、ちょっと ペンを かして ください。
미안한데요, 펜을 좀 빌려주세요.

18 かりる ⑲
동 빌리다

クラスで使(つか)う本(ほん)を先生(せんせい)に かりました 。
수업에서 사용할 책을 선생님께 빌렸습니다.

19 かえす
동 돌려주다, 반납하다

先週(せんしゅう) かりた ノートを かえしました 。
지난주에 빌린 노트를 돌려줬습니다.

20 うるさい ⑱
イ 시끄럽다

休(やす)みの時間(じかん)は いつも うるさい 。
쉬는 시간은 항상 시끄럽다.

## DAY 5 데일리 테스트

- 단어의 읽는 법을 고르고, 밑줄에 뜻을 써 보세요.

1 図書館　① としょかん　② とうしょかん　________

2 学校　① がくこう　② がっこう　________

3 入学　① にゅうがく　② りゅうがく　________

4 先生　① せんせい　② せんせ　________

5 教える　① おしえる　② かんがえる　________

- 단어의 뜻을 찾아 줄을 그어 보세요.

6 かす　•　　•　① 빌리다

7 うるさい　•　　•　② 졸업

8 かりる　•　　•　③ 빌려주다

9 そつぎょう　•　　•　④ 돌려주다, 반납하다

10 かえす　•　　•　⑤ 시끄럽다

DAY5 데일리 테스트 정답

1 ① 도서관　2 ② 학교　3 ① 입학　4 ① 선생님　5 ① 가르치다
6 ③　7 ⑤　8 ①　9 ②　10 ④

# DAY 6 공부

1회 2회 3회

예문과 함께 적중 어휘를 외워 봅시다.

MP3 1-1-6

01 べんきょうする
명 공부하다

私(わたし)は 毎日(まいにち) 3時間(じかん)ぐらい べんきょう を します。
저는 매일 3시간 정도 공부를 합니다.

02 じゅぎょうする
명 수업하다

じゅぎょう は 5時(じ) 30分(ぷん)に 終(お)わります。
수업은 5시 30분에 끝납니다.

03 しゅくだいする (19)
명 숙제하다

しゅくだい は 来週(らいしゅう)までに 出(だ)して ください。
숙제는 다음 주까지 제출해 주세요.

04 じしょ (18)
명 사전

この ことばを 知(し)らなかったから、じしょ を 使(つか)いました。
이 말을 몰라서 사전을 사용했습니다.

05 忘(わす)れる (15)(17)
동 잊다, 잊고 오다

学校(がっこう)に かさを 忘れました 。
학교에 우산을 (깜빡) 잊고 왔습니다.

06 ならう (18)(19)(24)
동 배우다

母(はは)は ダンスを ならって います。
엄마는 댄스를 배우고 있습니다.

07 しつもんする ⑯

[명] 질문하다

絵(え)を見(み)ながら、✎しつもん を聞(き)いてください。

그림을 보면서 질문을 들으세요.

08 意味(いみ)する

[명] 의미하다

分(わ)からない ことばの 意味 を 先生(せんせい)に 聞(き)きました。

모르는 말의 의미를 선생님께 물어보았습니다.

09 聞(き)く ㉒

[동] 듣다, 묻다

音楽(おんがく)を 聞きながら 勉強(べんきょう)して います。

음악을 들으면서 공부하고 있습니다.

＋ 聞こえる (きこえる) [동] 들리다

10 書(か)く ⑭㉒

[동] 쓰다

えんぴつじゃなくて ぺんで 書いて ください。

연필이 아니라 펜으로 써 주세요.

11 言(い)う ⑪⑭⑯

[동] 말하다

もういちど ゆっくり 言って ください。

한 번 더 천천히 말해 주세요.

12 読(よ)む ㉔

[동] 읽다

私(わたし)には 本(ほん)を 読む 時間(じかん)が ない。

나에게는 책을 읽을 시간이 없다.

13 答(こた)える

[동] 대답하다

しつもんに 答えて ください。

질문에 답하세요.

14 英語(えいご) [18][19][22]
[명] 영어

妹(いもうと)は ✎英語 のべんきょうでいそがしい。
여동생은 영어 공부로 바쁘다.

15 会話(かいわ)する
[명] 회화 하다

私(わたし)は 会話 のじゅぎょうが一番(いちばん)たのしいです。
저는 회화 수업이 가장 즐겁습니다.

16 漢字(かんじ) [11]
[명] 한자

毎日(まいにち) 漢字 をおぼえています。
매일 한자를 외우고 있습니다.

17 作文(さくぶん)する
[명] 작문하다

すずきさんに 作文 をならいました。
스즈키 씨에게 작문을 배웠습니다.

18 むずかしい [11]
[イ] 어렵다

漢字(かんじ)のべんきょうは むずかしい です。
한자 공부는 어렵습니다.

19 やさしい [11][16][24]
[イ] 쉽다

このダンスは やさしい です。
이 댄스는 쉽습니다.
+ かんたんだ [11] [ナ] 간단하다

20 まじめだ
[ナ] 성실하다

彼(かれ)はいつも まじめに べんきょうしている。
그는 항상 성실하게 공부하고 있다.

# DAY 6 데일리 테스트

• 단어의 읽는 법을 고르고, 밑줄에 뜻을 써 보세요.

| | | | |
|---|---|---|---|
| 1 忘れる | ① わすれる | ② われる | ________ |
| 2 読む | ① かむ | ② よむ | ________ |
| 3 漢字 | ① かんじ | ② かじ | ________ |
| 4 英語 | ① えいご | ② えご | ________ |
| 5 聞く | ① かく | ② きく | ________ |

• 단어의 뜻을 찾아 줄을 그어 보세요.

| | |
|---|---|
| 6 しゅくだい • | • ① 어렵다 |
| 7 むずかしい • | • ② 배우다 |
| 8 まじめだ • | • ③ 숙제 |
| 9 やさしい • | • ④ 쉽다 |
| 10 ならう • | • ⑤ 성실하다 |

DAY6 데일리 테스트 정답

1 ① 잊다, 잊고 오다 2 ② 읽다 3 ① 한자 4 ① 영어 5 ② 듣다, 묻다
6 ③ 7 ① 8 ⑤ 9 ④ 10 ②

WEEK 01

# 실력 체크

한 주 동안 외운 단어를
점검해 봅시다!

# DAY 1

학습 날짜 ____/____ 달성 목표 20개 중 ____개 암기!

단어의 읽는 법과 **의미**를 써 봅시다. MP3 1-1-1

| 단어 | | 단어 | |
|---|---|---|---|
| 上 | 읽는 법<br>의 미 | 向かい | 읽는 법<br>의 미 |
| 下 | 읽는 법<br>의 미 | 歩く | 읽는 법<br>의 미 |
| 左 | 읽는 법<br>의 미 | 住む | 읽는 법<br>의 미 |
| 右 | 읽는 법<br>의 미 | 外 | 읽는 법<br>의 미 |
| 前 | 읽는 법<br>의 미 | 中 | 읽는 법<br>의 미 |
| 後ろ | 읽는 법<br>의 미 | 間 | 읽는 법<br>의 미 |
| 東 | 읽는 법<br>의 미 | 座る | 읽는 법<br>의 미 |
| 西 | 읽는 법<br>의 미 | 立つ | 읽는 법<br>의 미 |
| 南 | 읽는 법<br>의 미 | 近い | 읽는 법<br>의 미 |
| 北 | 읽는 법<br>의 미 | 遠い | 읽는 법<br>의 미 |

## DAY 2

학습 날짜 ___/___ 달성 목표 20개 중 ___개 암기!

단어의 읽는 법과 **의미**를 써 봅시다. MP3 1-1-2

| 단어 | 읽는 법 | 의미 | 단어 | 읽는 법 | 의미 |
|---|---|---|---|---|---|
| □ 空 | | | □ 見る | | |
| □ 海 | | | □ 見える | | |
| □ 川 | | | □ 見せる | | |
| □ 山 | | | □ 動物 | | |
| □ 木 | | | □ 犬 | | |
| □ のぼる | | | □ ねこ | | |
| □ 花 | | | □ 鳥 | | |
| □ 火 | | | □ 飛ぶ | | |
| □ 水 | | | □ なく | | |
| □ 咲く | | | □ 死ぬ | | |

## DAY 3 학습 날짜 ____/____ 달성 목표 20개 중 ____개 암기!

단어의 읽는 법과 의미를 써 봅시다. MP3 1-1-3

| 단어 | | 단어 | |
|---|---|---|---|
| 天気 | 읽는 법<br>의 미 | ふく | 읽는 법<br>의 미 |
| 雨 | 읽는 법<br>의 미 | 明るい | 읽는 법<br>의 미 |
| 雪 | 읽는 법<br>의 미 | 暗い | 읽는 법<br>의 미 |
| 風 | 읽는 법<br>의 미 | かさ | 읽는 법<br>의 미 |
| 雲 | 읽는 법<br>의 미 | くもり | 읽는 법<br>의 미 |
| 降る | 읽는 법<br>의 미 | はれる | 읽는 법<br>의 미 |
| 春 | 읽는 법<br>의 미 | あたたかい | 읽는 법<br>의 미 |
| 夏 | 읽는 법<br>의 미 | 暑い | 읽는 법<br>의 미 |
| 秋 | 읽는 법<br>의 미 | すずしい | 읽는 법<br>의 미 |
| 冬 | 읽는 법<br>의 미 | 寒い | 읽는 법<br>의 미 |

## DAY 4

학습 날짜 ___/___ 달성 목표 20개 중 ___개 암기!

단어의 읽는 법과 의미를 써 봅시다.

MP3 1-1-4

| 단어 | 읽는 법 | 의미 |
| --- | --- | --- |
| 朝 | | |
| 昼 | | |
| 夜 | | |
| 今晩 | | |
| 起きる | | |
| 寝る | | |
| 毎日 | | |
| 毎週 | | |
| 毎朝 | | |
| 今朝 | | |

| 단어 | 읽는 법 | 의미 |
| --- | --- | --- |
| 後 | | |
| いそがしい | | |
| ひまだ | | |
| 午前 | | |
| 午後 | | |
| 遅い | | |
| 早い | | |
| 多い | | |
| 少ない | | |
| 大丈夫だ | | |

**DAY 5** 학습 날짜 ____/____ 달성 목표 20개 중 ____개 암기!

## 단어의 읽는 법과 의미를 써 봅시다.

MP3 1-1-5

| 단어 | 읽는법 | 의미 |
|---|---|---|
| 学校 | | |
| 学生 | | |
| 先生 | | |
| つくえ | | |
| いす | | |
| 教える | | |
| 小学校 | | |
| 高校 | | |
| 大学 | | |
| 入学 | | |
| そつぎょう | | |
| りゅうがく | | |
| うける | | |
| 図書館 | | |
| 教室 | | |
| えんぴつ | | |
| かす | | |
| かりる | | |
| かえす | | |
| うるさい | | |

# DAY 6

학습 날짜 ____/____ 달성 목표 20개 중 ____개 암기!

단어의 읽는 법과 **의미**를 써 봅시다. MP3 1-1-6

| 단어 | 읽는법 | 의미 |
|---|---|---|
| べんきょう | | |
| じゅぎょう | | |
| しゅくだい | | |
| じしょ | | |
| 忘れる | | |
| ならう | | |
| しつもん | | |
| 意味 | | |
| 聞く | | |
| 書く | | |

| 단어 | 읽는법 | 의미 |
|---|---|---|
| 言う | | |
| 読む | | |
| 答える | | |
| 英語 | | |
| 会話 | | |
| 漢字 | | |
| 作文 | | |
| むずかしい | | |
| やさしい | | |
| まじめだ | | |

# 실전 JLPT 도전

**문제 1** ＿＿의 단어는 히라가나로 어떻게 씁니까? 1·2·3·4 중 가장 알맞은 것을 하나 고르세요.

**1** めがねは　つくえの　上に　あります。안경은 책상 위에 있습니다.

1　うえ　　2　した　　3　となり　　4　よこ

**2** 毎日　てがみを　かきます。매일 편지를 씁니다.

1　まいつき　　2　めいにち　　3　まいにち　　4　めいつき

**3** さとうさんは　にもつが　少ないです。사토 씨는 짐이 적습니다.

1　すこない　　2　すくない　　3　すかない　　4　すけない

**문제 2** ＿＿의 단어는 어떻게 씁니까? 1·2·3·4에서 가장 알맞은 것을 하나 고르세요.

**4** らいしゅうは　テストが　おおいですね。

다음 주에는 테스트가 많네요.

1　名い　　2　大い　　3　多い　　4　太い

**5** スーパーは　びょういんの　みぎに　あります。

슈퍼는 병원 오른쪽에 있습니다.

1　右　　2　左　　3　存　　4　在

**6** この　しゃしんを　みて　ください。이 사진을 보세요.

1　見て　　2　買て　　3　貝て　　4　目て

**문제 3** (　　)에 무엇을 넣습니까? 1·2·3·4에서 가장 알맞은 것을 하나 고르세요.

**7** あさから（　　　　　）が　ふって　います。

아침부터 비가 내리고 있습니다.

1　くもり　　2　てんき　　3　はれ　　4　あめ

**8** がっこうに　かさを（　　　　　）。

학교에 우산을 (깜빡) 두고 왔습니다.

1　つかれました　　2　こまりました

3　わすれました　　4　まちがえました

**문제 4** ＿＿＿의 문장과 대체로 같은 의미의 문장이 있습니다. 1·2·3·4에서 가장 알맞은 것을 하나 고르세요.

**9** むこうの　へやは　うるさいです。 건너편 방은 시끄럽습니다.

1　むこうの　へやは　すずしく　ありません。

2　むこうの　へやは　しずかじゃ　ありません。

3　むこうの　へやは　ひろく　ありません。

4　むこうの　へやは　きらいじゃ　ありません。

**실전 JLPT 도전 정답**

**1** 1　**2** 3　**3** 2　**4** 3　**5** 1　**6** 1　**7** 4　**8** 3　**9** 2

WEEK 02

2 주 째

めんどくせー。
今週はパス！

# DAY 1 휴일

1회 2회 3회

예문과 함께 적중 어휘를 외워 봅시다.　　MP3 1-2-1

01 やす
休み ⑲
명 휴일, 방학

すいようび　びょういん
水曜日は 病院が 休み です。
수요일은 병원이 휴일입니다.

02 なつやす
夏休み
명 여름휴가, 여름 방학

まいにち　およ
夏休み は 毎日 プールで 泳ぐ つもりです。
여름휴가에는 매일 수영장에서 수영할 생각입니다.

03 ふゆやす
冬休み
명 겨울휴가, 겨울 방학

い
冬休み には おんせんに 行って きました。
겨울 방학에는 온천에 다녀왔습니다.

04 ひるやす
昼休み
명 점심시간

じ　じかん
昼休み は 12時から 1時間です。
점심시간은 12시부터 1시간입니다.

05 やす
休む ⑰⑱㉒
동 쉬다

きょう　いえ　えいが　み
今日は 家で 映画を 見ながら ゆっくり 休みます 。
오늘은 집에서 영화보면서 느긋하게 쉴 겁니다.

06 たの
楽しい
イ 즐겁다

やす
休むのは いつも 楽しい です。
쉬는 것은 언제나 즐겁습니다.

07 新聞(しんぶん) [16][17][22][23]

[명]신문

父(ちち)は 毎日(まいにち) ✎新聞 を 読(よ)みます。

아버지는 매일 신문을 읽습니다.

08 本(ほん)

[명]책

木村(きむら)さんは ひまな 時(とき)、 本 を 読(よ)みます。

기무라 씨는 한가할 때 책을 읽습니다.

09 外国(がいこく) [14][15][17][24]

[명]외국

両親(りょうしん)は 外国 に 住(す)んで います。

부모님은 외국에 살고 있습니다.

10 終(お)わる

[동]끝나다

長(なが)い 休(やす)みが 終わりました 。

긴 휴가가 끝났습니다.

11 おもしろい [11]

[イ]재밌다

休(やす)みの 時(とき)、 おもしろい 本(ほん)を たくさん 読(よ)みました。

휴가 때 재밌는 책을 많이 읽었습니다.

12 つまらない [11][16][17]

[イ]재미없다

昨日(きのう) 見(み)た 映画(えいが)は つまらなかった です。

어제 본 영화는 재미없었습니다.

13 同(おな)じだ [11][13]

[ナ]같다

友(とも)だちと デパートへ 行(い)って、 同じ 服(ふく)を 買(か)った。

친구와 백화점에 가서 같은 옷을 샀다.

⊕ 同じだ가 명사를 꾸밀 때 주의사항!

同じだ+명사=同じ~~な~~명사

14 まいつき
**毎月**
명 매달

毎月 一度(いちど)映画(えいが)を見(み)に行(い)きます。
매달 한 번 영화를 보러 갑니다.
➕ 毎年 (まいとし) 명 매년

15 **しゃしん**
명 사진

これは両親(りょうしん)の しゃしん です。
이것은 부모님 사진입니다.

16 **とる**
동 (사진을) 찍다

ここで しゃしんを とりましょう 。
여기에서 사진을 찍읍시다.

17 **あそぶ**
동 놀다

私(わたし)は子(こ)どもの時(とき)、川(かわ)でよく あそびました 。
저는 어렸을 때 강에서 자주 놀았습니다.

18 はな
**話す** ㉑
동 이야기하다

コーヒーでも飲(の)みながら 話しましょう 。
커피라도 마시면서 이야기합시다.

19 なが
**長い** ㉑
イ 길다

家(いえ)にいる時間(じかん)が 長く なりました。
집에 있는 시간이 길어졌습니다.

20 みじか
**短い**
イ 짧다

私(わたし)は 短い 映画(えいが)より長(なが)い映画(えいが)が好(す)きです。
저는 짧은 영화보다 긴 영화를 좋아합니다.

# DAY 1 데일리 테스트

- 단어의 읽는 법을 고르고, 밑줄에 뜻을 써 보세요.

1 新聞　① しんぶん　② しんかん　________

2 長い　① みじかい　② ながい　________

3 休む　① やすむ　② すむ　________

4 楽しい　① たのしい　② したしい　________

5 外国　① がいこく　② かいごく　________

- 단어의 뜻을 찾아 줄을 그어 보세요.

| | | | |
|---|---|---|---|
| 6 つまらない | • | • | ① 재미없다 |
| 7 終(お)わる | • | • | ② 놀다 |
| 8 あそぶ | • | • | ③ 끝나다 |
| 9 短(みじか)い | • | • | ④ 짧다 |
| 10 同(おな)じだ | • | • | ⑤ 같다 |

DAY1 데일리 테스트 정답

1 ① 신문　2 ② 길다　3 ① 쉬다　4 ① 즐겁다　5 ① 외국
6 ①　7 ③　8 ②　9 ④　10 ⑤

# DAY 2 장소

1회 2회 3회

예문과 함께 적중 어휘를 외워 봅시다. MP3 1-2-2

01 場所(ばしょ) ⑱
[명]장소

やくそくの ✎場所 と 時間(じかん)を 教(おし)えて ください。
약속 장소와 시간을 알려 주세요.

02 店(みせ) ⑭⑱㉔
[명]가게

今(いま) 店 が 開(あ)くのを 待(ま)って います。
지금 가게가 열리기를 기다리고 있습니다.

03 地図(ちず) ⑬
[명]지도

駅(えき)までの 地図 を かいて ください。
역까지의 지도를 그려 주세요.

04 ところ ⑰
[명]곳

だいどころは 料理(りょうり)を する ところ です。
부엌은 요리를 하는 곳입니다.

05 会(あ)う ⑪⑰㉑㉒
[동]만나다

食堂(しょくどう)で 山田(やまだ)さんと 会いました 。
식당에서 야마다 씨와 만났습니다.

06 有名(ゆうめい)だ
[ナ]유명하다

この まちは 有名な レストランが 多(おお)いです。
이 마을은 유명한 레스토랑이 많습니다.

07 みち
道 ㉒
명 길

南大学に 行きたいですが 道 が 分かりません。
미나미대학교에 가고 싶은데 길을 모르겠습니다.

08 えき
駅
명 역

私の 会社は 駅 から とおいです。
우리 회사는 역에서 멉니다.

09 まち
명 도시, 읍, 동네

英語の 先生と 同じ まち に 住んでいます。
영어 선생님과 같은 동네에 살고 있습니다.

10 じゅうしょ
住所
명 주소

なまえと 住所 を 書いて ください。
이름과 주소를 써 주세요.

11 あたら
新しい
イ 새롭다

駅の 前に 新しい スーパーが できました。
역 앞에 새로운 슈퍼가 생겼습니다.

12 ふる
古い ⑱⑲
イ 오래되다

ローマは 古い まちです。
로마는 오래된 도시입니다.

13 べんり
便利だ ⑯
ナ 편리하다

東京大学は 電車より バスが 便利です 。
도쿄대학교는 전철보다 버스가 편리합니다.

14 **たてもの**

명 건물

この ✎たてもの でしゃしんをとってもいいですか。

이 건물에서 사진을 찍어도 됩니까?

≒ ビル ⑯ 명 빌딩

15 **食堂**(しょくどう)

명 식당

はやしさんは 食堂 で 休(やす)んで います。

하야시 씨는 식당에서 쉬고 있습니다.

16 **せき**

명 자리, 좌석

私(わたし)の せき は ドアの 近(ちか)くです。

저의 자리는 문 근처입니다.

17 **高い**(たかい) ⑰㉒

イ 높다, 비싸다

これは 日本(にほん)で いちばん 高い たてものです。

이것은 일본에서 가장 높은 건물입니다.

18 **ひくい**

イ 낮다

ホテルの 後(うし)ろに ある ひくい たてものが おんせんです。

호텔 뒤에 있는 낮은 건물이 온천입니다.

19 **広い**(ひろい)

イ 넓다

今日(きょう)は 広い きょうしつで じゅぎょうを します。

오늘은 넓은 교실에서 수업을 하겠습니다.

20 **せまい** N4 ㉑

イ 좁다

この ホテルは へやが せまい です。

이 호텔은 방이 좁습니다.

# DAY 2 데일리 테스트

- 단어의 읽는 법을 고르고, 밑줄에 뜻을 써 보세요.

| | | | |
|---|---|---|---|
| 1 有名だ | ① ゆめいだ | ② ゆうめいだ | ________ |
| 2 場所 | ① ばしょ | ② ばしょう | ________ |
| 3 古い | ① ひくい | ② ふるい | ________ |
| 4 会う | ① あう | ② かう | ________ |
| 5 高い | ① たかい | ② ひろい | ________ |

- 단어의 뜻을 찾아 줄을 그어 보세요.

| | | | |
|---|---|---|---|
| 6 せまい | • | • | ① 주소 |
| 7 せき | • | • | ② 지도 |
| 8 ひくい | • | • | ③ 낮다 |
| 9 地図(ちず) | • | • | ④ 좁다 |
| 10 住所(じゅうしょ) | • | • | ⑤ 자리, 좌석 |

**DAY2 데일리 테스트 정답**

1 ② 유명하다 2 ① 장소 3 ② 오래되다 4 ① 만나다 5 ① 높다, 비싸다
6 ④ 7 ⑤ 8 ③ 9 ② 10 ①

# DAY 3 우리 마을

1회 2회 3회

예문과 함께 적중 어휘를 외워 봅시다. MP3 1-2-3

**01** 薬屋(くすりや)
명 약국

薬屋は この道(みち)を まっすぐ 行(い)くと 右(みぎ)に ありますs。

약국은 이 길을 곧장 가면 오른쪽에 있습니다.

**02** こうばん
명 파출소

向(む)こうの こうばん で 聞(き)いて ください。

건너편 파출소에서 물어보세요.

**03** やおや
명 채소가게

その やおや は 客(きゃく)に とても しんせつです。

그 채소가게는 손님에게 매우 친절합니다.

**04** くうこう
명 공항

今(いま)、くうこう に つきました。

지금 공항에 도착했습니다.

**05** つく
동 도착하다

6時(じ)ごろには 駅(えき)に つく と 思(おも)います。

6시쯤에는 역에 도착할 거라고 생각합니다.

**06** しずかだ ⑱
ナ 조용하다

もりは とても しずかでした。

숲은 매우 조용했습니다.

↔ にぎやかだ ナ 번화하다, 활기차다

07 **ゆうびんきょく** ⑭⑱
명 우체국

私(わたし)の父(ちち)は ✎ゆうびんきょく で 働(はたら)いて います。
저의 아빠는 우체국에서 일하고 있습니다.

08 **きって** ⑭⑱
명 우표

きって は コンビニでは 売(う)って いません。
우표는 편의점에서는 팔지 않습니다.

09 **手紙(てがみ)** ⑲
명 편지

手紙 を 出(だ)しに 行(い)って きます。
편지를 부치러 다녀오겠습니다.

+ ふうとう 명 봉투

10 **はがき** ⑭⑱
명 엽서

私(わたし)は 友(とも)だちに はがき を 書(か)きました。
저는 친구들에게 엽서를 썼습니다.

11 **送(おく)る**
동 보내다

この にもつを 韓国(かんこく)に 送りたい ですが…。
이 짐을 한국에 보내고 싶은데요.

12 **重(おも)い** N4 ㉒
イ 무겁다

にもつが 重くて 二人(ふたり)で 持(も)って ゆうびんきょくへ 行(い)った。
짐이 무거워서 둘이서 들고 우체국에 갔다.

13 **かるい** ⑪⑱
イ 가볍다

はこの 中(なか)には 何(なに)も ないから かるい です。
상자 속에는 아무것도 없어서 가볍습니다.

14 **本屋**(ほんや)
명 책방, 서점

家(うち)の近(ちか)くには スーパーや ✎本屋 などが ありります。
집 근처에는 슈퍼와 서점 등이 있습니다.

➕ 花屋 (はなや) 명 꽃집

15 **病院**(びょういん) ㉑㉒
명 병원

むかし、この たてものは 病院 でした。
옛날에 이 건물은 병원이었습니다.

16 **銀行**(ぎんこう)
명 은행

銀行 は 午後(ごご) 3時(じ)までです。
은행은 오후 3시까지입니다.

17 **映画館**(えいがかん)
명 영화관, 극장

仕事(しごと)が 終(お)わってから 映画館 に 行(い)きました。
일이 끝난 후에 영화관에 갔습니다.

18 **びじゅつかん**
명 미술관

びじゅつかん には えが たくさん かかって います。
미술관에는 그림이 많이 걸려 있습니다.

19 **どうぶつえん**
명 동물원

どうぶつえん は まちの 東(ひがし)に あります。
동물원은 마을 동쪽에 있습니다.

20 **公園**(こうえん)
명 공원

今日(きょう)は 公園 で 昼(ひる)ご飯(はん)を 食(た)べましょう。
오늘은 공원에서 점심을 먹읍시다.

# DAY 3 데일리 테스트

- 단어의 읽는 법을 고르고, 밑줄에 뜻을 써 보세요.

1 手紙　① てかみ　② てがみ　＿＿＿＿

2 重い　① かるい　② おもい　＿＿＿＿

3 公園　① こうえん　② こういん　＿＿＿＿

4 病院　① びょうき　② びょういん　＿＿＿＿

5 送る　① おくる　② かえる　＿＿＿＿

- 단어의 뜻을 찾아 줄을 그어 보세요.

6 つく　・　　・ ① 조용하다

7 きって　・　　・ ② 도착하다

8 かるい　・　　・ ③ 채소가게

9 しずかだ　・　　・ ④ 가볍다

10 やおや　・　　・ ⑤ 우표

DAY3 데일리 테스트 정답

1 ② 편지　2 ② 무겁다　3 ① 공원　4 ② 병원　5 ① 보내다
6 ②　7 ⑤　8 ④　9 ①　10 ③

# DAY 4 집

1회 2회 3회

예문과 함께 적중 어휘를 외워 봅시다. MP3 1-2-4

01 家(いえ)(家(うち)) ⑰
명 집
森(もり)さんの 家 で パーティーを しました。
모리 씨의 집에서 파티를 했습니다.
+ いえ는 건물 즉 house, うち는 가정이나 가족의 의미인 home이나 family도 포함된다.

02 へや
명 방
この へや 、ちょっと 暑(あつ)く ありませんか。
이 방, 조금 덥지 않습니까?

03 だいどころ
명 부엌
だいどころ は 料理(りょうり)を する ところです。
부엌은 요리를 하는 곳입니다.

04 まど ⑪⑯㉑
명 창문
あついですから まど を 開(あ)けましょう。
더우니까 창문을 엽시다.

05 小(ちい)さい ⑯㉒
イ 작다, 어리다
小さい 弟(おとうと)が いるから 毎日(まいにち) うるさい。
어린 남동생이 있어서 매일 시끄럽다.

06 大(おお)きい
イ 크다
家(いえ)には 大きい 絵(え)が たくさん あります。
집에는 큰 그림이 많이 있습니다.

| | | |
|---|---|---|
| 07 | かいだん ⑰<br>명 계단 | あそこの かいだん で 3がいへ 行(い)って ください。<br>저기 계단으로 3층에 가세요. |
| 08 | にわ<br>명 정원, 마당 | せまくても にわ が ある 家(いえ)に 住(す)みたい。<br>작아도 정원이 있는 집에서 살고 싶다. |
| 09 | かべ<br>명 벽 | かべ に 時計(とけい)が かかって います。<br>벽에 시계가 걸려 있습니다.<br>+ はる 동 붙이다 N4 ㉑ |
| 10 | かぎ<br>명 열쇠 | へやに かぎ を 忘(わす)れました。<br>방에 열쇠를 두고 왔습니다. |
| 11 | 本(ほん)だな<br>명 책장 | もっと 大(おお)きい 本だな が ほしいです。<br>좀 더 큰 책장을 원합니다. |
| 12 | れいぞうこ<br>명 냉장고 | れいぞうこ には 食(た)べ物(もの)が たくさん あります。<br>냉장고에는 먹을 것이 많이 있습니다. |
| 13 | じょうぶだ ⑱⑲<br>ナ 튼튼하다 | 大(おお)きくて じょうぶな かばんを 買(か)いました。<br>크고 튼튼한 가방을 샀습니다. |

14 電気(でんき)
[명] 전등, 전기

出(で)かける 前(まえ)に ✎電気 をけしてください。
외출하기 전에 전등(불)을 끄세요.

15 ごみ
[명] 쓰레기

毎週(まいしゅう) 月曜日(げつようび)に ごみ を 出(だ)してください。
매주 월요일에 쓰레기를 내놓아 주세요.

16 すてる
[동] 버리다

ここにごみを すてては いけません。
여기에 쓰레기를 버려서는 안 됩니다.

17 つける [16]
[동] (스위치를) 켜다

電気(でんき)を つけて ください。
전등(불)을 켜 주세요.

18 けす [11][16]
[동] 끄다

ねる 前(まえ)に テレビを けす のを 忘(わす)れた。
자기 전에 텔레비전을 끄는 것을 깜빡했다.
➕ きえる [동] 꺼지다, 사라지다

19 高(たか)い [15][16]
[イ] 비싸다, 높다

このテレビは 高い です。
이 텔레비전은 비쌉니다.

20 安(やす)い [11][21]
[イ] 싸다, 저렴하다

このカメラは 安い です。
이 카메라는 저렴합니다.

# DAY 4 데일리 테스트

• 단어의 읽는 법을 고르고, 밑줄에 뜻을 써 보세요.

| | | | |
|---|---|---|---|
| 1 大きい | ① おおきい | ② だいきい | ________ |
| 2 電気 | ① てんき | ② でんき | ________ |
| 3 安い | ① やすい | ② すくない | ________ |
| 4 小さい | ① しょうさい | ② ちいさい | ________ |
| 5 高い | ① たかい | ② ひろい | ________ |

• 단어의 뜻을 찾아 줄을 그어 보세요.

| | | |
|---|---|---|
| 6 だいどころ | • | • ① 끄다 |
| 7 じょうぶだ | • | • ② 열쇠 |
| 8 けす | • | • ③ 부엌 |
| 9 すてる | • | • ④ 버리다 |
| 10 かぎ | • | • ⑤ 튼튼하다 |

DAY4 데일리 테스트 정답

1 ① 크다 2 ② 전기, 전등 3 ① 싸다, 저렴하다 4 ② 작다, 어리다 5 ① 비싸다, 높다
6 ③ 7 ⑤ 8 ① 9 ④ 10 ②

# DAY 5 일상생활

1회 2회 3회

예문과 함께 적중 어휘를 외워 봅시다. MP3 1-2-5

01 生活(せいかつ)する
명 생활하다

山田(やまだ)さんは いつも まじめな 生活 を して います。
야마다 씨는 언제나 성실한 생활을 하고 있습니다.

02 せんたくする ⑯㉒
명 세탁하다

服(ふく)を せんたく しました。
옷을 세탁했습니다.
≒ あらう ⑪ 동 씻다, 세탁하다

03 そうじする ⑱⑲
명 청소하다

私(わたし)は 毎朝(まいあさ) へやの そうじ を します。
저는 매일 아침 방 청소를 합니다.

04 おふろ
명 목욕, 욕실

つかれた 時(とき)は おふろ に 入(はい)るのが いい。
피곤할 때에는 목욕하는 것이 좋다.
+ おふろに 入る(はいる) 목욕하다

05 みがく ⑲
동 문질러 닦다, (이를) 닦다

はを みがいて から ねましょう。
양치질을 하고 나서 잡시다.
+ はを みがく 양치질하다

06 きれいだ
ナ 깨끗하다, 예쁘다

ワイシャツを きれいに あらいました。
와이셔츠를 깨끗이 세탁했습니다.
↔ きたない イ 더럽다

07 **会社**(かいしゃ) ⑭⑮⑯㉒

[명] 회사

昨日(きのう) かぜで ✎会社 を 休(やす)みました。

어제 감기로 회사를 쉬었습니다.

08 **かじ**

[명] 가사, 집안일

母(はは)は いつも かじ で いそがしいです。

어머니는 항상 집안일로 바쁩니다.

09 **働く**(はたらく) ⑲

[동] 일하다

外国(がいこく)で 働きたい です。

외국에서 일하고 싶습니다.

10 **行く**(いく) ⑰

[동] 가다

東京(とうきょう)に 行く のに 2時間(じかん) かかった。

도쿄에 가는데 2시간 걸렸다.

11 **来る**(くる) ⑪⑮⑰

[동] 오다

私(わたし) は きょねんの 3月(がつ)に 日本(にほん)に 来ました 。

저는 작년 3월에 일본에 왔습니다.

12 **帰る**(かえる) ㉑㉔

[동] 돌아가다, 돌아오다

そろそろ 家(いえ)へ 帰る 時間(じかん)です。

이제 슬슬 집에 돌아갈 시간입니다.

13 **出かける**(でかける)

[동] 외출하다, 나가다

散歩(さんぽ)に 出かける より 家(いえ)に いたい。

산책하러 나가기보다 집에 있고 싶다.

⑰

14 **たんじょうび**
명 생일

たんじょうび に レストランへ 行(い)きました。
생일에 레스토랑에 갔습니다.

15 **ざっし**
명 잡지

本屋(ほんや)に ざっし を 買(か)いに 行(い)きます。
서점에 잡지를 사러 갑니다.

16 **食事(しょくじ)する**
명 식사하다

今日(きょう)は 外(そと)で 食事 しよう。
오늘은 밖에서 식사하자.

17 **ご飯(はん)**
명 밥

私(わたし)は パンより ご飯 の 方(ほう)が 好(す)きです。
저는 빵보다 밥을 더 좋아합니다.
➕ 朝ご飯 (あさごはん) 명 아침밥

18 **歌(うた)う**
동 (노래를) 부르다

私(わたし)は 母(はは)が 歌(うた)を 歌う のを 聞(き)いた ことが ない。
나는 엄마가 노래 부르는 것을 들은 적이 없다.

19 **うれしい**
イ 기쁘다

雪(ゆき)が たくさん 降(ふ)って うれしい です。
눈이 많이 내려서 기쁩니다.

20 **かなしい**
イ 슬프다

私(わたし)は かなしい 映画(えいが)が 好(す)きじゃ ありません。
저는 슬픈 영화를 좋아하지 않습니다.

# DAY 5 데일리 테스트

● 단어의 읽는 법을 고르고, 밑줄에 뜻을 써 보세요.

| | | | |
|---|---|---|---|
| 1 会社 | ① がいしゃ | ② かいしゃ | ________ |
| 2 行く | ① いく | ② なく | ________ |
| 3 食事 | ① しょくじ | ② ごはん | ________ |
| 4 帰る | ① くる | ② かえる | ________ |
| 5 働く | ① はたらく | ② いく | ________ |

● 단어의 뜻을 찾아 줄을 그어 보세요.

| | | | |
|---|---|---|---|
| 6 そうじ | • | • | ① 문질러 닦다, (이를) 닦다 |
| 7 きれいだ | • | • | ② 생일 |
| 8 せんたく | • | • | ③ 청소 |
| 9 たんじょうび | • | • | ④ 깨끗하다, 예쁘다 |
| 10 みがく | • | • | ⑤ 세탁 |

**DAY5 데일리 테스트 정답**

1 ② 회사 2 ① 가다 3 ① 식사 4 ② 돌아가다, 돌아오다 5 ① 일하다
6 ③ 7 ④ 8 ⑤ 9 ② 10 ①

# DAY 6 음식

1회 2회 3회

예문과 함께 적중 어휘를 외워 봅시다. MP3 1-2-6

01 食べ物（たもの）
[명] 음식

すしは 日本（にほん）の 食べ物 です。
스시(초밥)는 일본 음식입니다.
+ 飲み物 (のみもの) [명] 음료

02 ちゅうもんする
[명] 주문하다

こうちゃを ちゅうもん しました。
홍차를 주문했습니다.

03 飲む（の） ⑪⑮⑲㉑
[동] 마시다

毎朝（まいあさ） オレンジ ジュースを 飲みます 。
매일 오렌지 주스를 마십니다.

04 食べる（た） ⑰㉑㉒
[동] 먹다

晩ご飯（ばんはん）は もう 食べました 。
저녁은 이미 먹었습니다.

05 あつい
[イ] 뜨겁다

あつい ココアを ください。
뜨거운 코코아를 주세요.
+ あたたかい [イ] 따뜻하다

06 つめたい ㉓
[イ] 차갑다

飲み物（のもの）は つめたい ものに します。
음료는 차가운 것으로 하겠습니다.
+ ぬるい [イ] 미지근하다

07 **くだもの** ⑰

명 과일

**くだもの** の 中(なか)で すいかが いちばん 好(す)きです。

과일 중에서 수박을 제일 좋아합니다.

08 **いちご**

명 딸기

**いちご** は 今(いま)が シーズンです。

딸기는 지금이 시즌입니다.

09 **りんご** ⑰

명 사과

ナイフで **りんご** を 切(き)って ください。

칼로 사과를 잘라 주세요.

10 **みかん**

명 귤

はこに **みかん** が 五(いつ)つ あります。

상자에 귤이 다섯 개 있습니다.

11 **ぶどう**

명 포도

**ぶどう** から ワインを 作(つく)ります。

포도로 와인을 만듭니다.

12 **あまい** ⑭⑯

イ 달다, 달콤하다

何(なに)か **あまい** ものが ほしいです。

뭔가 달콤한 것을 원해요.

13 **にがい**

イ 쓰다

なぜ 薬(くすり)は **にがい** でしょうか。

왜 약은 쓸까요?

14 **ぎゅうにゅう**
[명] 우유

チーズは ぎゅうにゅう で 作(つく)る。
치즈는 우유로 만든다.
[유] ミルク [명] 밀크, 우유

15 **そば**
[명] 메밀국수

今日(きょう)の 昼(ひる)ご飯(はん)は そば に しましょう。
오늘 점심은 메밀국수로 합시다.

16 **かかる** [21]
[동] 걸리다

すしを 作(つく)るのに 3時間(じかん)も かかりました 。
스시(초밥)를 만드는데 3시간이나 걸렸습니다.

17 **おいしい**
[イ] 맛있다

どこか おいしい 店(みせ)を 知(し)って いますか。
어딘가 맛있는 가게를 알고 있습니까?

18 **まずい**
[イ] 맛없다

昨日(きのう) 買(か)った ケーキは まずかった 。
어제 산 케이크는 맛없었다.

19 **うすい** [11] [22]
[イ] 싱겁다, 연하다, 얇다

コーヒーは うすい のが 好(す)きです。
커피는 연한 것을 좋아합니다.

20 **からい**
[イ] 맵다

からい 食(た)べ物(もの)は からだに よく ない。
매운 음식은 몸에 좋지 않다.

# DAY 6 데일리 테스트

● 단어의 뜻을 찾아 줄을 그어 보세요.

| | | |
|---|---|---|
| 1 飲(の)む | • | • ① 맵다 |
| 2 あつい | • | • ② 마시다 |
| 3 かかる | • | • ③ 걸리다 |
| 4 からい | • | • ④ 뜨겁다 |
| 5 食(た)べる | • | • ⑤ 먹다 |

● 단어의 뜻을 찾아 줄을 그어 보세요.

| | | |
|---|---|---|
| 6 ちゅうもん | • | • ① 달다, 달콤하다 |
| 7 くだもの | • | • ② 주문 |
| 8 あまい | • | • ③ 차갑다 |
| 9 うすい | • | • ④ 과일 |
| 10 つめたい | • | • ⑤ 싱겁다, 연하다, 얇다 |

DAY6 데일리 테스트 정답

1 ② 2 ④ 3 ③ 4 ① 5 ⑤
6 ② 7 ④ 8 ① 9 ⑤ 10 ③

WEEK 02

# 실력 체크

한 주 동안 외운 단어를
점검해 봅시다!

# DAY 1

학습 날짜 ___/___　달성 목표 20개 중 ___개 암기!

 단어의 읽는 법과 의미를 써 봅시다.　MP3 1-2-1

| 단어 | |
|---|---|
| 休み | 읽는 법<br>의 미 |
| 夏休み | 읽는 법<br>의 미 |
| 冬休み | 읽는 법<br>의 미 |
| 昼休み | 읽는 법<br>의 미 |
| 休む | 읽는 법<br>의 미 |
| 楽しい | 읽는 법<br>의 미 |
| 新聞 | 읽는 법<br>의 미 |
| 本 | 읽는 법<br>의 미 |
| 外国 | 읽는 법<br>의 미 |
| 終わる | 읽는 법<br>의 미 |

| 단어 | |
|---|---|
| おもしろい | 읽는 법<br>의 미 |
| つまらない | 읽는 법<br>의 미 |
| 同じだ | 읽는 법<br>의 미 |
| 毎月 | 읽는 법<br>의 미 |
| しゃしん | 읽는 법<br>의 미 |
| とる | 읽는 법<br>의 미 |
| あそぶ | 읽는 법<br>의 미 |
| 話す | 읽는 법<br>의 미 |
| 長い | 읽는 법<br>의 미 |
| 短い | 읽는 법<br>의 미 |

# DAY 2

학습 날짜 ____/____ 달성 목표 20개 중 ____개 암기!

 단어의 읽는 법과 의미를 써 봅시다. MP3 1-2-2

| 단어 | 읽는 법 | 의미 |
|---|---|---|
| 場所 | | |
| 店 | | |
| 地図 | | |
| ところ | | |
| 会う | | |
| 有名だ | | |
| 道 | | |
| 駅 | | |
| まち | | |
| 住所 | | |

| 단어 | 읽는 법 | 의미 |
|---|---|---|
| 新しい | | |
| 古い | | |
| 便利だ | | |
| たてもの | | |
| 食堂 | | |
| せき | | |
| 高い | | |
| ひくい | | |
| 広い | | |
| せまい | | |

## DAY 3

학습 날짜 ___/___ 달성 목표 20개 중 ___개 암기!

단어의 읽는 법과 의미를 써 봅시다. MP3 1-2-3

| 단어 | | 단어 | |
|---|---|---|---|
| □ 薬屋 | 읽는 법<br>의 미 | □ 送る | 읽는 법<br>의 미 |
| □ こうばん | 읽는 법<br>의 미 | □ 重い | 읽는 법<br>의 미 |
| □ やおや | 읽는 법<br>의 미 | □ かるい | 읽는 법<br>의 미 |
| □ くうこう | 읽는 법<br>의 미 | □ 本屋 | 읽는 법<br>의 미 |
| □ つく | 읽는 법<br>의 미 | □ 病院 | 읽는 법<br>의 미 |
| □ しずかだ | 읽는 법<br>의 미 | □ 銀行 | 읽는 법<br>의 미 |
| □ ゆうびんきょく | 읽는 법<br>의 미 | □ 映画館 | 읽는 법<br>의 미 |
| □ きって | 읽는 법<br>의 미 | □ びじゅつかん | 읽는 법<br>의 미 |
| □ 手紙 | 읽는 법<br>의 미 | □ どうぶつえん | 읽는 법<br>의 미 |
| □ はがき | 읽는 법<br>의 미 | □ 公園 | 읽는 법<br>의 미 |

# DAY 4

학습 날짜 ____/____ 달성 목표 20개 중 ____개 암기!

단어의 읽는 법과 의미를 써 봅시다.

MP3 1-2-4

| 단 어 | 읽는법 | 의 미 |
|---|---|---|
| □ 家 | | |
| □ へや | | |
| □ だいどころ | | |
| □ まど | | |
| □ 小さい | | |
| □ 大きい | | |
| □ かいだん | | |
| □ にわ | | |
| □ かべ | | |
| □ かぎ | | |

| 단 어 | 읽는법 | 의 미 |
|---|---|---|
| □ 本だな | | |
| □ れいぞうこ | | |
| □ じょうぶだ | | |
| □ 電気 | | |
| □ ごみ | | |
| □ すてる | | |
| □ つける | | |
| □ けす | | |
| □ 高い | | |
| □ 安い | | |

## DAY 5

학습 날짜 ____/____ 달성 목표 20개 중 ____개 암기!

단어의 읽는 법과 의미를 써 봅시다. MP3 1-2-5

| 단어 | | 단어 | |
|---|---|---|---|
| 生活 | 읽는 법<br>의 미 | 来る | 읽는 법<br>의 미 |
| せんたく | 읽는 법<br>의 미 | 帰る | 읽는 법<br>의 미 |
| そうじ | 읽는 법<br>의 미 | 出かける | 읽는 법<br>의 미 |
| おふろ | 읽는 법<br>의 미 | たんじょうび | 읽는 법<br>의 미 |
| みがく | 읽는 법<br>의 미 | ざっし | 읽는 법<br>의 미 |
| きれいだ | 읽는 법<br>의 미 | 食事 | 읽는 법<br>의 미 |
| 会社 | 읽는 법<br>의 미 | ご飯 | 읽는 법<br>의 미 |
| かじ | 읽는 법<br>의 미 | 歌う | 읽는 법<br>의 미 |
| 働く | 읽는 법<br>의 미 | うれしい | 읽는 법<br>의 미 |
| 行く | 읽는 법<br>의 미 | かなしい | 읽는 법<br>의 미 |

# DAY 6

학습 날짜 ____/____ 달성 목표 20개 중 ____개 암기!

 단어의 읽는 법과 의미를 써 봅시다. MP3 1-2-6

| 단 어 | |
|---|---|
| 食べ物 | 읽는법<br>의 미 |
| ちゅうもん | 읽는법<br>의 미 |
| 飲む | 읽는법<br>의 미 |
| 食べる | 읽는법<br>의 미 |
| あつい | 읽는법<br>의 미 |
| つめたい | 읽는법<br>의 미 |
| くだもの | 읽는법<br>의 미 |
| いちご | 읽는법<br>의 미 |
| りんご | 읽는법<br>의 미 |
| みかん | 읽는법<br>의 미 |

| 단 어 | |
|---|---|
| ぶどう | 읽는법<br>의 미 |
| あまい | 읽는법<br>의 미 |
| にがい | 읽는법<br>의 미 |
| ぎゅうにゅう | 읽는법<br>의 미 |
| そば | 읽는법<br>의 미 |
| かかる | 읽는법<br>의 미 |
| おいしい | 읽는법<br>의 미 |
| まずい | 읽는법<br>의 미 |
| うすい | 읽는법<br>의 미 |
| からい | 읽는법<br>의 미 |

## 실전 JLPT 도전

**문제 1** ____의 단어는 히라가나로 어떻게 씁니까? 1·2·3·4 중 가장 알맞은 것을 하나 고르세요.

**1** 外国で　はたらきたいです。 외국에서 일하고 싶습니다.

1　がいこく　2　かいこく　3　がいごく　4　かいごく

**2** もりさんは　こうえんで　休んで　います。

모리 씨는 공원에서 쉬고 있습니다.

1　やすんで　2　ならんで　3　のんで　4　よんで

**3** その　ギターは　古いですね。 그 기타는 낡았네요.

1　やすい　2　ふるい　3　おもい　4　きたない

**문제 2** ____의 단어는 어떻게 씁니까? 1·2·3·4에서 가장 알맞은 것을 하나 고르세요.

**4** ばんごはんは　もう　たべましたか。 저녁밥은 벌써 먹었습니까?

1　立べましたか　2　飯べましたか

3　食べましたか　4　位べましたか

**5** その　しんぶんを　とって　ください。 그 신문을 집어 주세요.

1　新間　2　新聞　3　親聞　4　親間

**6** この　カメラは　やすいですね。 이 카메라는 저렴하네요.

1　高い　2　安い　3　古い　4　新しい

**문제 3** (　　)에 무엇을 넣습니까? 1·2·3·4에서 가장 알맞은 것을 하나 고르세요.

**7** 弟(おとうと)は　からだが　（　　　　）で　いつも　げんきです。

남동생은 몸이 튼튼하고, 항상 활기찹니다.

1　じょうぶ　　　2　たいせつ

3　べんり　　　4　ゆうめい

**8** なかに　なにも　ないから、この　はこは　（　　　　）です。

속에 아무것도 없어서 이 상자는 가볍습니다.

1　みじかい　　　2　ほそい

3　かるい　　　4　ひくい

**문제 4** ____의 문장과 대체로 같은 의미의 문장이 있습니다. 1·2·3·4에서 가장 알맞은 것을 하나 고르세요.

**9** <u>うわぎを　せんたくしました。</u> 겉 옷을 세탁했습니다.

1　うわぎを　きました。

2　うわぎを　はきました。

3　うわぎを　あらいました。

4　うわぎを　ぬぎました。

**실전 JLPT 도전 정답**

**1** 1　**2** 1　**3** 2　**4** 3　**5** 2　**6** 2　**7** 1　**8** 3　**9** 3

# 3 주 째

# DAY 1 요리

1회 2회 3회

예문과 함께 적중 어휘를 외워 봅시다. MP3 1-3-1

01 **料理(りょうり)する** [17]
[명] 요리하다

本(ほん)を見(み)ながら **料理** をします。
책을 보면서 요리를 합니다.

02 **肉(にく)**
[명] 고기

**肉** より魚(さかな)の方(ほう)が好(す)きです。
고기보다 생선을 더 좋아합니다.

+ ぶたにく [명] 돼지고기 | ぎゅうにく [명] 소고기

03 **魚(さかな)** [15][16]
[명] 생선

**魚** はからだにいい食(た)べ物(もの)です。
생선은 몸에 좋은 음식입니다.

04 **半分(はんぶん)** [11][14][15][16]
[명] 반, 절반

パンを **半分** 切(き)ってください。
빵을 반 잘라 주세요.

05 **洗(あら)う**
[동] 씻다

はじめにやさいを **洗って** ください。
먼저 채소를 씻어 주세요.

06 **切(き)る** 예외 1그룹 [16]
[동] 자르다

ナイフで肉(にく)を **切って** ください。
칼로 고기를 잘라 주세요.

+ 예외 1그룹 동사란? [155페이지 참고]
2그룹처럼 생겼지만 1그룹 활용을 하는 동사

07 **やさい** 명 채소

カレーに入(い)れる ✎やさい を買(か)いました。
카레에 넣을 채소를 샀습니다.

08 **さとう** 명 설탕 ⑰

つぎは バターと さとう を入(い)れましょう。
다음은 버터와 설탕을 넣읍시다.

09 **しお** 명 소금

さとうと しお を まちがえました。
설탕과 소금을 착각했습니다.
+ まちがえる 동 착각하다, 실수하다

10 **しょうゆ** 명 간장

10分後(ぷんご)、 しょうゆ を 入(い)れます。
10분 후 간장을 넣습니다.

11 **あぶら** 명 기름

あぶら は たくさん 入(い)れないで ください。
기름은 많이 넣지 마세요.

12 **使(つか)う** 동 사용하다 N4 ㉒

料理(りょうり)を する 時(とき)、よく さとうを 使います 。
요리를 할 때 자주 설탕을 사용합니다.

13 **うまい** イ 맛있다, 솜씨가 뛰어나다

この ホテルの 料理(りょうり)は とても うまい です。
이 호텔 요리는 매우 맛있습니다.
≒ おいしい イ 맛있다

14 **(お)べんとう**
명 도시락

今日(きょう)はとうふを使(つか)った おべんとう です。
오늘은 두부를 사용한 도시락입니다.

15 **(お)かし**
명 과자

これは こめで 作(つく)った おかし です。
이것은 쌀로 만든 과자입니다.

16 **(お)ちゃ**
명 차

おちゃ でも 飲(の)みながら 話(はな)しましょう。
차라도 마시면서 이야기합시다.

17 **たまご**
명 계란

ケーキを 作(つく)る 時(とき)、 たまご も 入(はい)ります。
케이크를 만들 때 계란도 들어갑니다.

18 **(お)はし**
명 젓가락

テーブルに はし を ならべて ください。
테이블에 젓가락을 놓아 주세요.

＋ さら 명 접시

19 **作(つく)る**
동 만들다

これから カレーを 作りましょう 。
이제부터 카레를 만듭시다.

20 **いろいろだ**
ナ 여러 가지이다, 다양하다

たまごで いろいろな 料理(りょうり)を 作(つく)りました。
계란으로 다양한 요리를 만들었습니다.

# DAY 1 데일리 테스트

- 단어의 읽는 법을 고르고, 밑줄에 뜻을 써 보세요.

1 半分　① はんぶん　② はんぷん　＿＿＿＿

2 魚　① にく　② さかな　＿＿＿＿

3 使う　① あらう　② つかう　＿＿＿＿

4 料理　① りょり　② りょうり　＿＿＿＿

5 切る　① きる　② おる　＿＿＿＿

- 단어의 뜻을 찾아 줄을 그어 보세요.

| | | | |
|---|---|---|---|
| 6 うまい | • | • | ① 설탕 |
| 7 やさい | • | • | ② 맛있다, 솜씨가 뛰어나다 |
| 8 しお | • | • | ③ 채소 |
| 9 いろいろだ | • | • | ④ 소금 |
| 10 さとう | • | • | ⑤ 여러 가지이다, 다양하다 |

DAY1 데일리 테스트 정답

1 ① 반, 절반　2 ② 생선　3 ② 사용하다　4 ② 요리　5 ① 자르다
6 ②　7 ③　8 ④　9 ⑤　10 ①

# DAY 2 패션

1회 2회 3회

예문과 함께 적중 어휘를 외워 봅시다. MP3 1-3-2

01 **ふく**
명 옷

友(とも)だちと同(おな)じ **ふく** を買(か)いました。
친구와 같은 옷을 샀습니다.
+ ようふく 명 양복

02 **くつ** ⑱
명 신발, 구두

旅行(りょこう)の時(とき)は黒(くろ)い **くつ** をはきます。
여행할 때는 검은 신발을 신습니다.
+ くつした 명 양말 | くつを はく 구두를 신다

03 **ぼうし** ⑮㉓
명 모자

あの **ぼうし** をかぶってみてもいいですか。
저 모자를 써 봐도 됩니까?
+ ぼうしを かぶる ⑮ 모자를 쓰다

04 **時計(とけい)** ⑯
명 시계

新(あたら)しい **時計** をなくしました。
새 시계를 분실했습니다.
+ なくす 동 잃다, 분실하다

05 **はく** ⑱㉒㉔
동 (하의를) 입다, (신발을) 신다

彼女(かのじょ)は赤(あか)いスカートを **はいて** いた。
그녀는 빨간 스커트를 입고 있었다.

06 **着(き)る**
동 (옷을) 입다

スーツを **着て** しごとに行(い)きます。
양복을 입고 일하러 갑니다.

07 いろ
**色** N4 ㉓

명 색, 색깔

彼女(かのじょ)の目(め)の ✎色 は青(あお)です。

그녀의 눈 색(눈빛)은 파란색입니다.

08 あお
**青**

명 파랑, 파란색

しんごうが 青 にかわった。

신호가 파란색으로 바뀌었다.

➕ 青い (あおい) イ 파랗다

09 あか
**赤**

명 빨강, 빨간색

しんごうが 赤 にかわった。

신호가 빨간색으로 바뀌었다.

➕ 赤い (あかい) イ 빨갛다

10 くろ
**黒**

명 검정, 검정색

私(わたし)は 黒 のコートをたくさん持(も)っている。

나는 검정색 코트를 많이 가지고 있다.

➕ 黒い (くろい) イ 검다

11 しろ
**白**

명 하양, 하얀색

やはり車(くるま)は 白 が一番(いちばん)にんきです。

역시 차는 하얀색이 가장 인기입니다.

➕ 白い (しろい) イ 하얗다

12
**みどり**

명 초록, 녹색

カーテンは みどり にきめた。

커튼은 녹색으로 정했다.

13
**きいろ**

명 노랑, 노란색

にわの花(はな)はぜんぶ きいろ です。

정원 꽃은 전부 노란색입니다.

➕ きいろい イ 노랗다

14 **うわぎ** ⑭

명 겉옷, 상의

寒(さむ)いですから、うわぎ を忘(わす)れないでください。

추우니까 겉옷을 잊지 마세요.

＋ したぎ 명 속옷

15 **めがね**

명 안경

新(あたら)しい めがね を買(か)いました。

새 안경을 샀습니다.

＋ めがねを かける 안경을 쓰다 ㉑

16 **ネックレス**

명 목걸이

たんじょうびに ネックレス を もらいました。

생일에 목걸이를 받았습니다.

17 **ぬぐ** ㉑

동 벗다

ここでは くつを ぬいで ください。

여기에서는 구두를 벗어 주세요.

18 **しめる**

동 (넥타이를) 매다

彼(かれ)は いつも ネクタイを しめて います。

그는 항상 넥타이를 매고 있습니다.

19 **かわいい**

イ 귀엽다, 사랑스럽다

彼女(かのじょ)は かわいい ぼうしを かぶって います。

그녀는 귀여운 모자를 쓰고 있습니다.

20 **まるい**

イ 둥글다

大(おお)きくて まるい テーブルが ほしいです。

크고 둥근 테이블을 갖고 싶습니다.

# DAY 2 데일리 테스트

• 단어의 읽는 법을 고르고, 밑줄에 뜻을 써 보세요.

| | | | |
|---|---|---|---|
| **1** 時計 | ① とけい | ② とけ | ________ |
| **2** 青 | ① あか | ② あお | ________ |
| **3** 色 | ① いろ | ② しろ | ________ |
| **4** 白 | ① くろ | ② しろ | ________ |
| **5** 着る | ① きる | ② はる | ________ |

• 어울리는 단어를 찾아 줄을 긋고, 밑줄에 의미를 써 봅시다.

| | | | | |
|---|---|---|---|---|
| **6** めがねを | • | • | ① はく | ________ |
| **7** ふくを | • | • | ② かける | ________ |
| **8** ぼうしを | • | • | ③ 着(き)る | ________ |
| **9** くつを | • | • | ④ しめる | ________ |
| **10** ネクタイを | • | • | ⑤ かぶる | ________ |

DAY2 데일리 테스트 **정답**

**1** ① 시계 **2** ② 파랑, 파란색 **3** ① 색깔 **4** ② 하양, 흰색 **5** ① (옷을) 입다 **6** ② 안경을 쓰다 **7** ③ 옷을 입다 **8** ⑤ 모자를 쓰다 **9** ① 구두를 신다 **10** ④ 넥타이를 매다

# DAY 3 경제

1회 2회 3회

예문과 함께 적중 어휘를 외워 봅시다. MP3 1-3-3

01 (お)金(かね)
명 돈

さいふに お金 を 入(い)れた。
지갑에 돈을 넣었다.

02 買(か)い物(もの)する
명 쇼핑하다

デパートで 買い物 を しました。
백화점에서 쇼핑을 했습니다.

03 さいふ ㉒㉔
명 지갑

さいふ を 忘(わす)れて、お金(かね)が ない。
지갑을 두고 와서 돈이 없다.

04 しょうひん
명 상품

今日(きょう) この しょうひん は 無料(むりょう)です。
오늘 이 상품은 무료입니다.

05 売(う)る ⑱
동 팔다

私(わたし)は 家(いえ)を 売る つもりです。
저는 집을 팔 생각입니다.

06 買(か)う ⑱⑲㉓
동 사다

車(くるま)を 買う お金(かね)は ありません。
차를 살 돈은 없습니다.

07 電話(でんわ)する ⑰㉓

명 전화하다

✎電話 するのを 忘(わす)れて ごめんなさい。

전화하는 것을 잊어서 죄송합니다.

➕ 電話番号（でんわばんごう） 명 전화번호

08 てんいん

명 점원

てんいん が「いらっしゃいませ」と 言(い)った。

점원이 "어서 오세요"라고 말했다.

➕ てんちょう 명 점장

09 社長(しゃちょう)

명 사장(님)

彼(かれ)は 30さいで 社長 に なった。

그는 서른 살에 사장이 되었다.

10 世界(せかい)

명 세계

ここは 世界 で 一番(いちばん) 高(たか)い ホテルです。

여기는 세계에서 가장 비싼 호텔입니다.

11 国(くに) ㉑

명 나라, 고국(모국)

毎晩(まいばん) 国 の 両親(りょうしん)に 電話(でんわ)して います。

매일 밤 고국(모국)의 부모님에게 전화하고 있습니다.

12 要(い)る 예외 1그룹

동 필요하다

新(あたら)しい ノートパソコンが 要ります 。

새 노트북이 필요합니다.

13 たのむ

동 부탁하다

彼(かれ)は「お金(かね)を ください」と たのみました。

그는 돈을 달라고 부탁했습니다.

14 **おつり**
명 거스름돈

おつり は要(い)りません。
거스름돈은 필요 없습니다.

15 **けいざい**
명 경제

世界(せかい)の けいざい は あまり よく ない。
세계 경제는 별로 좋지 않다.

16 **無料(むりょう)**
명 무료

無料 映画(えいが) サイトで 映画(えいが)を 見(み)ました。
무료 영화 사이트에서 영화를 봤습니다.

17 **ねだん**
명 가격

ここの ねだん は とても 高(たか)いです。
이곳의 가격은 매우 비쌉니다.

18 **はらう**
동 지불하다

タクシーを 降(お)りる 前(まえ)に、お金(かね)を はらいます 。
택시를 내리기 전에 돈을 지불합니다.

19 **ほしい**
イ 갖고싶다, 원하다

新(あたら)しい スマホが ほしい です。
새 스마트폰을 갖고 싶습니다.

20 **えらぶ**
동 선택하다, 고르다

パーティーに 着(き)て 行(い)く ふくを えらんで ください。
파티에 입고 갈 옷을 골라 주세요.

# DAY 3 데일리 테스트

● 단어의 읽는 법을 고르고, 밑줄에 뜻을 써 보세요.

| | | | |
|---|---|---|---|
| **1** 買う | ① あう | ② かう | ________ |
| **2** 無料 | ① むりょう | ② むりょ | ________ |
| **3** 買い物 | ① かいもの | ② のみもの | ________ |
| **4** 国 | ① くに | ② まち | ________ |
| **5** 売る | ① いる | ② うる | ________ |

● 단어의 뜻을 찾아 줄을 그어 보세요.

| | | | |
|---|---|---|---|
| **6** おつり | • | • | ① 선택하다, 고르다 |
| **7** たのむ | • | • | ② 거스름돈 |
| **8** えらぶ | • | • | ③ 지불하다 |
| **9** はらう | • | • | ④ 가격 |
| **10** ねだん | • | • | ⑤ 부탁하다 |

DAY3 데일리 테스트 **정답**

**1** ② 사다 **2** ① 무료 **3** ① 쇼핑 **4** ① 나라, 고국 **5** ② 팔다
**6** ② **7** ⑤ **8** ① **9** ③ **10** ④

# DAY 4 사람

1회 2회 3회

예문과 함께 적중 어휘를 외워 봅시다. MP3 1-3-4

01 女(おんな)の子(こ) ⑭㉒
명 여자아이

パーティーには 50人(にん)の 女の子 が いた。
파티에는 50명의 여자아이가 있었다.
↔ 男の子 (おとこのこ) 명 남자아이

02 男(おとこ)の人(ひと) ⑱
명 남자

あそこに いる 男の人 が 山田(やまだ)さんです。
저곳에 있는 남자가 야마다 씨입니다.
↔ 女の人 (おんなのひと) 명 여자

03 名前(なまえ) ⑪
명 이름

この 紙(かみ)に 名前 を 書(か)いて ください。
이 종이에 이름을 써 주세요.

04 友(とも)だち
명 친구(들)

彼(かれ)は アメリカで 彼女(かのじょ)と 友だち に なった。
그는 미국에서 그녀와 친구가 되었다.

05 生(う)まれる ⑪⑮
동 태어나다

昨日(きのう) 姉(あね)の 赤(あか)ちゃんが 生まれました 。
어제 언니(누나)의 아기가 태어났습니다.
＋ あかちゃん 명 아기

06 たいせつだ
ナ 소중하다

山田先生(やまだせんせい)は 私(わたし)の たいせつな 人(ひと)です。
야마다 선생님은 저의 소중한 사람입니다.

07 おとな
명 어른

おとな 2まいと 子(こ)ども 1まい ください。
어른 2장과 아이 1장 주세요.

08 子(こ)ども
명 아이

私(わたし)は 子ども の 時(とき)、川(かわ)で よく あそびました。
저는 어렸을 때, 강에서 자주 놀았습니다.

09 自分(じぶん)
명 자기, 자신

自分 を たいせつに して ください。
자신을 소중히 해 주세요.

10 きょうだい
명 형제

私(わたし)は 3人(にん) きょうだい です。
저는 삼형제입니다.

11 てつだう
동 돕다

すずきさん、何(なに)か てつだう ことは ありませんか。
스즈키 씨, 뭔가 도울 일은 없습니까?

12 知(し)る
동 알다

彼(かれ)は 何(なん)でも よく 知って います。
그는 뭐든 잘 알고 있습니다.

+ わかる 동 이해하다, 알다

13 しんせつだ
ナ 친절하다

子(こ)どもたちに しんせつな 先生(せんせい)に なりたい。
아이들에게 친절한 선생님이 되고 싶다.

14 **おや**
명 부모

子(こ)どもを 見(み)れば おや が わかる。
아이를 보면 부모를 알 수 있다.

15 **医者(いしゃ)**
명 의사

父(ちち)は 医者 ですが、私(わたし)は 医者 に なりたく ありません。
아버지는 의사지만 저는 의사가 되고 싶지 않습니다.

16 **会社員(かいしゃいん)**
명 회사원

学校(がっこう)を そつぎょうして 会社員 に なりました。
학교를 졸업하고 회사원이 되었습니다.

+ 社員 (しゃいん) 명 사원

17 **けいさつ**
명 경찰

けいさつ を よんで ください。
경찰을 불러 주세요.

18 **けっこんする**
명 결혼하다

先月(せんげつ) けっこん しました。
지난달 결혼했습니다.

19 **おこる**
동 화내다

私(わたし)は すぐ おこる 人(ひと)は 好(す)きじゃ ありません。
저는 바로 화내는 사람은 좋아하지 않습니다.

20 **よぶ**
동 부르다

レストランで お店(みせ)の 人(ひと)を よびました 。
레스토랑에서 가게 점원을 불렀습니다.

# DAY 4 데일리 테스트

- 단어의 읽는 법이나 쓰는 법을 고르고, 밑줄에 뜻을 써 보세요.

1 おんなのこ ① 男の子 ② 女の子 ________

2 医者 ① いしゃ ② いし ________

3 かいしゃ ① 社会 ② 会社 ________

4 しる ① 知る ② 分る ________

5 なまえ ① 右前 ② 名前 ________

- 단어의 뜻을 찾아 줄을 그어 보세요.

6 生(う)まれる • • ① 돕다

7 おとな • • ② 친절하다

8 てつだう • • ③ 화내다

9 しんせつだ • • ④ 태어나다

10 おこる • • ⑤ 어른

DAY4 데일리 테스트 정답

1 ② 여자아이 2 ① 의사 3 ② 회사 4 ① 알다 5 ② 이름
6 ④ 7 ⑤ 8 ① 9 ② 10 ③

# DAY 5 몸

1회 2회 3회

예문과 함께 적중 어휘를 외워 봅시다. MP3 1-3-5

01 からだ
体
명 몸

たばこは 体 に わるいです。
담배는 몸에 나쁩니다.

02 あたま
명 머리

かぜで あたま が いたいです。
감기로 머리가 아픕니다.

03 かお
명 얼굴

彼女(かのじょ)の かお が 赤(あか)く なった。
그녀의 얼굴이 빨개졌다.

04 て
手 ㉑
명 손

手 を きれいに 洗(あら)いなさい。
손을 깨끗이 씻어라.

05 あし
足
명 발

つかれて 足 が 重(おも)かった。
피곤해서 다리가 무거웠다.

06 あびる ⑮⑱⑲
동 (샤워를) 하다, 뒤집어쓰다

シャワーを あびて 朝(あさ)ご飯(はん)を 食(た)べました。
샤워를 하고 아침을 먹었습니다.

+ シャワーを あびる 샤워를 하다

07 め
目 ⑰㉑
명 눈

目 がいたくて、病院(びょういん)へ行(い)きました。
눈이 아파서 병원에 갔습니다.

08 はな
명 코

ぞうは はな が ながい。
코끼리는 코가 길다.

09 くち
口
명 입

口 に食(た)べ物(もの)を入(い)れて話(はな)しては
いけません。
입에 음식물을 넣고 이야기해서는 안 됩니다.

10 みみ
耳 ⑮⑱⑲
명 귀

あかちゃんの 耳 は小(ちい)さいです。
아기의 귀는 작습니다.

11 は ⑰㉒
명 이, 치아

一日(いちにち)に3回(かい)は は をみがいてください。
하루에 3번은 이를 닦으세요.

12 いい・よい
イ 좋다

山田(やまだ)はクラスで一番(いちばん)あたまが いい 。
야마다는 반에서 가장 머리가 좋다.

13 わるい
イ 나쁘다

私(わたし)はとても目(め)が わるい です。
저는 매우 눈이 나쁩니다.

14 **のど**
명 목, 목구멍

✎のど が いたい 時(とき)は あたたかい 水(みず)を 飲(の)んで ください。
목이 아플 때에는 따뜻한 물을 드세요.

15 **かみ**
명 머리카락

父(ちち)の かみ は 白(しろ)く なった。
아버지의 머리카락은 하얘졌다.

16 **せ**
명 키

私(わたし)は 兄(あに)より せ が 高(たか)い。
나는 오빠(형)보다 키가 크다.

17 **おなか**
명 배(신체 부위)

もう おなか が いっぱいです。
이제 배가 부릅니다.

18 **いたい**
イ 아프다

あたまが いたい 時(とき)は この 薬(くすり)を 飲(の)んで ください。
머리가 아플 때는 이 약을 드세요.

19 **ふとい**
イ 굵다

私(わたし)は 足(あし)が ふとくて ダイエットを して います。
저는 다리가 굵어서 다이어트를 하고 있습니다.

20 **ほそい**
イ 가늘다

森(もり)さんは ゆびが ほそくて きれいです。
모리 씨는 손가락이 가늘고 예쁩니다.

# DAY 5 데일리 테스트

- 단어의 읽는 법이나 쓰는 법을 고르고, 밑줄에 뜻을 써 보세요.

1 手 ① て ② あし ________

2 口 ① はな ② くち ________

3 足 ① あし ② はし ________

4 からだ ① 体 ② 休 ________

5 みみ ① 目 ② 耳 ________

- 어울리는 단어를 찾아 줄을 긋고, 밑줄에 의미를 써 봅시다.

6 シャワーを • • ① いい ________

7 かみが • • ② あびる ________

8 あたまが • • ③ ふとい ________

9 あしが • • ④ 高い(たか) ________

10 せが • • ⑤ しろい ________

DAY5 데일리 테스트 정답

1 ① 손 2 ② 입 3 ① 다리 4 ① 몸 5 ② 귀 6 ② 샤워를 하다
7 ⑤ 머리카락이 하얗다 8 ① 머리가 좋다 9 ③ 다리가 두껍다 10 ④ 키가 크다

# DAY 6 건강

1회 2회 3회

예문과 함께 적중 어휘를 외워 봅시다. MP3 1-3-6

01 薬(くすり) ㉓
명 약
この 薬 は 四日間(よっかかん) 飲(の)んで ください。
이 약은 4일간 드세요.

02 病気(びょうき)
명 병
毎日(まいにち) お酒(さけ)を 飲(の)むと 病気 に なるよ。
매일 술을 마시면 병에 걸려요.

03 かぜ
명 감기
かぜ を ひいた 時(とき)は 休(やす)んで ください。
감기에 걸렸을 때는 쉬세요.

04 ねつ
명 열
ねつ が さがりません。
열이 떨어지지 않습니다.

05 元気(げんき)だ
ナ 건강하다
おばあさんは 80さいですが、元気です。
할머니는 80세지만 건강합니다.

06 たいへんだ
ナ 힘들다
遅(おそ)くまで しごとを して たいへんです。
늦게까지 일을 해서 힘듭니다.

07 **力**(ちから)
명 힘

私(わたし)は 弟(おとうと)より ✎力 が よわい。
나는 남동생보다 힘이 약하다.

08 **元気**(げんき) ⑯
명 기운, 기력

今日(きょう)は 元気 が ないですね。
오늘은 기운이 없네요.

09 **きぶん**
명 기분, 컨디션

きぶん が 悪(わる)いので 薬(くすり)を 飲(の)みました。
속이 안 좋아서 약을 먹었습니다.
＋ きもち 명 기분, 감정

10 **つかれる** ⑲
동 지치다, 피곤하다

今日(きょう)は テストが たくさん あって
つかれました 。
오늘은 시험이 많이 있어서 지쳤습니다.

11 **いきる**
동 살다, 생존하다

80さいまで いきる 人(ひと)は 多(おお)いです。
80세까지 사는 사람은 많습니다.

12 **強い**(つよい) ⑮
イ 강하다

父(ちち)は せが 高(たか)くて 力(ちから)が 強い です。
아버지는 키가 크고 힘이 셉니다.

13 **よわい**
イ 약하다

彼女(かのじょ)は わかいですが、体(からだ)が よわい です。
그녀는 젊지만 몸이 약합니다.

14 **こえ**
명 목소리

大(おお)きい ✎**こえ** で 話(はな)してください。
큰 소리로 말해 주세요.

15 **音(おと)**
명 소리

ドアが 閉(し)まる **音** を 聞(き)いた。
문이 닫히는 소리를 들었다.

16 **すう**
동 (담배를) 피우다

父(ちち)は たばこを **すう** のを やめました。
아버지는 담배를 피우는 것을 그만두었습니다.

17 **あぶない**
イ 위험하다

ここは 車(くるま)が 多(おお)いですから **あぶない** です。
여기는 차가 많아서 위험합니다.

18 **こわい**
イ 무섭다

山田先生(やまだせんせい)は いつも **こわい** かおを して います。
야마다 선생님은 항상 무서운 얼굴을 하고 있습니다.

19 **わかい**
イ 젊다

私(わたし)の 父(ちち)は 母(はは)より **わかい** です。
저의 아버지는 어머니보다 젊습니다.

20 **じゅうぶんだ**
ナ 충분하다

つかれた 時(とき)は **じゅうぶんに** 寝(ね)てください。
지쳤을 때는 충분히 주무세요.

# DAY 6 데일리 테스트

- 단어의 읽는 법을 고르고, 밑줄에 뜻을 써 보세요.

| | | | |
|---|---|---|---|
| 1 強い | ① よわい | ② つよい | ______ |
| 2 力 | ① ちから | ② あたま | ______ |
| 3 くすり | ① 薬 | ② 楽 | ______ |
| 4 びょうき | ① 元気 | ② 病気 | ______ |
| 5 元気 | ① げんき | ② けんき | ______ |

- 단어의 뜻을 찾아 줄을 그어 보세요.

| | | |
|---|---|---|
| 6 つかれる | • | • ① 약하다 |
| 7 あぶない | • | • ② 위험하다 |
| 8 じゅうぶんだ | • | • ③ 지치다, 피곤하다 |
| 9 よわい | • | • ④ 감기 |
| 10 かぜ | • | • ⑤ 충분하다 |

DAY6 데일리 테스트 정답

1 ② 세다, 강하다 2 ① 힘 3 ① 약 4 ② 병 5 ① 기운, 기력
6 ③ 7 ② 8 ⑤ 9 ① 10 ④

WEEK 03

# 실력 체크

한 주 동안 외운 단어를
점검해 봅시다!

| **DAY 1** | 학습 날짜 ___/___ | 달성 목표 20개 중 ___개 암기! |
|---|---|---|

단어의 읽는 법과 **의미**를 써 봅시다.

MP3 1-3-1

| 단어 | 읽는 법 | 의미 |
|---|---|---|
| 料理 | | |
| 肉 | | |
| 魚 | | |
| 半分 | | |
| 洗う | | |
| 切る | | |
| やさい | | |
| さとう | | |
| しお | | |
| しょうゆ | | |

| 단어 | 읽는 법 | 의미 |
|---|---|---|
| あぶら | | |
| 使う | | |
| うまい | | |
| (お)べんとう | | |
| (お)かし | | |
| (お)ちゃ | | |
| たまご | | |
| (お)はし | | |
| 作る | | |
| いろいろだ | | |

## DAY 2

학습 날짜 ____/____ 달성 목표 20개 중 ____개 암기!

단어의 읽는 법과 의미를 써 봅시다.

MP3 1-3-2

| 단어 | 읽는 법 / 의 미 |
|---|---|
| □ ふく | 읽는 법 <br> 의 미 |
| □ くつ | 읽는 법 <br> 의 미 |
| □ ぼうし | 읽는 법 <br> 의 미 |
| □ 時計 | 읽는 법 <br> 의 미 |
| □ はく | 읽는 법 <br> 의 미 |
| □ 着る | 읽는 법 <br> 의 미 |
| □ 色 | 읽는 법 <br> 의 미 |
| □ 青 | 읽는 법 <br> 의 미 |
| □ 赤 | 읽는 법 <br> 의 미 |
| □ 黒 | 읽는 법 <br> 의 미 |

| 단어 | 읽는 법 / 의 미 |
|---|---|
| □ 白 | 읽는 법 <br> 의 미 |
| □ みどり | 읽는 법 <br> 의 미 |
| □ きいろ | 읽는 법 <br> 의 미 |
| □ うわぎ | 읽는 법 <br> 의 미 |
| □ めがね | 읽는 법 <br> 의 미 |
| □ ネックレス | 읽는 법 <br> 의 미 |
| □ ぬぐ | 읽는 법 <br> 의 미 |
| □ しめる | 읽는 법 <br> 의 미 |
| □ かわいい | 읽는 법 <br> 의 미 |
| □ まるい | 읽는 법 <br> 의 미 |

**DAY 3** 학습 날짜 ___/___ 달성 목표 20개 중 ___개 암기!

단어의 읽는 법과 의미를 써 봅시다. MP3 1-3-3

| 단어 | | 단어 | |
|---|---|---|---|
| (お)金 | 읽는 법<br>의 미 | 国 | 읽는 법<br>의 미 |
| 買い物 | 읽는 법<br>의 미 | 要る | 읽는 법<br>의 미 |
| さいふ | 읽는 법<br>의 미 | たのむ | 읽는 법<br>의 미 |
| しょうひん | 읽는 법<br>의 미 | おつり | 읽는 법<br>의 미 |
| 売る | 읽는 법<br>의 미 | けいざい | 읽는 법<br>의 미 |
| 買う | 읽는 법<br>의 미 | 無料 | 읽는 법<br>의 미 |
| 電話 | 읽는 법<br>의 미 | ねだん | 읽는 법<br>의 미 |
| てんいん | 읽는 법<br>의 미 | はらう | 읽는 법<br>의 미 |
| 社長 | 읽는 법<br>의 미 | ほしい | 읽는 법<br>의 미 |
| 世界 | 읽는 법<br>의 미 | えらぶ | 읽는 법<br>의 미 |

# DAY 4

학습 날짜 ___/___ 달성 목표 20개 중 ___개 암기!

단어의 읽는 법과 의미를 써 봅시다. MP3 1-3-4

| 단 어 | 읽는법 | 의 미 |
| --- | --- | --- |
| ☐ 女の子 | | |
| ☐ 男の人 | | |
| ☐ 名前 | | |
| ☐ 友だち | | |
| ☐ 生まれる | | |
| ☐ たいせつだ | | |
| ☐ おとな | | |
| ☐ 子ども | | |
| ☐ 自分 | | |
| ☐ きょうだい | | |

| 단 어 | 읽는법 | 의 미 |
| --- | --- | --- |
| ☐ てつだう | | |
| ☐ 知る | | |
| ☐ しんせつだ | | |
| ☐ おや | | |
| ☐ 医者 | | |
| ☐ 会社員 | | |
| ☐ けいさつ | | |
| ☐ けっこん | | |
| ☐ おこる | | |
| ☐ よぶ | | |

 단어의 읽는 법과 의미를 써 봅시다. MP3 1-3-5

| 단어 | 읽는법 | 의미 | 단어 | 읽는법 | 의미 |
|---|---|---|---|---|---|
| 体 | | | は | | |
| あたま | | | いい·よい | | |
| かお | | | わるい | | |
| 手 | | | のど | | |
| 足 | | | かみ | | |
| あびる | | | せ | | |
| 目 | | | おなか | | |
| はな | | | いたい | | |
| 口 | | | ふとい | | |
| 耳 | | | ほそい | | |

## DAY 6

학습 날짜 ____/____ 달성 목표 20개 중 ____개 암기!

단어의 읽는 법과 **의미**를 써 봅시다.

MP3 1-3-6

| 단어 | |
|---|---|
| □ 薬 | 읽는 법<br>의 미 |
| □ 病気 | 읽는 법<br>의 미 |
| □ かぜ | 읽는 법<br>의 미 |
| □ ねつ | 읽는 법<br>의 미 |
| □ 元気だ | 읽는 법<br>의 미 |
| □ たいへんだ | 읽는 법<br>의 미 |
| □ 力 | 읽는 법<br>의 미 |
| □ 元気 | 읽는 법<br>의 미 |
| □ きぶん | 읽는 법<br>의 미 |
| □ つかれる | 읽는 법<br>의 미 |

| 단어 | |
|---|---|
| □ いきる | 읽는 법<br>의 미 |
| □ 強い | 읽는 법<br>의 미 |
| □ よわい | 읽는 법<br>의 미 |
| □ こえ | 읽는 법<br>의 미 |
| □ 音 | 읽는 법<br>의 미 |
| □ すう | 읽는 법<br>의 미 |
| □ あぶない | 읽는 법<br>의 미 |
| □ こわい | 읽는 법<br>의 미 |
| □ わかい | 읽는 법<br>의 미 |
| □ じゅうぶんだ | 읽는 법<br>의 미 |

# 실전 JLPT 도전

**문제 1** ＿＿의 단어는 히라가나로 어떻게 씁니까? 1·2·3·4 중 가장 알맞은 것을 하나 고르세요.

**1** あかちゃんの　耳は　とても　ちいさいです。아기의 귀는 매우 작습니다.

1　くち　　2　みみ　　3　て　　4　は

**2** パンを　半分　切(き)って　ください。빵을 반 잘라 주세요.

1　はんふん　　2　はんぶん　　3　ほんぶん　　4　ほんふん

**3** 強い　かせが　ふいて　います。강한 바람이 불고 있습니다.

1　こわい　　2　わかい　　3　よわい　　4　つよい

**문제 2** ＿＿의 단어는 어떻게 씁니까? 1·2·3·4에서 가장 알맞은 것을 하나 고르세요.

**4** くにの　かぞくに　でんわしました。고국(모국)에 있는 가족에게 전화했습니다.

1　雲語　　2　電語　　3　雲話　　4　電話

**5** あたらしい　めがねを　かいました。새 안경을 샀습니다.

1　見いました　　2　買いました

3　員いました　　4　貝いました

**6** めが　いたいですから　びょういんへ　いきます。

눈이 아파서 병원에 갑니다.

1　口　　2　手　　3　目　　4　耳

**문제 3** (　　)에 무엇을 넣습니까? 1·2·3·4에서 가장 알맞은 것을 하나 고르세요.

**7** わたしは　いつも　10じに　シャワーを　（　　　　　）。

저는 항상 10시에 샤워를 합니다.

1　あらいます　　2　はいります
3　あびます　　4　およぎます

**8** りょこうの　ときは　くろい　くつを　（　　　　）。

여행할 때는 검은 구두를 신습니다.

1　はきます　　2　つけます
3　かけます　　4　かぶります

**문제 4** ____의 문장과 대체로 같은 의미의 문장이 있습니다. 1·2·3·4에서 가장 알맞은 것을 하나 고르세요.

**9** りょうしんに　てがみを　かきました。 부모님께 편지를 썼습니다.

1　そふと　そぼに　てがみを　かきました。
2　あねと　いもうとに　てがみを　かきました。
3　ちちと　ははに　てがみを　かきました。
4　あにと　おとうとに　てがみを　かきました。

**실전 JLPT 도전 정답**

**1** 2　**2** 2　**3** 4　**4** 4　**5** 2　**6** 3　**7** 3　**8** 1　**9** 3

4

やった！
合格だ!!

# DAY 1 교통

1회 2회 3회

예문과 함께 적중 어휘를 외워 봅시다.

MP3 1-4-1

01 車(くるま) ⑪⑭⑰
명 차, 자동차

東京(とうきょう)まで 車 で 2時間(じかん)ぐらい かかります。
도쿄까지 차로 2시간 정도 걸립니다.

02 じてんしゃ
명 자전거

ここに じてんしゃ を 置(お)かないで ください。
여기에 자전거를 두지 마세요.

03 じどうしゃ
명 자동차

じどうしゃ を 置(お)く ところは あそこです。
자동차를 두는 곳은 저쪽입니다.

04 こうさてん
명 교차로, 사거리

あの こうさてん を 右(みぎ)に まがって ください。
저 교차로에서 우회전하세요.
(저 교차로를 오른쪽으로 돌아 주세요.)

05 しんごう
명 신호

しんごう は 赤(あか)から 青(あお)に かわった。
신호는 빨강에서 파랑으로 바뀌었다.

06 乗(の)る
동 (교통수단을) 타다

今日(きょう)は タクシーに 乗って 会社(かいしゃ)へ 行(い)った。
오늘은 택시를 타고 회사에 갔다.

+ 乗り場 (のりば) 명 승강장

07 ちかてつ
명 지하철

電車(でんしゃ)より ✎ちかてつ が高(たか)いです。
전철보다 지하철이 비쌉니다.

08 電車(でんしゃ) ㉑
명 전차, 전철

私(わたし)は 電車 の中(なか)でいつも本(ほん)を読(よ)みます。
저는 전철 안에서 항상 책을 읽습니다.

09 きっぷ
명 표

きっぷ を見(み)せてください。
표를 보여주세요.

10 入口(いりぐち)
명 입구

ホテルの 入口 で朝(あさ) 9時(じ)に会(あ)いましょう。
호텔 입구에서 아침 9시에 만납시다.

11 出口(でぐち) ㉓
명 출구

3番(ばん) 出口 はどちらですか。
3번 출구는 어느 쪽이에요?

12 こむ
동 붐비다

日曜日(にちようび)はデパートがとても こみます 。
일요일에는 백화점이 매우 붐빕니다.

13 降(お)りる
동 (탈 것을) 내리다

家(いえ)の近(ちか)くの駅(えき)で電車(でんしゃ)を おりました 。
집 근처 역에서 전철을 내렸습니다.

14 **ひこうき**
명 비행기

ひこうき なら 1時間(じかん)で 着(つ)くでしょう。
비행기라면 1시간만에 도착하겠죠?

15 **ふね**
명 배(교통수단)

遠(とお)くに ふね が 見(み)えます。
멀리서 배가 보입니다.

16 **はし**
명 다리(시설물)

この はし は 日本(にほん)で 一番(いちばん) 長(なが)いです。
이 다리는 일본에서 가장 깁니다.

17 **かど**
명 모퉁이

あの 左(ひだり)の かど の 部屋(へや)は 私(わたし)の 友(とも)だちが 住(す)んで います。
저 왼쪽 모퉁이 방은 제 친구가 살고 있습니다.

18 **とおる**
동 지나가다

私(わたし)の 家(いえ)の 前(まえ)を とおる バスは たくさん あります。
저의 집 앞을 지나가는 버스는 많이 있습니다.

19 **止(と)まる**
동 멈추다

バスが 止まる まで すわって いて ください。
버스가 멈출 때까지 앉아 있으세요.
+ 止める (とめる) 동 세우다

20 **安全(あんぜん)だ**
ナ 안전하다

ひこうきは 車(くるま)より 安全です 。
비행기는 자동차보다 안전합니다.

# DAY 1 데일리 테스트

- 단어의 읽는 법을 고르고, 밑줄에 뜻을 써 보세요.

| | | | |
|---|---|---|---|
| **1** 安全だ | ① あんぜんだ | ② あんしんだ | ________ |
| **2** 車 | ① きっぷ | ② くるま | ________ |
| **3** 電車 | ① でんしゃ | ② ちかてつ | ________ |
| **4** 乗る | ① おりる | ② のる | ________ |
| **5** 出口 | ① いりぐち | ② でぐち | ________ |

- 단어의 뜻을 찾아 줄을 그어 보세요.

| | | | |
|---|---|---|---|
| **6** こうさてん | • | • | ① 붐비다 |
| **7** 降(お)りる | • | • | ② (탈 것을) 내리다 |
| **8** かど | • | • | ③ 신호 |
| **9** しんごう | • | • | ④ 교차로, 사거리 |
| **10** こむ | • | • | ⑤ 모퉁이 |

DAY1 데일리 테스트 **정답**

**1** ① 안전하다 **2** ② 차 **3** ① 전차, 전철 **4** ② (교통수단을) 타다 **5** ② 출구
**6** ④ **7** ② **8** ⑤ **9** ③ **10** ①

# DAY 2 취미와 여가

1회 2회 3회

예문과 함께 적중 어휘를 외워 봅시다. MP3 1-4-2

01 旅行(りょこう)する
명 여행하다

ヨーロッパを ひとりで 旅行 した。
유럽을 혼자서 여행했다.

02 さんぽする ⑰⑲
명 산책하다

毎朝(まいあさ)、そふは 公園(こうえん)を さんぽ します。
매일 아침 할아버지는 공원을 산책합니다.

03 話(はなし) ㉔
명 이야기

私(わたし)の 話 を 聞(き)いて ください。
저의 이야기를 들어 주세요.

04 ひく ⑯
동 악기를 연주하다, 켜다, 치다

ピアノを ひく のは むずかしいです。
피아노를 치는 것은 어렵습니다.

05 好(す)きだ
ナ 좋아하다

父(ちち)は ラーメンが 好きです 。
아버지는 라면을 좋아합니다.
＋ 大好きだ (だいすきだ) ナ 매우 좋아하다

06 きらいだ
ナ 싫어하다

私(わたし)は あまい コーヒーが きらいです 。
저는 단 커피를 싫어합니다.

07 おんがく
**音楽**
명 음악

✎音楽 を 聞(き)くのは とても たのしいです。
음악을 듣는 것은 매우 즐겁습니다.

08 えいが
**映画**
명 영화

日曜日(にちようび)の 午後(ごご)、 映画 を 見(み)に 行(い)きます。
일요일 오후 영화를 보러 갑니다.

09 うた
**歌**
명 노래

彼女(かのじょ)は うつくしい 声(こえ)で 歌 を 歌(うた)いました。
그녀는 아름다운 목소리로 노래를 불렀습니다.

10
**え**
명 그림

明日(あした) みんなで 公園(こうえん)へ 行(い)って、 え を かきましょう。
내일 모두 함께 공원에 가서 그림을 그립시다.
+ えを かく 그림을 그리다

11
**はなび**
명 불꽃놀이

暗(くら)く なったら すぐ はなび が はじまりますよ。
어두워지면 바로 불꽃놀이가 시작돼요.
+ はなみ 명 꽃구경

12 ㉒
**へただ**
ナ 못하다, 서툴다

音楽(おんがく)を 聞(き)くのは 好(す)きですが、歌(うた)は へたです 。
음악을 듣는 것은 좋아하지만, 노래는 못합니다.

13 ⑰
**じょうずだ**
ナ 잘하다, 능숙하다

姉(あね)は ギターを ひく ことが じょうずです 。
언니(누나)는 기타를 치는 것이 능숙합니다.

14 **けしき**
명 경치

目(め)の前(まえ)にある ✎けしき はとても うつくしかった。
눈 앞에 있는 경치는 매우 아름다웠다.

15 **水泳(すいえい)する**
명 수영하다

夏(なつ)には 水泳 をします。
여름에는 수영을 합니다.
≒ 泳ぐ (およぐ) 동 수영하다

16 **やきゅう**
명 야구

来週(らいしゅう) やきゅう を見(み)に行(い)く予定(よてい)です。
다음 주에 야구를 보러 갈 예정입니다.

17 **れんしゅうする**
명 연습하다

毎日(まいにち) 日本語(にほんご)で話(はな)す れんしゅう をしています。
매일 일본어로 말하는 연습을 하고 있습니다.

18 **しあいする**
명 시합하다

私(わたし)は彼(かれ)と テニスの しあい をした。
나는 그와 테니스 시합을 했다.

19 **しゅみ**
명 취미

まんがを読(よ)むのが 私(わたし)の しゅみ です。
만화를 읽는 것이 저의 취미입니다.

20 **はしる**
동 달리다

はしる ことは体(からだ)にいいから 毎日(まいにち) 公園(こうえん)を はしって います。
달리는 것은 몸에 좋아서 매일 공원을 달리고 있습니다.

# DAY 2 데일리 테스트

- 단어의 읽는 법을 고르고, 밑줄에 뜻을 써 보세요.

| | | | |
|---|---|---|---|
| **1** 音楽 | ① おんがく | ② おんかく | ________ |
| **2** 歌 | ① え | ② うた | ________ |
| **3** 旅行 | ① りょこう | ② りょうこう | ________ |
| **4** 話 | ① ことば | ② はなし | ________ |
| **5** 水泳 | ① すいえい | ② すいえ | ________ |

- 단어의 뜻을 찾아 줄을 그어 보세요.

| | | |
|---|---|---|
| **6** さんぽ | • | • ① 잘하다, 능숙하다 |
| **7** ひく | • | • ② 악기를 연주하다, 켜다, 치다 |
| **8** じょうずだ | • | • ③ 산책 |
| **9** はしる | • | • ④ 싫어하다 |
| **10** きらいだ | • | • ⑤ 달리다 |

DAY2 데일리 테스트 정답

**1** ① 음악 **2** ② 노래 **3** ① 여행 **4** ② 이야기 **5** ① 수영
**6** ③ **7** ② **8** ① **9** ⑤ **10** ④

# DAY 3 일과 약속

1회 2회 3회

예문과 함께 적중 어휘를 외워 봅시다. MP3 1-4-3

01 **しごと** ⑲
명 일

昨日(きのう)はおそくまで しごと をしました。
어제는 늦게까지 일을 했습니다.

02 **けんきゅうする**
명 연구하다

私(わたし)は歌舞伎(かぶき)を けんきゅう しています。
저는 가부키를 연구하고 있습니다.

03 **会議(かいぎ)する**
명 회의하다

明日(あした)の 会議 にはしゅっせきします。
내일 회의에는 출석하겠습니다.

04 **まにあう**
동 시간에 맞게 당도하다

タクシーに乗(の)りましたから約束(やくそく)の時間(じかん)に まにあいました 。
택시를 탔기 때문에 약속 시간에 늦지 않고 도착했습니다.

05 **待(ま)つ**
동 기다리다

すぐ行(い)きますから公園(こうえん)で 待って いてください。
바로 갈 테니까 공원에서 기다리고 있으세요.

06 **いそぐ**
동 서두르다

いそがないで ください。
서두르지 마세요.

07 工場(こうじょう)
명 공장

彼(かれ)は ✎工場 で 働(はたら)いています。
그는 공장에서 일하고 있습니다.

08 見学(けんがく)する
명 견학 하다

今日(きょう)の 午後(ごご)、この 町(まち)を 見学 します。
오늘 오후에 이 마을을 견학하겠습니다.

09 じむしょ
명 사무소, 사무실

じむしょ は 5かいに あります。
사무실은 5층에 있습니다.

10 うけつけ N4 ㉒
명 접수(처)

かさを 忘(わす)れた 人(ひと)は 1かいの うけつけ に 来(き)て ください。
우산을 잊은 사람은 1층 접수처로 오세요.

11 つたえる
동 전하다, 전달하다

自分(じぶん)の 気持(きも)ちを つたえる のは むずかしい。
자신의 기분을 전달하는 것은 어렵다.

12 持(も)つ
동 가지다, 들다

にもつは ホテルの 人(ひと)が へやに 持って 行(い)きます。
짐은 호텔 직원이 방으로 들고 갈 것입니다.

13 すすむ
동 나아가다, 진행되다

仕事(しごと)が なかなか すすみません 。
일이 좀처럼 진행되지 않습니다.

14 もんだい
問題
명 문제

この 問題 は かんたんでは ない。
이 문제는 간단하지 않다.

15 かみ
紙
명 종이

コピー用(よう)の 紙 を 買(か)って きます。
복사용 종이를 사 오겠습니다.

16 おす
동 누르다

ボタンを おす と ドアが 開(あ)きます。
버튼을 누르면 문이 열립니다.
↔ ひく 동 당기다

17 おぼえる N4 ⑱ ㉒
동 외우다, 기억하다

私(わたし)は 人(ひと)の 名前(なまえ)を おぼえる のが へたです。
저는 사람 이름을 외우는 것이 서툽니다.

18 こまる
동 곤란하다

おそい 時間(じかん)に 駅(えき)に 着(つ)いて こまりました。
늦은 시간에 역에 도착해서 곤란했습니다.

19 できる
동 가능하다, 생기다

彼(かれ)は じょうずに 英語(えいご)を 話(はな)す ことが できます。
그는 능숙하게 영어를 말할 수 있습니다.

20 かんたんだ ㉔
ナ 간단하다, 쉽다

お金(かね)を 使(つか)う ことは とても かんたんです。
돈을 쓰는 것은 매우 간단합니다.

# DAY 3 데일리 테스트

- 단어의 읽는 법을 고르고, 밑줄에 뜻을 써 보세요.

| |  |  | |
|---|---|---|---|
| 1 紙 | ① がみ | ② かみ | ______ |
| 2 待つ | ① まつ | ② もつ | ______ |
| 3 会議 | ① かいき | ② かいぎ | ______ |
| 4 問題 | ① もんだい | ② しつもん | ______ |
| 5 持つ | ① まつ | ② もつ | ______ |

- 단어의 뜻을 찾아 줄을 그어 보세요.

| | | |
|---|---|---|
| 6 かんたんだ • | | • ① 시간에 맞게 당도하다 |
| 7 まにあう • | | • ② 곤란하다 |
| 8 いそぐ • | | • ③ 외우다, 기억하다 |
| 9 こまる • | | • ④ 간단하다, 쉽다 |
| 10 おぼえる • | | • ⑤ 서두르다 |

DAY3 데일리 테스트 **정답**

1 ② 종이　2 ① 기다리다　3 ② 회의　4 ① 문제　5 ② 들다, 가지다
6 ④　7 ①　8 ⑤　9 ②　10 ③

# DAY 4 자・타동사

1회 2회 3회

예문과 함께 적중 어휘를 외워 봅시다. MP3 1-4-4

01 開(あ)く
[자동] 열리다

ドアが ✎開く 。
문이 열리다.

02 開(あ)ける ⑪㉑
[타동] 열다

ドアを 開ける 。
문을 열다.

03 しまる ⑰
[자동] 닫히다

ドアが しまる 。
문이 닫히다.

04 しめる N4 ㉑
[타동] 닫다

ドアを しめる 。
문을 닫다.

05 出(で)る ⑰㉑㉒
[자동] 나가다, 나오다

外(そと)に 出る 。
밖으로 나오다.

06 出(だ)す ㉒
[타동] 꺼내다, (리포트를) 제출하다

レポートを 出す 。
리포트를 제출하다.

07 つく

자동 (불이) 켜지다

でんきが ✎つく 。

불이 켜지다.

08 つける

타동 (불을) 붙이다,
(스위치를) 켜다

でんきを つける 。

불을 켜다.

09 ならぶ

자동 줄 서다, 늘어서다

子(こ)どもたちが ならぶ 。

아이들이 줄을 서다.

10 ならべる

타동 줄을 세우다,
늘어놓다

さらを ならべる 。

접시를 진열하다.

11 入(はい)る ⑰㉑㉒

자동 들어가다,
들어오다

むしが 家(いえ)の 中(なか)に 入る 。

벌레가 집 안으로 들어오다.

12 入(い)れる

타동 넣다

いぬを 家(いえ)の 中(なか)に 入れる 。

강아지를 집 안에 넣다.

13 始(はじ)まる

자동 시작되다

じゅぎょうが 始まる 。

수업이 시작되다.

14 はじ
始める
타동 시작하다

じゅぎょうを 始める 。
수업을 시작하다.

⑭⑮

15 わたる
자동 건너다

はしを わたる 。
다리를 건너다

16 わたす
타동 건네다

コピーを わたす 。
복사본을 건네다.

17 こわれる
자동 고장나다

テレビが こわれる 。
텔레비전이 고장나다.

18 こわす
타동 고장내다, 부수다

たてものを こわす 。
건물을 부수다.

19 われる
자동 깨지다

さらが われる 。
접시다 깨지다.

20 わる
타동 깨다

さらを わる 。
접시를 깨다.

# DAY 4 데일리 테스트

● 단어의 뜻을 찾아 줄을 그어 보세요.

| | | |
|---|---|---|
| **1** 出(で)る | • | • ① 줄 서다, 늘어서다 |
| **2** ならぶ | • | • ② 열리다 |
| **3** わたる | • | • ③ 나가다, 나오다 |
| **4** 開(あ)く | • | • ④ 들어가다, 들어오다 |
| **5** 入(はい)る | • | • ⑤ 건너다 |

● 단어의 뜻을 찾아 줄을 그어 보세요.

| | | |
|---|---|---|
| **6** わる | • | • ① 꺼내다, (리포트를) 제출하다 |
| **7** 入(い)れる | • | • ② 깨다 |
| **8** 出(だ)す | • | • ③ 닫다 |
| **9** しめる | • | • ④ 넣다 |
| **10** つける | • | • ⑤ (불을) 붙이다, (스위치를) 켜다 |

DAY4 데일리 테스트 **정답**

**1** ③ **2** ① **3** ⑤ **4** ② **5** ④
**6** ② **7** ④ **8** ① **9** ③ **10** ⑤

# DAY 5 부사

1회 2회 3회

예문과 함께 적중 어휘를 외워 봅시다. MP3 1-4-5

01 **まっすぐ** ⑱
곧장

この道(みち)を まっすぐ 行(い)って ください。
이 길을 곧장 가세요.

02 **すぐ**
금방, 곧

電話(でんわ)が あったら すぐ 行(い)きます。
전화가 오면 바로 가겠습니다.

03 **少(すこ)し・ちょっと** ⑱㉓
조금, 잠깐

少し 待(ま)って ください。
잠깐 기다려 주세요.

04 **よく**
자주, 잘

よく かぜを ひく。자주 감기에 걸린다.
よく 聞(き)いて ください。잘 들으세요.

05 **ときどき**
가끔

ときどき カラオケへ 行(い)きます。
가끔 노래방에 갑니다.

06 **いつも**
언제나, 항상

父(ちち)は いつも いそがしいです。
아버지는 언제나 바쁩니다.

07 ずっと 휠씬 (19) N4 (22)

レストランより母(はは)の料理(りょうり)が ずっと おいしい。
레스토랑보다 어머니의 요리가 훨씬 맛있다.
+ ずっと는 '계속, 쭉'이라는 의미도 가지고 있음

08 先(さき)に 먼저

先に しつれいします。
먼저 실례하겠습니다.

09 いつ 언제

いつ かえりますか。
언제 집에 갑니까?

10 どう・どうやって 어떻게

東京駅(とうきょうえき)まで どうやって 行(い)きますか。
도쿄역까지 어떻게 갑니까?

11 どうして・なぜ 어째서, 왜

どうして 遅(おく)れましたか。
왜 늦었습니까?

12 また 또

また 会(あ)いましょう。
또 만납시다.

13 まだ 아직

まだ 食(た)べて いません。
아직 안 먹었습니다.

14 **もう**
이미, 벌써

**もう** 食(た)べました。
이미 먹었습니다.

15 **もっと**
더, 좀 더

**もっと** 大(おお)きい こえで 言(い)って ください。
좀 더 큰 소리로 말해 주세요.

16 **ゆっくり**
천천히

もう少(すこ)し **ゆっくり** 話(はな)して ください。
조금 더 천천히 이야기해 주세요.

17 **はじめて**
처음

**はじめて** パリへ 行(い)きます。
처음 파리에 갑니다.

18 **ちょうど**
꼭, 마침, 정각

**ちょうど** 12時(じ)です。
정각 12시입니다.

19 **あまり~ない**
그다지 ~않다

**あまり** 好(す)きでは あり **ない** 。
그다지 좋아하지 않는다.

20 **ぜんぜん~ない**
전혀 ~않다

ビールは **ぜんぜん** のま **ない** 。
맥주는 전혀 마시지 않는다.

# DAY 5 데일리 테스트

• 단어의 뜻을 찾아 줄을 그어 보세요.

| | | |
|---|---|---|
| 1 よく | • | • ① 곧장 |
| 2 ずっと | • | • ② 자주, 잘 |
| 3 少(すこ)し | • | • ③ 훨씬 |
| 4 もう | • | • ④ 조금, 잠깐 |
| 5 まっすぐ | • | • ⑤ 이미, 벌써 |

• 단어의 뜻을 찾아 줄을 그어 보세요.

| | | |
|---|---|---|
| 6 あまり ~ない | • | • ① 금방, 곧 |
| 7 ぜんぜん ~ない | • | • ② 천천히, 느긋하게 |
| 8 すぐ | • | • ③ 그다지 ~않다 |
| 9 まだ | • | • ④ 전혀 ~않다 |
| 10 ゆっくり | • | • ⑤ 아직 |

DAY5 데일리 테스트 **정답**

1 ② 2 ③ 3 ④ 4 ⑤ 5 ①
6 ③ 7 ④ 8 ① 9 ⑤ 10 ②

# DAY 6 가타카나

1회 2회 3회

히라가나를 보고 빈칸에 가타카나를 써 보세요. MP3 1-4-6

| | | | |
|---|---|---|---|
| 01 | アパート⑪⑭㉑ | 아파트 | あぱーと |
| 02 | アルバイト | 아르바이트 | あるばいと |
| 03 | エアコン㉒ | 에어컨 | えあこん |
| 04 | エレベーター | 엘리베이터 | えれべーたー |
| 05 | カメラ⑮ | 카메라 | かめら |
| 06 | カラオケ | 노래방 | からおけ |
| 07 | ケーキ⑭ | 케이크 | けーき |
| 08 | コーヒー⑭ | 커피 | こーひー |
| 09 | コピー | 복사 | こぴー |
| 10 | コンサート | 콘서트 | こんさーと |

| | | | |
|---|---|---|---|
| 11 | コンビニ | 편의점 | こんびに ✏ |
| 12 | サービス | 서비스 | さーびす |
| 13 | シャワー ⑩⑪㉑ | 샤워 | しゃわー |
| 14 | スーパー ㉓ | 슈퍼 | すーぱー |
| 15 | ズボン ⑭ | 바지 | ずぼん |
| 16 | チケット ㉒㉔ | 티켓 | ちけっと |
| 17 | チョコレート ⑱ | 초콜릿 | ちょこれーと |
| 18 | テスト | 시험 | てすと |
| 19 | ニュース | 뉴스 | にゅーす |
| 20 | ネクタイ | 넥타이 | ねくたい |

| | | | |
|---|---|---|---|
| 21 | ノート | 노트 | のーと |
| 22 | バナナ ⑰ | 바나나 | ばなな |
| 23 | ビール | 맥주 | びーる |
| 24 | ビル | 건물 | びる |
| 25 | プール ⑯ | 수영장 | ぷーる |
| 26 | ペット | 애완동물 | ぺっと |
| 27 | メートル ⑲ | 미터 | めーとる |
| 28 | レストラン ⑰ | 레스토랑 | れすとらん |
| 29 | レポート | 리포트, 보고서 | れぽーと |
| 30 | ワイシャツ ⑯ | 와이셔츠 | わいしゃつ |

# DAY 6 데일리 테스트

- 올바르게 표기된 가타카나를 고르고, 밑줄에 뜻을 써 보세요.

1 しゃわー ① ツャワー ② シャワー ________

2 れすとらん ① フスロウン ② レストラン ________

3 あぱーと ① アパート ② アプート ________

4 ちょこれーと ① チョコレート ② ショユレート ________

5 わいしゃつ ① ワイシャツ ② ウインャツ ________

- 단어의 뜻을 찾아 줄을 그어 보세요.

6 コピー • • ① 빌딩

7 ビール • • ② 카피, 복사

8 ビル • • ③ 애완동물

9 コンビニ • • ④ 맥주

10 ペット • • ⑤ 편의점

DAY6 데일리 테스트 정답

1 ② 샤워 2 ② 레스토랑 3 ① 아파트 4 ① 초콜릿 5 ① 와이셔츠
6 ② 7 ④ 8 ① 9 ⑤ 10 ③

WEEK 04

# 실력 체크

한 주 동안 외운 단어를
점검해 봅시다!

## DAY 1 학습 날짜 ____/____ 달성 목표 20개 중 ____개 암기!

단어의 읽는 법과 의미를 써 봅시다. MP3 1-4-1

| 단어 | | 단어 | |
|---|---|---|---|
| 車 | 읽는 법<br>의 미 | 出口 | 읽는 법<br>의 미 |
| じてんしゃ | 읽는 법<br>의 미 | こむ | 읽는 법<br>의 미 |
| じどうしゃ | 읽는 법<br>의 미 | 降りる | 읽는 법<br>의 미 |
| こうさてん | 읽는 법<br>의 미 | ひこうき | 읽는 법<br>의 미 |
| しんごう | 읽는 법<br>의 미 | ふね | 읽는 법<br>의 미 |
| 乗る | 읽는 법<br>의 미 | はし | 읽는 법<br>의 미 |
| ちかてつ | 읽는 법<br>의 미 | かど | 읽는 법<br>의 미 |
| 電車 | 읽는 법<br>의 미 | とおる | 읽는 법<br>의 미 |
| きっぷ | 읽는 법<br>의 미 | 止まる | 읽는 법<br>의 미 |
| 入口 | 읽는 법<br>의 미 | 安全だ | 읽는 법<br>의 미 |

DAY 2　학습 날짜 ___/___　달성 목표 20개 중 ___개 암기!

 단어의 읽는 법과 의미를 써 봅시다.　MP3 1-4-2

| 단 어 | 읽는법 | 의 미 |
|---|---|---|
| 旅行 | | |
| さんぽ | | |
| 話 | | |
| ひく | | |
| 好きだ | | |
| きらいだ | | |
| 音楽 | | |
| 映画 | | |
| 歌 | | |
| え | | |

| 단 어 | 읽는법 | 의 미 |
|---|---|---|
| はなび | | |
| へただ | | |
| じょうずだ | | |
| けしき | | |
| 水泳 | | |
| やきゅう | | |
| れんしゅう | | |
| しあい | | |
| しゅみ | | |
| はしる | | |

# DAY 3

학습 날짜 ____/____ 달성 목표 20개 중 ____개 암기!

단어의 읽는 법과 **의미**를 써 봅시다. MP3 1-4-3

| 단어 | 읽는 법 / 의미 | 단어 | 읽는 법 / 의미 |
|---|---|---|---|
| □ しごと | 읽는 법<br>의 미 | □ つたえる | 읽는 법<br>의 미 |
| □ けんきゅう | 읽는 법<br>의 미 | □ 持つ | 읽는 법<br>의 미 |
| □ 会議 | 읽는 법<br>의 미 | □ すすむ | 읽는 법<br>의 미 |
| □ まにあう | 읽는 법<br>의 미 | □ 問題 | 읽는 법<br>의 미 |
| □ 待つ | 읽는 법<br>의 미 | □ 紙 | 읽는 법<br>의 미 |
| □ いそぐ | 읽는 법<br>의 미 | □ おす | 읽는 법<br>의 미 |
| □ 工場 | 읽는 법<br>의 미 | □ おぼえる | 읽는 법<br>의 미 |
| □ 見学 | 읽는 법<br>의 미 | □ こまる | 읽는 법<br>의 미 |
| □ じむしょ | 읽는 법<br>의 미 | □ できる | 읽는 법<br>의 미 |
| □ うけつけ | 읽는 법<br>의 미 | □ かんたんだ | 읽는 법<br>의 미 |

## DAY 4

학습 날짜 ___/___ 달성 목표 20개 중 ___개 암기!

단어의 읽는 법과 의미를 써 봅시다.

MP3 1-4-4

| 단어 | | 단어 | |
|---|---|---|---|
| □ 開く | 읽는 법<br>의 미 | □ 入る | 읽는 법<br>의 미 |
| □ 開ける | 읽는 법<br>의 미 | □ 入れる | 읽는 법<br>의 미 |
| □ しまる | 읽는 법<br>의 미 | □ 始まる | 읽는 법<br>의 미 |
| □ しめる | 읽는 법<br>의 미 | □ 始める | 읽는 법<br>의 미 |
| □ 出る | 읽는 법<br>의 미 | □ わたる | 읽는 법<br>의 미 |
| □ 出す | 읽는 법<br>의 미 | □ わたす | 읽는 법<br>의 미 |
| □ つく | 읽는 법<br>의 미 | □ こわれる | 읽는 법<br>의 미 |
| □ つける | 읽는 법<br>의 미 | □ こわす | 읽는 법<br>의 미 |
| □ ならぶ | 읽는 법<br>의 미 | □ われる | 읽는 법<br>의 미 |
| □ ならべる | 읽는 법<br>의 미 | □ わる | 읽는 법<br>의 미 |

# DAY 5

학습 날짜 ____/____ 달성 목표 20개 중 ____개 암기!

단어의 읽는 법과 의미를 써 봅시다.

MP3 1-4-5

| 단 어 | | |
|---|---|---|
| まっすぐ | 읽는법 | 의 미 |
| すぐ | 읽는법 | 의 미 |
| 少し・ちょっと | 읽는법 | 의 미 |
| よく | 읽는법 | 의 미 |
| ときどき | 읽는법 | 의 미 |
| いつも | 읽는법 | 의 미 |
| ずっと | 읽는법 | 의 미 |
| 先に | 읽는법 | 의 미 |
| いつ | 읽는법 | 의 미 |
| どう・どうやって | 읽는법 | 의 미 |

| 단 어 | | |
|---|---|---|
| どうして・なぜ | 읽는법 | 의 미 |
| また | 읽는법 | 의 미 |
| まだ | 읽는법 | 의 미 |
| もう | 읽는법 | 의 미 |
| もっと | 읽는법 | 의 미 |
| ゆっくり | 읽는법 | 의 미 |
| はじめて | 읽는법 | 의 미 |
| ちょうど | 읽는법 | 의 미 |
| あまり～ない | 읽는법 | 의 미 |
| ぜんぜん～ない | 읽는법 | 의 미 |

# DAY 6

학습 날짜 ____/____ 달성 목표 30개 중 ____개 암기!

 단어의 가타카나 표기와 의미를 써 봅시다.

MP3 1-4-6

| 단 어 | | |
|---|---|---|
| あぱーと | 표 기 | 의 미 |
| あるばいと | 표 기 | 의 미 |
| えあこん | 표 기 | 의 미 |
| えれべーたー | 표 기 | 의 미 |
| かめら | 표 기 | 의 미 |
| からおけ | 표 기 | 의 미 |
| けーき | 표 기 | 의 미 |
| こーひー | 표 기 | 의 미 |
| こぴー | 표 기 | 의 미 |
| こんさーと | 표 기 | 의 미 |
| こんびに | 표 기 | 의 미 |
| さーびす | 표 기 | 의 미 |
| しゃわー | 표 기 | 의 미 |
| すーぱー | 표 기 | 의 미 |
| ずぼん | 표 기 | 의 미 |

| 단 어 | | |
|---|---|---|
| ちけっと | 표 기 | 의 미 |
| ちょこれーと | 표 기 | 의 미 |
| てすと | 표 기 | 의 미 |
| にゅーす | 표 기 | 의 미 |
| ねくたい | 표 기 | 의 미 |
| のーと | 표 기 | 의 미 |
| ばなな | 표 기 | 의 미 |
| びーる | 표 기 | 의 미 |
| びる | 표 기 | 의 미 |
| ぷーる | 표 기 | 의 미 |
| ぺっと | 표 기 | 의 미 |
| めーとる | 표 기 | 의 미 |
| れすとらん | 표 기 | 의 미 |
| れぽーと | 표 기 | 의 미 |
| わいしゃつ | 표 기 | 의 미 |

# 실전 JLPT 도전

**문제 1** ____의 단어는 히라가나로 어떻게 씁니까? 1·2·3·4 중 가장 알맞은 것을 하나 고르세요.

**1** はやしさんの　車は　どこですか。하야시 씨의 차는 어디에 있습니까?

1　かばん　　2　くるま　　3　みせ　　4　いえ

**2** さとうは　少し　あります。설탕은 조금 있습니다.

1　すくし　　2　すこし　　3　すこっし　　4　すくっし

**3** きむらさんも　いっしょに　入りましょう。기무라 씨도 함께 들어갑시다.

1　いりましょう　　2　はいりましょう

3　すわりましょう　　4　のりましょう

**문제 2** ____의 단어는 어떻게 씁니까? 1·2·3·4에서 가장 알맞은 것을 하나 고르세요.

**4** ここで　すこし　まって　ください。여기에서 잠깐 기다려 주세요.

1　詩って　　2　寺って　　3　待って　　4　持って

**5** あした　えいがを　みに　いきましょう。내일 영화를 보러 갑시다.

1　英画　　2　映画　　3　英語　　4　映語

**6** 私の　はなしを　きいて　ください。저의 이야기를 들어 주세요.

1　言　　2　語　　3　話　　4　討

**문제 3** (　　)에 무엇을 넣습니까? 1·2·3·4에서 가장 알맞은 것을 하나 고르세요.

**7** この　みちを（　　　　　）いって　ください。

이 길을 곧장 가세요.

1　いろいろ　　2　だんだん

3　いっぱい　　4　まっすぐ

**8** としょかんは　5時に（　　　　　）。도서관은 5시에 닫힙니다.

1　きえます　　2　あがります

3　しまります　　4　かえります

**문제 4** ____의 문장과 대체로 같은 의미의 문장이 있습니다. 1·2·3·4에서 가장 알맞은 것을 하나 고르세요.

**9** <u>ともだちと　こうえんを　さんぽします。</u>친구와 공원을 산책합니다.

1　ともだちと　こうえんを　はしります。

2　ともだちと　こうえんを　あるきます。

3　ともだちと　こうえんを　はいります。

4　ともだちと　こうえんを　わたります。

**실전 JLPT 도전 정답**

**1** 2　**2** 2　**3** 2　**4** 3　**5** 2　**6** 3　**7** 4　**8** 3　**9** 2

# 부록 1 보충 단어

## ✡ 날짜 읽기 ✡

### • 월(月)

어휘 옆 숫자는 기출 연도

| いちがつ | にがつ | さんがつ | | ごがつ |
|---|---|---|---|---|
| 一月 | 二月 | 三月 | 四月 | 五月 |
| ろくがつ | | はちがつ | | じゅうがつ |
| 六月 | 七月 | 八月 | 九月 | 十月 |
| じゅういちがつ | じゅうにがつ | なんがつ | | |
| 十一月 | 十二月 | 何月 | | |

### • 요일(よう日)

| げつようび | かようび | すいようび | もくようび | きんようび |
|---|---|---|---|---|
| 月よう日 | 火よう日 | 水よう日 | 木よう日 | 金よう日 |
| どようび | にちようび | なんようび | | |
| 土よう日 | 日よう日 | 何よう日 | | |

## • 일(日)

| 1일 | 2일 | 3일 | 4일 | 5일 |
|---|---|---|---|---|
| ついたち<br>一日 | ふつか<br>二日 | みっか<br>三日 | よっか<br>四日 | いつか<br>五日 (22) |

| 6일 | 7일 | 8일 | 9일 | 10일 |
|---|---|---|---|---|
| むいか<br>六日 | なのか<br>七日 | ようか<br>八日 | ここのか<br>九日 | とおか<br>十日 |

| 11일 | 12일 | 13일 | 14일 | 15일 |
|---|---|---|---|---|
| じゅういちにち<br>十一日 | じゅうににち<br>十二日 | じゅうさんにち<br>十三日 | じゅうよっか<br>十四日 | じゅうごにち<br>十五日 |

| 16일 | 17일 | 18일 | 19일 | 20일 |
|---|---|---|---|---|
| じゅうろくにち<br>十六日 | じゅうしちにち<br>十七日 | じゅうはちにち<br>十八日 | じゅうくにち<br>十九日 | はつか<br>二十日 |

| 21일 | 22일 | 23일 | 24일 | 25일 |
|---|---|---|---|---|
| にじゅういちにち<br>二十一日 | にじゅうににち<br>二十二日 | にじゅうさんにち<br>二十三日 | にじゅうよっか<br>二十四日 | にじゅうごにち<br>二十五日 |

| 26일 | 27일 | 28일 | 29일 | 30일 |
|---|---|---|---|---|
| にじゅうろくにち<br>二十六日 | にじゅうしちにち<br>二十七日 | にじゅうはちにち<br>二十八日 | にじゅうくにち<br>二十九日 | さんじゅうにち<br>三十日 |

| 31일 | 며칠 |
|---|---|
| さんじゅう<br>いちにち<br>三十一日 | なんにち<br>何日 |

• 오늘과 관련된 시간 표현

| 재작년 | 작년 | 올해 | 내년 | 내후년 |
|---|---|---|---|---|
| おととし ⑪⑭<br>(一昨年) | きょねん<br>去年 | ことし<br>今年 | らいねん ㉓<br>来年 | さらいねん<br>(再来年) |
| 지지난달 | 지난달 | 이번 달 | 다음 달 | 다다음 달 |
| せんせんげつ<br>(先々月) | せんげつ<br>先月 ⑱ | こんげつ<br>今月 ⑮ | らいげつ<br>来月 ⑯ | さらいげつ<br>(再来月) |
| 지지난 주 | 지난주 | 이번 주 | 다음 주 | 다다음 주 |
| せんせんしゅう<br>(先々週) | せんしゅう<br>先週 ⑲ | こんしゅう<br>今週 ㉒ | らいしゅう<br>来週 | さらいしゅう<br>(再来週) |
| 그저께 | 어제 | 오늘 | 내일 | 내일모레 |
| おととい ⑱<br>(一昨日) | きのう<br>昨日 | きょう<br>今日 ⑰㉔ | あした<br>明日 | あさって<br>(明後日) |

## ☆ 가족 ☆

| | | | | |
|---|---|---|---|---|
| | | 家族《かぞく》(나의 가족)<br>ご家族《かぞく》(남의 가족) | | |
| | そふ(할아버지)<br>おじいさん | ― | そぼ(할머니)<br>おばあさん | |
| 両親《りょうしん》(부모님) ⑯<br>ご両親《りょうしん》 | 父《ちち》(아버지) ㉑㉓<br>お父《とう》さん | ― | 母《はは》(어머니) ㉑<br>お母《かあ》さん ㉒ | |
| 兄《あに》(형/오빠)<br>お兄《にい》さん | 姉《あね》(누나/언니)<br>お姉《ねえ》さん ㉑ | 私《わたし》<br>(나) | 妹《いもうと》 (여동생)<br>妹《いもうと》 さん | 弟《おとうと》 (남동생)<br>弟《おとうと》 さん |
| | | | むすめ(딸)<br>むすめさん | むすこ(아들)<br>むすこさん |

## ✡ 개수 세기 ✡

✔ 어휘 옆 숫자는 기출 연도

| 구분 | ~つ<br>~개<br>[사물] | ~こ(個)<br>~개<br>[사물] | ~にん(人)<br>~명<br>[사람] | ~はい(杯)<br>~잔<br>[컵] | ~ひき(匹)<br>~마리<br>[작은 동물] | ~ほん(本)<br>~자루, ~병<br>[가늘고 긴 것] |
|---|---|---|---|---|---|---|
| 1<br>(一) | ひとつ | いっこ | ひとり | いっぱい | いっぴき | いっぽん |
| 2<br>(二) | ふたつ | にこ | ふたり | にはい | にひき (23) | にほん |
| 3<br>(三) | みっつ (16) | さんこ | さんにん | さんばい | さんびき | さんぼん |
| 4<br>(四) | よっつ | よんこ | よにん | よんはい | よんひき | よんほん |
| 5<br>(五) | いつつ | ごこ | ごにん | ごはい | ごひき | ごほん |
| 6<br>(六) | むっつ | ろっこ | ろくにん | ろっぱい | ろっぴき | ろっぽん |
| 7<br>(七) | ななつ | ななこ | ななにん/<br>しちにん | なないはい | ななひき | ななほん |
| 8<br>(八) | やっつ | はっこ/<br>はちこ | はちにん | はっぱい | はっぴき | はっぽん/<br>はちほん |
| 9<br>(九) | ここのつ | きゅうこ | きゅうにん | きゅうはい | きゅうひき | きゅうほん |
| 10<br>(十) | とお | じゅっこ<br>じっこ | じゅうにん | じゅっぱい<br>じっぱい | じゅっぴき<br>じっぴき | じゅっぽん<br>じっぽん |
| 몇<br>(何) | いくつ | なんこ | なんにん | なんばい | なんびき | なんぼん |

| 구분 | ~さい(歳)<br>~살㉔<br>[나이] | ~さつ(冊)<br>~권<br>[책] | ~かい(階)<br>~층<br>[건물] | ~かい(回)<br>~회<br>[횟수] | ~まい(枚)<br>~장<br>[천, 종이] | ~だい(台)<br>~대㉑<br>[자동차/전자제품] |
|---|---|---|---|---|---|---|
| 1<br>(一) | いっさい | いっさつ | いっかい | いっかい | いちまい | いちだい |
| 2<br>(二) | にさい | にさつ | にかい | にかい | にまい | にだい |
| 3<br>(三) | さんさい | さんさつ | さんかい | さんかい | さんまい | さんだい |
| 4<br>(四) | よんさい | よんさつ | よんかい | よんかい | よんまい | よんだい |
| 5<br>(五) | ごさい | ごさつ | ごかい | ごかい | ごまい | ごだい |
| 6<br>(六) | ろくさい | ろくさつ | ろっかい | ろっかい | ろくまい | ろくだい |
| 7<br>(七) | ななさい | ななさつ | ななかい | ななかい | ななまい | ななだい |
| 8<br>(八) | はっさい | はっさつ | はっかい<br>/はちかい | はっかい<br>/はちかい | はちまい | はちだい |
| 9<br>(九) | きゅうさい | きゅうさつ | きゅうかい | きゅうかい | きゅうまい | きゅうだい |
| 10<br>(十) | じゅっさい<br>じっさい | じゅっさつ<br>じっさつ | じゅっかい<br>じっかい | じゅっかい<br>じっかい | じゅうまい | じゅうだい |
| 몇<br>(何) | なんさい | なんさつ | なんがい | なんかい | なんまい | なんだい |

## ✡ 금액 읽기 ✡

| | | | | | |
|---|---|---|---|---|---|
| 一円 | いちえん | 八十円 | はちじゅうえん | 六千円 | ろくせんえん |
| 二円 | にえん | 九十円 | きゅうじゅうえん | 七千円 | ななせんえん |
| 三円 | さんえん | 百円 | ひゃくえん | 八千円 | はっせんえん |
| 四円 | よえん | 二百円 | にひゃくえん | 九千円 | きゅうせんえん |
| 五円 | ごえん | 三百円 | さんびゃくえん | 一万円 | いちまんえん |
| 六円 | ろくえん | 四百円 | よんひゃくえん | 二万円 | にまんえん |
| 七円 | ななえん | 五百円 | ごひゃくえん | 三万円 | さんまんえん |
| 八円 | はちえん | 六百円 | ろっぴゃくえん | 四万円 | よんまんえん |
| 九円 | きゅうえん | 七百円 | ななひゃくえん | 五万円 | ごまんえん |
| 十円 | じゅうえん | 八百円 | はっぴゃくえん | 六万円 | ろくまんえん |
| 二十円 | にじゅうえん | 九百円 | きゅうひゃくえん | 七万円 | ななまんえん |
| 三十円 | さんじゅうえん | 千円 | せんえん | 八万円 | はちまんえん |
| 四十円 | よんじゅうえん | 二千円 | にせんえん | 九万円 | きゅうまんえん |
| 五十円 | ごじゅうえん | 三千円 | さんぜんえん | 百万円 | ひゃくまんえん |
| 六十円 | ろくじゅうえん | 四千円 | よんせんえん | | |
| 七十円 | ななじゅうえん | 五千円 | ごせんえん | 얼마 | いくら |

## ✡ 시간 읽기 ✡

### • 시(時)

| 1시 | 2시 | 3시 | 4시 | 5시 |
|---|---|---|---|---|
| いちじ<br>一時 | にじ<br>二時 | さんじ<br>三時 | よじ<br>四時 ㉓ | ごじ<br>五時 |
| **6시** | **7시** | **8시** | **9시** | **10시** |
| ろくじ<br>六時 | しちじ<br>七時 | はちじ<br>八時 | くじ<br>九時 ⑮ | じゅうじ<br>十時 |
| **11시** | **12시** | **몇 시** | **몇 시간** | |
| じゅういちじ<br>十一時 | じゅうにじ<br>十二時 | なんじ<br>何時 | なんじかん<br>何時間 | |

### • 분(分)

| 1분 | 2분 | 3분 | 4분 | 5분 |
|---|---|---|---|---|
| いっぷん<br>一分 | にふん<br>二分 | さんぷん<br>三分 | よんぷん<br>四分 | ごふん<br>五分 ㉑ |
| **6분** | **7분** | **8분** | **9분** | **10분** |
| ろっぷん<br>六分 | ななふん<br>七分 | はっぷん/<br>はちふん<br>八分 | きゅうふん<br>九分 | じゅっぷん/<br>じっぷん<br>十分 |
| **11분** | **12분** | **30분** | **반** | **몇 분** |
| じゅういっぷん<br>十一分 | じゅうにふん<br>十二分 | さんじゅっぷん<br>/さんじっぷん<br>三十分 | はん<br>半 | なんぷん<br>何分 |

# 부록2 필수 기초 문법

## 1 명사문의 패턴

| 구분 | 보통체(반말) | | 정중체 | |
|---|---|---|---|---|
| 긍정 | 本(ほん)だ | 책이다 | 本(ほん)です | 책입니다 |
| 부정 | 本(ほん)ではない | 책이 아니다 | 本(ほん)ではありません<br>ではないです | 책이 아닙니다 |
| 과거 | 本(ほん)だった | 책이었다 | 本(ほん)でした<br>だったです (X) | 책이었습니다 |
| 과거 부정 | 本(ほん)ではなかった | 책이 아니었다 | 本(ほん)ではありませんでした<br>ではなかったです | 책이 아니었습니다 |

✅ では는 じゃ로 교체할 수 있으며, 회화에서는 じゃ를 더 많이 사용한다.

✅ ありません은 ないです로 교체 할 수 있다.

✅ ありませんでした는 なかったです로 교체할 수 있다.

## 2 い형용사의 패턴

| 구분 | 보통체(반말) | | 정중체 | |
|---|---|---|---|---|
| 긍정 | やすい | 싸다 | やすいです | 쌉니다 |
| 부정 | やすくない | 싸지 않다 | やすくありません<br>くないです | 싸지 않습니다 |
| 과거 | やすかった | 쌌다 | やすかったです<br>でした(X) | 쌌습니다 |
| 과거 부정 | やすくなかった | 싸지 않았다 | やすくありませんでした<br>くなかったです | 싸지 않았습니다 |

## 3 いい・よい(좋다)의 활용

| 구분 | 보통체(반말) | | 정중체 | |
|---|---|---|---|---|
| 긍정 | いい・よい | 좋다 | いいです・よいです | 좋습니다 |
| 부정 | よくない | 좋지 않다 | よくありません<br>よくないです | 좋지 않습니다 |
| 과거 | よかった | 좋았다 | よかったです | 좋았습니다 |
| 과거 부정 | よくなかった | 좋지 않았다 | よくありませんでした<br>よくなかったです | 좋지 않았습니다 |

✓ '좋다'라는 い형용사는 いい 혹은 よい라고 하는데, 활용할 때에는 꼭 よい를 사용한다.

## 4 な형용사의 패턴

| 구분 | 보통체(반말) | | 정중체 | |
|---|---|---|---|---|
| 긍정 | すきだ | 좋아하다 | すきです | 좋아합니다 |
| 부정 | すきではない | 좋아하지 않다 | すきではありません<br>ではないです | 좋아하지 않습니다 |
| 과거 | すきだった | 좋아했다 | すきでした | 좋아했습니다 |
| 과거 부정 | すきではなかった | 좋아하지 않았다 | すきではありませんでした<br>ではなかったです | 좋아하지 않았습니다 |

✓ では는 じゃ로 교체할 수 있으며, 회화에서는 じゃ를 더 많이 사용한다.

✓ ありません은 ないです로 교체할 수 있다.

✓ ありませんでした는 なかったです로 교체할 수 있다.

## 5 동사의 특징과 분류

⊕ 동사의 특징: 동사는 1그룹, 2그룹, 3그룹으로 나뉘며, 항상 う단으로 끝난다.

| う단 | う | く | ぐ | す | つ | ぬ | ぶ | む | る |
|---|---|---|---|---|---|---|---|---|---|
| | u | ku | gu | su | tsu | nu | bu | mu | ru |

⊕ 동사의 분류: 3그룹 ➡ 2그룹 ➡ 1그룹 순으로 외우면 쉽다.

| | | |
|---|---|---|
| | ✓ う단으로 끝난다.<br>✓ 2그룹과 3그룹을 제외한 동사 | 예 かう 사다 ǀ たつ 서다 ǀ のる 타다<br>のむ 마시다 ǀ あそぶ 놀다 ǀ かく 쓰다<br>いそぐ 서두르다 ǀ はなす 말하다<br><br>⊕ **긴급처방!** 예외 1그룹 동사: 2그룹인 것 같지만 1그룹인 동사<br>예 かえる 돌아가(오)다 ǀ しる 알다 ǀ はいる 들어가(오)다 ǀ はしる 달리다 ǀ きる 자르다 ǀ いる 필요하다 |
| | ✓ る로 끝나고<br>✓ る앞에 い・え단이 오는 동사 | 예 みる 보다 ǀ ねる 자다 ǀ おきる 일어나다 |
| | ✓ 불규칙 동사 (두 개뿐이다) | 예 する 하다 ǀ くる 오다 |

## 6 동사의 정중형(ます형) 만드는 법

| 동사 종류 | 접속 방법 | 사전형 | ます형 | 例 |
|---|---|---|---|---|
| 1그룹 동사 | 어미 う단<br>→い단 + ます | 買(か)う 사다<br>立(た)つ 서다<br>飲(の)む 마시다<br>書(か)く 쓰다<br>遊(あそ)ぶ 놀다<br>話(はな)す 말하다<br>切(き)る 자르다 **예외 1그룹** | 買(か)<br>立(た)<br>飲(の)<br>書(か)<br>遊(あそ)<br>話(はな)<br>切(き) | 買(か)い 삽니다<br>立(た)ち 섭니다<br>飲(の)み 마십니다<br>書(か)き 씁니다<br>遊(あそ)び 놉니다<br>話(はな)し 말합니다<br>切(き)り 자릅니다 |
| 2그룹 동사 | 어미 ~~る~~ + ます | 見(み)る 보다<br>寝(ね)る 자다 | (み)<br>(ね) | 見(み) 봅니다<br>寝(ね) 잡니다 |
| 3그룹 동사 | 불규칙 동사 | する 하다<br>くる 오다 | | 합니다<br>옵니다 |

✓ 보통 동사의 ます형이라고 하면 ます를 붙이기 전 형태를 말한다.

## 7 정중체 ます(~ㅂ니다)의 활용

| 구분 | ます의 활용 | | 예문 |
|---|---|---|---|
| 긍정 | ます | ~합니다 | コーヒーを　　　。<br>커피를 마십니다. |
| 부정 | ません | ~하지 않습니다 | コーヒーを　　　。<br>커피를 마시지 않습니다. |
| 과거 | ました | ~했습니다 | コーヒーを　　　。<br>커피를 마셨습니다. |
| 과거 부정 | ませんでした | ~하지 않았습니다 | コーヒーを　　　。<br>커피를 마시지 않았습니다. |
| 권유 | ましょう<br>ませんか | ~합시다<br>~하지 않을래요? | コーヒーを　　　。<br>커피를 마십시다.<br>コーヒーでも　　　。<br>커피라도 마시지 않을래요? |

## 8 동사의 연결형(て형) 만드는 법

| 동사 종류 | 접속 방법 | 사전형 | て형(~하고, 해서) |
|---|---|---|---|
| 1그룹 동사 | う<br>つ → って<br>る | 買(か)う 사다<br>立(た)つ 서다<br>乗(の)る 타다 | 買(か)って 사고/사서<br>立(た)って 서고/서서<br>乗(の)って 타고/타서 |
| | ぬ<br>む → んで<br>ぶ | 死(し)ぬ 죽다<br>飲(の)む 마시다<br>遊(あそ)ぶ 놀다 | 死(し)んで 죽고/죽어서<br>飲(の)んで 마시고/마셔서<br>遊(あそ)んで 놀고/놀아서 |
| | く → いて<br>ぐ → いで | 書(か)く 쓰다<br>急(いそ)ぐ 서두르다<br><br>**예외**<br>行(い)く 가다 | 書(か)いて 쓰고/써서<br>急(いそ)いで 서두르고/서둘러서<br><br>行(い)って 가고/가서<br>行(い)いて (X) |
| | す → して | 話(はな)す 말하다 | 話(はな)して 말하고/말해서 |
| 2그룹 동사 | る → て | 見(み)る 보다<br>寝(ね)る 자다 | 見(み)て 보고/봐서<br>寝(ね)て 자고/자서 |
| 3그룹 동사 | 불규칙 동사 | する 하다<br>くる 오다 | して 하고/해서<br>きて 오고/와서 |

✔ 行(い)く의 て형은 行(い)いて가 아니라 行(い)って로 바뀐다.

## 9 동사의 과거형(た형) ·나열(たり)만드는 법

| 동사 종류 | 접속 방법 | 사전형 | た형(~했다) | たり형(~하거나) |
|---|---|---|---|---|
| 1그룹 동사 | う<br>つ → った/ったり<br>る | 買う 사다<br>立つ 서다<br>乗る 타다 | 買った 샀다<br>立った 섰다<br>乗った 탔다 | 買ったり 사거나<br>立ったり 서거나<br>乗ったり 타거나 |
| | ぬ<br>む → んだ/んだり<br>ぶ | 死ぬ 죽다<br>飲む 마시다<br>遊ぶ 놀다 | 死んだ 죽었다<br>飲んだ 마셨다<br>遊んだ 놀았다 | 死んだり 죽거나<br>飲んだり 마시거나<br>遊んだり 놀거나 |
| | く → いた/いたり<br>ぐ → いだ/いだり | 書く 쓰다<br>急ぐ 서두르다<br>**예외**<br>行く 가다 | 書いた 썼다<br>急いだ 서둘렀다<br>行った 갔다<br>~~行いた~~(X) | 書いたり 쓰거나<br>急いだり 서두르거나<br>行ったり 가거나<br>~~行いたり~~(X) |
| | す → した/したり | 話す 말하다 | 話した 말했다 | 話したり 말하거나 |
| 2그룹 동사 | る → た/たり | 見る 보다<br>寝る 자다 | 見た 봤다<br>寝た 잤다 | 見たり 보거나<br>寝たり 자거나 |
| 3그룹 동사 | 불규칙 동사 | する 하다<br>くる 오다 | した 했다<br>きた 왔다 | したり 하거나<br>きたり 오거나 |

## 10 동사의 ない형(부정형) 만드는 법

| 동사 종류 | 접속 방법 | 사전형 | ない형 | 예 |
|---|---|---|---|---|
| 1그룹 동사 | 어미 う단<br>→あ단 + ない | 立つ 서다 | 立た | 立たない 서지 않다 |
| | | 死ぬ 죽다 | 死な | 死なない 죽지 않다 |
| | | 飲む 마시다 | 飲ま | 飲まない 마시지 않다 |
| | | 書く 쓰다 | 書か | 書かない 쓰지 않다 |
| | | 遊ぶ 놀다 | 遊ば | 遊ばない 놀지 않다 |
| | | 話す 말하다 | 話さ | 話さない 말하지 않다 |
| | | 切る 자르다 **예외 1그룹** | 切ら | 切らない 자르지 않다 |
| | | **예외**<br>会う 만나다 | 会わ<br>会あ | 会わない 만나지 않다<br>会~~あない~~ (X) |
| 2그룹 동사 | 어미 る + ない | 見る 보다 | 見 | 見ない 보지 않다 |
| | | 寝る 자다 | 寝 | 寝ない 자지 않다 |
| 3그룹 동사 | 불규칙 동사 | する 하다 | し | しない 하지 않다 |
| | | くる 오다 | こ | こない 오지 않다 ㉔ |

✅ 会う처럼 う로 끝나는 동사는 会あない가 아니라 会わない로 바뀐다.

# 진짜 한 권으로 끝내는 JLPT 기출단어장

시원스쿨어학연구소 지음

N4

시원스쿨닷컴

WEEK 01

# 1 주 째

# DAY 1 위치와 장소

1회 2회 3회

예문과 함께 적중 어휘를 외워 봅시다. MP3 2-1-1

01 駅(えき) 11
명 역

駅 から ホテルまで 歩(ある)いて 行(い)きました。
역에서 호텔까지 걸어서 갔습니다.

02 食堂(しょくどう) 21
명 식당

今日(きょう)は 食堂 が こんで いました。
오늘은 식당이 붐볐습니다.

03 都会(とかい) 18
명 도회, 도시

妹(いもうと)は 都会 で 生活(せいかつ)したいと 言(い)って います。
여동생은 도시에서 생활하고 싶다고 합니다.

04 場所(ばしょ) 11
명 장소

会議(かいぎ)の 場所 を 教(おし)えて ください。
회의 장소를 가르쳐 주세요.

05 近(ちか)い 21
イ 가깝다

ホテルは 空港(くうこう)から 近い です。
호텔은 공항에서 가깝습니다.

06 遠(とお)い 10 15 21
イ 멀다

私(わたし)の アパートは 駅(えき)から 遠い です。
저의 아파트는 역에서 멉니다.

\+ 遠く(とおく) 명 먼 곳 부 멀리

**07** うりば
**売り場** ⑭
명 매장

おもちゃ 売り場 は どこですか。
장남감 매장은 어디입니까?

**08** こうじょう
**工場** ⑬㉓
명 공장

彼(かれ)は 工場 で 働(はたら)いて います。
그는 공장에서 일하고 있습니다.

**09** ほんや
**本屋** ⑭
명 책방, 서점

本屋 の 近(ちか)くの 喫茶店(きっさてん)で コーヒーを 飲(の)んで います。
서점 근처 커피숍에서 커피를 마시고 있습니다.

**10** みなと
**港** ⑪
명 항구

この まどから 港 が 見(み)えます。
이 창문에서 항구가 보입니다.

**11** りょかん
**旅館** ⑩⑲
명 여관

一番(いちばん) 古(ふる)い 旅館 に とまりました。
가장 오래된 여관에 묵었습니다.

**12** ひろ
**広い** ㉔
イ 넓다

子(こ)どもが 生(う)まれたので、 広い 家(いえ)に ひっこしました。
아이가 태어나서 넓은 집으로 이사했습니다.

**13** ふる
**古い**
イ 오래되다

家(うち)の 前(まえ)に 古い おてらが あります。
집 앞에 오래된 절이 있습니다.

**14** あいだ
**間**
명 동안, 사이

休(やす)みの [✎間]、毎日(まいにち) 友(とも)だちと サッカーを しました。
쉬는 동안 매일 친구와 축구를 했습니다.

---

**15** きんじょ ⑬⑭㉒
**近所**
명 근처

毎朝(まいあさ) [近所] の 公園(こうえん)で ジョギングを して います。
매일 아침 근처 공원에서 조깅을 하고 있습니다.
+ 近く (ちかく) 명 근처

---

**16** おく ⑩⑪⑬⑭
**送る**
동 보내다

国(くに)の 両親(りょうしん)に 手紙(てがみ)を [送りました]。
고국에 계신 부모님께 편지를 보냈습니다.

---

**17** つ ⑮㉓
**着く**
동 도착하다

ホテルに [着いて] から 散歩(さんぽ)に 行(い)きました。
호텔에 도착하고 나서 산책하러 갔습니다.

---

**18** ま ⑪⑬⑮㉓㉔
**待つ**
동 기다리다

友(とも)だちが 来(く)るのを [待って] います。
친구가 오는 것을 기다리고 있습니다.

---

**19**
**にぎやかだ**
ナ 떠들썩하다, 번화하다

今日(きょう)は おまつりで、町(まち)が [にぎやかです]。
오늘은 축제로 동네가 떠들썩합니다.

---

**20** しず ⑫
**静かだ**
ナ 조용하다

図書館(としょかん)の 中(なか)は とても [静かです]。
도서관 안은 매우 조용합니다.

# DAY 1 데일리 테스트

- 단어의 읽는 법이나 쓰는 법을 고르고, 밑줄에 뜻을 써 보세요.

| | | | |
|---|---|---|---|
| 1 遠い | ① とおい | ② ちかい | ________ |
| 2 港 | ① みずうみ | ② みなと | ________ |
| 3 まつ | ① 待つ | ② 持つ | ________ |
| 4 しずかだ | ① 静かだ | ② 清かだ | ________ |
| 5 おくる | ① 近る | ② 送る | ________ |

- 단어의 뜻을 찾아 줄을 그어 보세요.

| | | | |
|---|---|---|---|
| 6 広い(ひろ) | • | • | ① 매장 |
| 7 売り場(うりば) | • | • | ② 넓다 |
| 8 都会(とかい) | • | • | ③ 도회, 도시 |
| 9 間(あいだ) | • | • | ④ 오래되다 |
| 10 古い(ふる) | • | • | ⑤ 사이 |

DAY1 데일리 테스트 정답

1 ① 멀다 2 ② 항구 3 ① 기다리다 4 ① 조용하다 5 ② 보내다
6 ② 7 ① 8 ③ 9 ⑤ 10 ④

# DAY 2 자연

1회 2회 3회

예문과 함께 적중 어휘를 외워 봅시다. MP3 2-1-2

---

**01** 花(はな)

[명] 꽃

テーブルの上(うえ)に ✏花 をかざりました。

테이블 위에 꽃을 장식했습니다.

---

**02** 石(いし) [11]

[명] 돌

くつに 石 が入(はい)っていました。

구두에 돌이 들어 있었습니다.

---

**03** 池(いけ)

[명] 연못

公園(こうえん)の中央(ちゅうおう)に 池 があります。

공원 중앙에 연못이 있습니다.

---

**04** 空気(くうき)

[명] 공기

空気 があたたかくなった。

공기가 따뜻해졌다.

---

**05** 光(ひか)る [12] [18]

[동] 빛나다

ダイヤモンドが 光って います。

다이아몬드가 빛나고 있습니다.

---

**06** よごれる [12] [14]

[동] 때 묻다, 더러워지다

このテーブルは よごれて いますね。

이 테이블은 더러워져 있네요.

07 はやし 林 ⑭
명 (작은 범위의) 숲, 수풀

友(とも)だちと 近(ちか)くの 林 へ 行(い)く つもりです。
친구와 근처 숲에 갈 생각입니다.

08 もり 森 ⑫
명 (큰 범위의) 숲, 삼림

あの 森 には 鳥(とり)が たくさん います。
저 숲에는 새가 많이 있습니다.

09 みずうみ
명 호수

窓(まど)を 開(あ)けると みずうみ から すずしい 風(かぜ)が 入(はい)って きました。
창문을 열자 호수에서 시원한 바람이 들어왔습니다.

+ 海 (うみ) ㉔ 명 바다

10 あか 明るい ⑫
イ 밝다

あの 小(ちい)さい 星(ほし)が 一番(いちばん) 明るい です。
저 작은 별이 가장 밝습니다.

11 くら 暗い ⑬⑭⑱⑲⑳㉒
イ 어둡다

暗い 道(みち)を 一人(ひとり)で 歩(ある)くのは こわいです。
어두운 길을 혼자서 걷는 것은 무섭습니다.

12 あさい ⑫㉒
イ 얕다

この 川(かわ)は あさい から 歩(ある)いて わたれる。
이 냇가는 얕아서 걸어서 건널 수 있다.

13 ふかい ⑮㉑
イ 깊다

この 川(かわ)は ふかい ので あぶないです。
이 냇가는 깊어서 위험합니다.

14 どうぶつ
**動物**
명 동물

ライオンは ✎動物 の 王(おう)さまです。
사자는 동물의 왕입니다.

15 しょくぶつ
**植物**
명 식물

この 庭(にわ)は いろいろな 植物 が あります。
이 정원에는 여러 식물이 있습니다.

16 けしき
**景色**
명 경치

⑫㉔

この 町(まち)は 山(やま)も 川(かわ)も あって、 景色 が とても いいです。
이 마을은 산도 강도 있어서, 경치가 매우 좋습니다.

17 は
**葉**
명 잎, 잎사귀

葉 の 色(いろ)が 変(か)わりました。
잎의 색깔이 바뀌었습니다.

18 むし
**虫**
명 벌레

私(わたし)は 本当(ほんとう)に 虫 が きらいで 見(み)るのも いやです。
저는 정말 벌레가 싫어서 보는 것도 싫습니다.

19 うつく
**美しい**
イ 아름답다

⑬

ピンクの バラは 美しい です。
핑크색 장미꽃은 아름답습니다.

20 う
**植える**
동 심다

母(はは)は 庭(にわ)に 花(はな)を 植える のに 忙(いそが)しいです。
어머니는 정원에 꽃을 심는데 바쁩니다.

## DAY 2 데일리 테스트

- 단어의 읽는 법이나 쓰는 법을 고르고, 밑줄에 뜻을 써 보세요.

| |  |  | |
|---|---|---|---|
| 1 石 | ① いけ | ② いし | ________ |
| 2 くらい | ① 明い | ② 暗い | ________ |
| 3 動物 | ① どうぶつ | ② しょくぶつ | ________ |
| 4 光る | ① ひかる | ② うえる | ________ |
| 5 うつくしい | ① 善しい | ② 美しい | ________ |

- 단어의 뜻을 찾아 줄을 그어 보세요.

| | | | |
|---|---|---|---|
| 6 みずうみ | • | • | ① 경치 |
| 7 ふかい | • | • | ② 호수 |
| 8 よごれる | • | • | ③ 얕다 |
| 9 景色(けしき) | • | • | ④ 때 묻다, 더러워지다 |
| 10 あさい | • | • | ⑤ 깊다 |

DAY2 데일리 테스트 **정답**

1 ② 돌 2 ② 어둡다 3 ① 동물 4 ① 빛나다 5 ② 아름답다
6 ② 7 ⑤ 8 ④ 9 ① 10 ③

# DAY 3 날씨와 동물

1회 2회 3회

예문과 함께 적중 어휘를 외워 봅시다. MP3 2-1-3

---

**01** てんきよほう
**天気予報** 14 24
명 일기예보

**天気予報** によると 日曜日(にちようび)は 強(つよ)い 雨(あめ)が 降(ふ)るそうです。
일기예보에 의하면 일요일은 강한 비가 내린다고 합니다.
+ 天気 (てんき) 명 날씨

**02**
**きせつ**
명 계절

日本(にほん)は 四(よっ)つの **きせつ** が あります。
일본은 네 개의 계절이 있습니다.

**03** なつ
**夏** 18 22
명 여름

私(わたし)は 来年(らいねん)の **夏** 、富士山(ふじさん)に のぼる つもりです。
저는 내년 여름 후지산을 오를 예정입니다.
+ 春 (はる) 명 봄

**04** あき
**秋** 11 15
명 가을

**秋** は スポーツに 一番(いちばん) いい きせつです。
가을은 스포츠하기에 가장 좋은 계절입니다.
+ 冬 (ふゆ) 21 명 겨울

**05**
**ぬれる** 14
동 젖다

雨(あめ)で せんたくものが **ぬれて** しまいました。
비 때문에 세탁물이 젖어 버렸습니다.

**06** や
**止む** 13
동 (비 등이) 그치다, 멈추다

雨(あめ)が **止んで** 、いい 天気(てんき)に なりました。
비가 그치고, 날씨가 좋아졌습니다.
+ はれる 동 날이 개다, 맑다

07 かぜ
風
명 바람

今日(きょう)は ✎風 が 冷(つめ)たい 一日(いちにち)に なるでしょう。

오늘은 바람이 차가운 하루가 될 것입니다.

+ かぜが ふく 바람이 불다

08 ゆき (11)
雪
명 눈

雪 は 四日間(よっかかん)も 降(ふ)り続(つづ)きました。

눈은 나흘간이나 계속 내렸습니다.

+ かさを さす (10)(12) 우산을 쓰다

09 くも (13)
雲
명 구름

ずっと 窓(まど)から 雲 を 見(み)て いました。

계속 창문으로 구름을 보고 있었습니다.

+ 空 (そら) 명 하늘

10 たいふう
台風
명 태풍

今年(ことし)の 秋(あき)は 台風 が 少(すく)なかった。

올해 가을은 태풍이 적었다.

11 あつ (24)
暑い
イ 덥다

今日(きょう)は 今年(ことし)に 入(はい)って 一番(いちばん) 暑い 。

오늘은 올해 들어서 가장 덥다.

+ 熱い (あつい) イ 뜨겁다 | 厚い (あつい) イ 두껍다

12 (12)
すずしい
イ 시원하다, 선선하다

すずしい 風(かぜ)が 吹(ふ)いて いるので、気持(きも)ちが いいです。

시원한 바람이 불고 있어 기분이 좋습니다.

↔ 暖かい (あたたかい) イ (날씨가) 따뜻하다

13 さむ (14)(22)(24)
寒い
イ 춥다

寒い から 風邪(かぜ)を 引(ひ)かないように して ください。

추우니까 감기에 걸리지 않도록 하세요.

14 いぬ
犬
명 개

うちの ✐犬 は とても おとなしいです。
우리집 개는 매우 얌전합니다.

15 うま
馬
명 말

馬 は 走(はし)るのが 速(はや)い。
말은 달리는 것이 빠르다.

16 うし
牛
명 소

牛 が くさを 食(た)べて います。
소가 풀을 먹고 있습니다.

17 とり
鳥
명 새

大(おお)きな 声(こえ)を 出(だ)したので 鳥 が にげて しまいました。
큰 소리를 내서 새가 도망가 버렸습니다.

18 うご
動く ⑫⑭㉔
동 움직이다

やまもとさん、動かないで ください。
야마모토 씨, 움직이지 마세요.

19 き
聞こえる
동 들리다

ここから 海(うみ)の 音(おと)が 聞こえます 。
여기에서 바다 소리가 들립니다.

20 そだ
育てる ⑫⑬⑳㉑㉔
동 키우다

父(ちち)は 花(はな)を 育てる のが しゅみです。
아버지는 꽃을 키우는 것이 취미입니다.

# DAY 3 데일리 테스트

• 단어의 읽는 법이나 쓰는 법을 고르고, 밑줄에 뜻을 써 보세요.

| | | | |
|---|---|---|---|
| 1 くも | ① 雪 | ② 雲 | ________ |
| 2 秋 | ① あか | ② あき | ________ |
| 3 鳥 | ① とり | ② うま | ________ |
| 4 うごく | ① 動く | ② 働く | ________ |
| 5 寒い | ① さむい | ② あつい | ________ |

• 단어의 뜻을 찾아 줄을 그어 보세요.

| | | | |
|---|---|---|---|
| 6 きせつ | • | • | ① 시원하다, 선선하다 |
| 7 ぬれる | • | • | ② 계절 |
| 8 すずしい | • | • | ③ 들리다 |
| 9 育(そだ)てる | • | • | ④ 젖다 |
| 10 聞(き)こえる | • | • | ⑤ 키우다 |

DAY3 데일리 테스트 정답

1 ② 구름 2 ② 가을 3 ① 새 4 ① 움직이다 5 ① 춥다
6 ② 7 ④ 8 ① 9 ⑤ 10 ③

# DAY 4 일

1회 2회 3회

예문과 함께 적중 어휘를 외워 봅시다. MP3 2-1-4

**01** 会議(かいぎ)する
명 회의하다

会議 で 使(つか)う パソコンが 動(うご)きません。
회의에서 사용할 컴퓨터가 움직이지 않습니다.

**02** 計画(けいかく)する 15 21
명 계획하다

私(わたし)は その 計画 に 反対(はんたい)です。
저는 그 계획에 반대입니다.

**03** 仕事(しごと)する 12
명 일하다

最近(さいきん) 仕事 が 忙(いそが)しくて 帰(かえ)るのが 遅(おそ)く なる ことが 多(おお)い。
최근 일이 바빠서 귀가하는 것이 늦어지는 경우가 많다.

**04** きょうそうする
명 경쟁하다

A社(しゃ)と B社(しゃ)の きょうそう で A社(しゃ)が 勝(か)った。
A사와 B사의 경쟁에서 A사가 이겼다.

**05** 終(お)わる 14
동 끝나다

今(いま) 会議中(かいぎちゅう)ですが、11時半(じはん)には 終わります 。
지금 회의 중인데 11시 반에는 끝납니다.

**06** 習(なら)う 14 20 21
동 배우다

私(わたし)は 仕事(しごと)の 後(あと)、ヨガを 習って います。
저는 퇴근 후 요가를 배우고 있습니다.

≒ おそわる 20 동 배우다

07 きかい (11)
명 기계

この ✎きかい は 使(つか)い方(かた)を 間違(まちが)えると とても 危険(きけん)です。
이 기계는 사용법을 틀리면 매우 위험합니다.

08 結果(けっか) (15)(21)
명 결과

結果 が どうなるか 心配(しんぱい)です。
결과가 어떻게 될지 걱정입니다.
＋ 原因 (げんいん) 명 원인

09 用事(ようじ) (15)
명 용무

社長(しゃちょう)は 大切(たいせつ)な 用事 で 大阪(おおさか)へ 行(い)きました。
사장님은 중요한 용무로 오사카에 갔습니다.

10 調(しら)べる (14)(19)(21)
동 조사하다

いろいろな 資料(しりょう)を 調べました 。
여러 가지 자료를 조사했습니다.

11 忙(いそが)しい
イ 바쁘다

土曜日(どようび)の 午後(ごご)は 忙しい です。
토요일 오후는 바쁩니다.

12 ひまだ
ナ 한가하다

明日(あした)は 一日中(いちにちじゅう) ひまです 。
내일은 하루 종일 한가합니다.

13 まじめだ (11)(13)
ナ 성실하다

彼女(かのじょ)は まじめで 頭(あたま)も いいです。
그녀는 성실하고 머리도 좋습니다.

| | |
|---|---|
| 14 やくそく 約束 명 약속 ⑭ | 約束(ごご) を 午後(ごご) 3時(じ)に 変(か)えられませんか。<br>약속을 오후 3시로 바꿀 수 없을까요? |
| 15 りゆう 理由 명 이유 ⑬⑮㉒ | 理由 を 簡単(かんたん)に 説明(せつめい)して ください。<br>이유를 간단하게 설명해 주세요. |
| 16 へんじ 返事する 명 답장, 대답하다 | このメールを 読(よ)んだら、 返事 をください。<br>이 메일을 읽으면 답장을 주세요. |
| 17 なれる 동 익숙해지다, 적응하다 ⑬ | 新(あたら)しい 仕事(しごと)には もう なれました 。<br>새로운 일에는 이제 익숙해졌습니다. |
| 18 さが 探す 동 찾다 ⑬㉔ | なくした かぎを 探した けど、 どこにも ないんです。<br>분실한 열쇠를 찾았는데 어디에도 없습니다. |
| 19 むり 無理だ ナ 무리다 | その 仕事(しごと)は 私(わたし)には 無理です 。<br>그 일은 저에게는 무리입니다. |
| 20 とくべつ 特別だ ナ 특별하다 ⑲㉒ | 私(わたし)は 特別な 仕事(しごと)を したいと 思(おも)います。<br>저는 특별한 일을 하고 싶습니다. |

# DAY 4 데일리 테스트

- 단어의 읽는 법이나 쓰는 법을 고르고, 밑줄에 뜻을 써 보세요.

| | | | |
|---|---|---|---|
| 1 特別だ | ① とくべつだ | ② どくべつだ | ________ |
| 2 かいぎ | ① 会議 | ② 会義 | ________ |
| 3 しごと | ① 仕事 | ② 仕業 | ________ |
| 4 用事 | ① ようじ | ② よじ | ________ |
| 5 計画 | ① けかく | ② けいかく | ________ |

- 단어의 뜻을 찾아 줄을 그어 보세요.

| | | | |
|---|---|---|---|
| 6 なれる | • | • | ① 조사하다 |
| 7 調(しら)べる | • | • | ② 한가하다 |
| 8 ひまだ | • | • | ③ 찾다 |
| 9 探(さが)す | • | • | ④ 성실하다 |
| 10 まじめだ | • | • | ⑤ 익숙해지다, 적응하다 |

DAY4 데일리 테스트 **정답**

1 ① 특별하다 2 ① 회의 3 ① 일 4 ① 용무 5 ② 계획
6 ⑤ 7 ① 8 ② 9 ③ 10 ④

# DAY 5 직업

[1회] [2회] [3회]

예문과 함께 적중 어휘를 외워 봅시다. 🔊 MP3 2-1-5

---

**01** えきいん
**駅員** [13]
[명] 역무원

✎駅員 に 道(みち)を 聞(き)きました。
역무원에게 길을 물었습니다.

---

**02** いしゃ
**医者** [13]
[명] 의사

私(わたし)は しょうらい 医者 に なりたいです。
저는 장래에 의사가 되고 싶습니다.

＋ 歯医者 (はいしゃ) [명] 치과 의사

---

**03** かか
**係り** [14]
[명] 담당

係り の 人(ひと)に 聞(き)いて みましょう。
담당 직원에게 물어봅시다.

---

**04** てんいん
**店員** [11]
[명] 점원

店員 に トイレが どこに あるか 聞(き)きました。
점원에게 화장실이 어디에 있는지 물어보았습니다.

---

**05** こうむいん
**公務員**
[명] 공무원

彼(かれ)は 卒業(そつぎょう)して すぐ 公務員 に なりました。
그는 졸업하고 바로 공무원이 되었습니다.

---

**06** はたら
**働く**
[동] 일하다

銀行(ぎんこう)で 働きたい と 思(おも)って います。
은행에서 일하고 싶습니다.

＋ 勤める (つとめる) [동] 근무하다

07 社員(しゃいん)
명 사원

社員の半分(はんぶん)が休(やす)みを取(と)った。
사원의 절반이 휴가를 냈다.

08 画家(がか)
명 화가

ピカソは有名(ゆうめい)な画家です。
피카소는 유명한 화가입니다.

09 かんごし
명 간호사, 간호원

彼(かれ)の娘(むすめ)はかんごしです。
그의 딸은 간호사입니다.

10 けいさつ
명 경찰, 경찰관

けいさつを呼(よ)んでください。
경찰을 불러 주세요.

11 お客(きゃく)さん
명 손님

お客さんが一人(ひとり)もいなかったので、早(はや)く店(みせ)を閉(し)めました。
손님이 한 사람도 없었기 때문에 일찍 가게 문을 닫았습니다.

12 手伝(てつだ)う ⑬
동 돕다

昨日(きのう)は引(ひ)っ越(こ)しを手伝ってくれて、ありがとうございました。
어제 이사를 도와줘서 고마웠습니다.

13 合(あ)う
동 맞다, 어울리다

私(わたし)に合う仕事(しごと)が見(み)つかりません。
저에게 맞는 일이 찾아지지 않습니다.

14 ゆめ 夢 ⑬
명 꿈

しょうがくせい 小学生のころ ピアニストに なるのが 夢 でした。
초등학교 때 피아니스트가 되는 것이 꿈이었습니다.

15 しゃちょう 社長
명 사장(님)

社長 は いつも いそが 忙しいです。
사장님은 항상 바쁩니다.
➕ 部長 (ぶちょう) 명 부장(님)

16 まも 守る
동 지키다

かれ 彼は じかん 時間を 守る ひと 人です。
그는 시간을 지키는 사람입니다.

17 もどる ⑬
동 되돌아가다, 되돌아오다

3 じかん 時間 いない 以内に もどります 。
3시간 이내에 돌아오겠습니다.

18 いそ 急ぐ ⑬⑮
동 서두르다

かいぎ 会議が はじ 始まりますね。 急ぎましょう 。
회의가 시작되네요. 서두릅시다.

19 すす 進む ⑩⑭⑳㉑㉒
동 나아가다, 진행되다

プロジェクトは よく 進んで います。
프로젝트는 잘 진행되고 있습니다.

20 はこ 運ぶ ⑩
동 운반하다, 옮기다

いすを 10 こ 個 運んで おいて ください。
의자를 10개 옮겨 놓으세요.

# DAY 5 데일리 테스트

• 단어의 읽는 법이나 쓰는 법을 고르고, 밑줄에 뜻을 써 보세요.

1 駅員 ① えきいん ② えきにん ________

2 運ぶ ① たこぶ ② はこぶ ________

3 いしゃ ① 医者 ② 匿者 ________

4 進む ① すすむ ② かこむ ________

5 はたらく ① 働く ② 動く ________

• 단어의 뜻을 찾아 줄을 그어 보세요.

6 手伝う(てつだう) • • ① 지키다

7 夢(ゆめ) • • ② 화가

8 守る(まもる) • • ③ 돕다

9 画家(がか) • • ④ 담당

10 係り(かかり) • • ⑤ 꿈

DAY5 데일리 테스트 정답

1 ① 역무원 2 ② 운반하다 3 ① 의사 4 ① 진행되다 5 ① 일하다
6 ③ 7 ⑤ 8 ① 9 ② 10 ④

# DAY 6 요리

1회 2회 3회

예문과 함께 적중 어휘를 외워 봅시다. MP3 2-1-6

---

**01** 料理(りょうり)する ⑪
명 요리하다

このレストランは **料理** に使(つか)う野菜(やさい)を庭(にわ)で育(そだ)てています。
이 레스토랑은 요리에 사용할 채소를 정원에서 기르고 있습니다.

**02** 味(あじ) ⑬⑮
명 맛

ちょっと **味** が変(へん)ですよ。
좀 맛이 이상해요.

**03** 昼(ひる)ご飯(はん) ⑮⑱
명 점심 식사, 점심밥

**昼ご飯** はコンビニで買(か)ってきて食(た)べましょう。
점심은 편의점에서 사 와서 먹읍시다.
+ 晩ご飯(ばんごはん) 명 저녁 식사, 저녁밥

**04** 食事(しょくじ)する ⑫
명 식사하다

**食事** の後(あと)、薬(くすり)を飲(の)んでください。
식사 후에 약을 드세요.

**05** うすい ⑪⑳ N5 ㉒
イ 연하다, 얇다

コーヒーは **うすい** のが好(す)きです。
커피는 연한 것을 좋아합니다.

**06** 細(こま)かい
イ 잘다, 자세하다

キャベツは **細かく** 切(き)ってください。
양배추는 잘게 썰어 주세요.

07 ようい
用意する
명 준비하다

にく さかな わたし
肉や 魚などは 私が 用意 します。
고기와 생선 등은 제가 준비하겠습니다.

08 におい
명 냄새

なんか いい におい が します。
왠지 좋은 냄새가 납니다.

09 い
入れる
동 넣다

ひと
たまごを 一つ 入れて ください。
계란을 한 개 넣어 주세요.

10 たの
頼む ㉑
동 부탁하다, 주문하다

りょうり
レストランで コース 料理を 頼みました 。
레스토랑에서 코스 요리를 주문했습니다.

11 つく
作る ㉑
동 만들다

こめ
これは 米で 作った パンです。
이것은 쌀로 만든 빵입니다.

12 や
焼く
동 태우다, 굽다

とも
友だちに あげる クッキーを 焼いて います。
친구에게 줄 쿠키를 굽고 있습니다.
＋ 焼ける (やける) 동 구워지다

13 じゅうぶん
十分だ ⑫⑮㉓
ナ 충분하다

かんたん つく ひとり
簡単に 作れるので 一人で 十分です 。
간단하게 만들 수 있어서 혼자서 충분합니다.

14 ざいりょう
材料
명 재료

こむぎこは ケーキの 主(おも)な 材料 だ。
밀가루는 케이크의 주된 재료다.

15 しょくひん
食品
명 식품

この 食品 は 体(からだ)に いいです。
이 식품은 몸에 좋습니다.

16 のこ
残る ㉓
동 남다

残った 果物(くだもの)で ジュースを 作(つく)りました。
남은 과일로 주스를 만들었습니다.

17 つか
使う ㉒
동 사용하다

野菜(やさい)を 使って スープを 作(つく)って みましょう。
채소를 사용해서 수프를 만들어 봅시다.

18 あたた
温かい
イ (물, 음식 등이) 따뜻하다

雨(あめ)の 日(ひ)は 温かい スープが 飲(の)みたい。
비가 오는 날은 따뜻한 수프를 마시고 싶다.

19 つめ
冷たい ⑫㉓
イ 차갑다

冷たい ものは 体(からだ)に よくないです。
차가운 것은 몸에 좋지 않습니다.

20
ぬるい
イ 미지근하다

コーヒーが ぬるく なりました。
커피가 미지근해졌습니다.

# DAY 6 데일리 테스트

• 단어의 읽는 법이나 쓰는 법을 고르고, 밑줄에 뜻을 써 보세요.

1 あじ ① 味 ② 未 ________

2 つめたい ① 令たい ② 冷たい ________

3 しょくじ ① 食事 ② 飯事 ________

4 作る ① つくる ② のこる ________

5 料理 ① りょり ② りょうり ________

• 단어의 뜻을 찾아 줄을 그어 보세요.

6 うすい • • ① 굽다

7 焼く(や) • • ② 미지근하다

8 頼む(たの) • • ③ 연하다, 얇다

9 十分だ(じゅうぶん) • • ④ 충분하다

10 ぬるい • • ⑤ 부탁하다, 주문하다

DAY6 데일리 테스트 정답

1 ① 맛 2 ② 차갑다 3 ① 식사 4 ① 만들다 5 ② 요리
6 ③ 7 ① 8 ⑤ 9 ④ 10 ②

WEEK 01

# 실력 체크

한 주 동안 외운 단어를
점검해 봅시다!

# DAY 1

학습 날짜 ____/____ 달성 목표 20개 중 ____개 암기!

단어의 읽는 법과 의미를 써 봅시다.

MP3 2-1-1

| 단어 | | 단어 | |
|---|---|---|---|
| □ 駅 | 읽는 법<br>의 미 | □ 旅館 | 읽는 법<br>의 미 |
| □ 食堂 | 읽는 법<br>의 미 | □ 広い | 읽는 법<br>의 미 |
| □ 都会 | 읽는 법<br>의 미 | □ 古い | 읽는 법<br>의 미 |
| □ 場所 | 읽는 법<br>의 미 | □ 間 | 읽는 법<br>의 미 |
| □ 近い | 읽는 법<br>의 미 | □ 近所 | 읽는 법<br>의 미 |
| □ 遠い | 읽는 법<br>의 미 | □ 送る | 읽는 법<br>의 미 |
| □ 売り場 | 읽는 법<br>의 미 | □ 着く | 읽는 법<br>의 미 |
| □ 工場 | 읽는 법<br>의 미 | □ 待つ | 읽는 법<br>의 미 |
| □ 本屋 | 읽는 법<br>의 미 | □ にぎやかだ | 읽는 법<br>의 미 |
| □ 港 | 읽는 법<br>의 미 | □ 静かだ | 읽는 법<br>의 미 |

## DAY 2

학습 날짜 ___/___　달성 목표 20개 중 ___개 암기!

단어의 읽는 법과 의미를 써 봅시다.　MP3 2-1-2

| 단어 | | 단어 | |
|---|---|---|---|
| □ 花 | 읽는 법<br>의 미 | □ 暗い | 읽는 법<br>의 미 |
| □ 石 | 읽는 법<br>의 미 | □ あさい | 읽는 법<br>의 미 |
| □ 池 | 읽는 법<br>의 미 | □ ふかい | 읽는 법<br>의 미 |
| □ 空気 | 읽는 법<br>의 미 | □ 動物 | 읽는 법<br>의 미 |
| □ 光る | 읽는 법<br>의 미 | □ 植物 | 읽는 법<br>의 미 |
| □ よごれる | 읽는 법<br>의 미 | □ 景色 | 읽는 법<br>의 미 |
| □ 林 | 읽는 법<br>의 미 | □ 葉 | 읽는 법<br>의 미 |
| □ 森 | 읽는 법<br>의 미 | □ 虫 | 읽는 법<br>의 미 |
| □ みずうみ | 읽는 법<br>의 미 | □ 美しい | 읽는 법<br>의 미 |
| □ 明るい | 읽는 법<br>의 미 | □ 植える | 읽는 법<br>의 미 |

# DAY 3

학습 날짜 ____/____ 달성 목표 20개 중 ____개 암기!

단어의 읽는 법과 의미를 써 봅시다. MP3 2-1-3

| 단어 | | 단어 | |
|---|---|---|---|
| □ 天気予報 | 읽는 법<br>의 미 | □ 暑い | 읽는 법<br>의 미 |
| □ きせつ | 읽는 법<br>의 미 | □ すずしい | 읽는 법<br>의 미 |
| □ 夏 | 읽는 법<br>의 미 | □ 寒い | 읽는 법<br>의 미 |
| □ 秋 | 읽는 법<br>의 미 | □ 犬 | 읽는 법<br>의 미 |
| □ ぬれる | 읽는 법<br>의 미 | □ 馬 | 읽는 법<br>의 미 |
| □ 止む | 읽는 법<br>의 미 | □ 牛 | 읽는 법<br>의 미 |
| □ 風 | 읽는 법<br>의 미 | □ 鳥 | 읽는 법<br>의 미 |
| □ 雪 | 읽는 법<br>의 미 | □ 動く | 읽는 법<br>의 미 |
| □ 雲 | 읽는 법<br>의 미 | □ 聞こえる | 읽는 법<br>의 미 |
| □ 台風 | 읽는 법<br>의 미 | □ 育てる | 읽는 법<br>의 미 |

## DAY 4

학습 날짜 ___/___ 달성 목표 20개 중 ___개 암기!

단어의 읽는 법과 **의미**를 써 봅시다. MP3 2-1-4

| 단어 | |
|---|---|
| □ 会議 | 읽는 법<br>의 미 |
| □ 計画 | 읽는 법<br>의 미 |
| □ 仕事 | 읽는 법<br>의 미 |
| □ きょうそう | 읽는 법<br>의 미 |
| □ 終わる | 읽는 법<br>의 미 |
| □ 習う | 읽는 법<br>의 미 |
| □ きかい | 읽는 법<br>의 미 |
| □ 結果 | 읽는 법<br>의 미 |
| □ 用事 | 읽는 법<br>의 미 |
| □ 調べる | 읽는 법<br>의 미 |

| 단어 | |
|---|---|
| □ 忙しい | 읽는 법<br>의 미 |
| □ ひまだ | 읽는 법<br>의 미 |
| □ まじめだ | 읽는 법<br>의 미 |
| □ 約束 | 읽는 법<br>의 미 |
| □ 理由 | 읽는 법<br>의 미 |
| □ 返事 | 읽는 법<br>의 미 |
| □ なれる | 읽는 법<br>의 미 |
| □ 探す | 읽는 법<br>의 미 |
| □ 無理だ | 읽는 법<br>의 미 |
| □ 特別だ | 읽는 법<br>의 미 |

## DAY 5

학습 날짜 ___/___ 달성 목표 20개 중 ___개 암기!

단어의 읽는 법과 의미를 써 봅시다. MP3 2-1-5

| 단어 | | 단어 | |
|---|---|---|---|
| □ 駅員 | 읽는 법<br>의 미 | □ お客さん | 읽는 법<br>의 미 |
| □ 医者 | 읽는 법<br>의 미 | □ 手伝う | 읽는 법<br>의 미 |
| □ 係り | 읽는 법<br>의 미 | □ 合う | 읽는 법<br>의 미 |
| □ 店員 | 읽는 법<br>의 미 | □ 夢 | 읽는 법<br>의 미 |
| □ 公務員 | 읽는 법<br>의 미 | □ 社長 | 읽는 법<br>의 미 |
| □ 働く | 읽는 법<br>의 미 | □ 守る | 읽는 법<br>의 미 |
| □ 社員 | 읽는 법<br>의 미 | □ もどる | 읽는 법<br>의 미 |
| □ 画家 | 읽는 법<br>의 미 | □ 急ぐ | 읽는 법<br>의 미 |
| □ かんごし | 읽는 법<br>의 미 | □ 進む | 읽는 법<br>의 미 |
| □ けいさつ | 읽는 법<br>의 미 | □ 運ぶ | 읽는 법<br>의 미 |

# DAY 6

학습 날짜 ____/____  달성 목표 20개 중 ____개 암기!

단어의 읽는 법과 의미를 써 봅시다.  MP3 2-1-6

| 단어 | | 단어 | |
|---|---|---|---|
| □ 料理 | 읽는 법<br>의 미 | □ 作る | 읽는 법<br>의 미 |
| □ 味 | 읽는 법<br>의 미 | □ 焼く | 읽는 법<br>의 미 |
| □ 昼ご飯 | 읽는 법<br>의 미 | □ 十分だ | 읽는 법<br>의 미 |
| □ 食事 | 읽는 법<br>의 미 | □ 材料 | 읽는 법<br>의 미 |
| □ うすい | 읽는 법<br>의 미 | □ 食品 | 읽는 법<br>의 미 |
| □ 細かい | 읽는 법<br>의 미 | □ 残る | 읽는 법<br>의 미 |
| □ 用意 | 읽는 법<br>의 미 | □ 使う | 읽는 법<br>의 미 |
| □ におい | 읽는 법<br>의 미 | □ 温かい | 읽는 법<br>의 미 |
| □ 入れる | 읽는 법<br>의 미 | □ 冷たい | 읽는 법<br>의 미 |
| □ 頼む | 읽는 법<br>의 미 | □ ぬるい | 읽는 법<br>의 미 |

## 실전 JLPT 도전

**문제 1** ____의 단어는 히라가나로 어떻게 씁니까? 1·2·3·4 중 가장 적당한 것을 하나 고르세요.

**1** この　まどから　港が　見えます。 이 창문에서 항구가 보입니다.

1　うみ　　2　みなと　　3　みずうみ　　4　いけ

**2** あまり　急がないで　ください。 너무 서두르지 마세요.

1　ぬがないで　　2　およがないで

3　いそがないで　　4　さわがないで

**문제 2** ____의 단어는 어떻게 씁니까? 1·2·3·4에서 가장 적당한 것을 하나 고르세요.

**3** わたしの　アパートは　えきから　とおいです。

저의 아파트는 역에서 멀어요.

1　駚　　2　験　　3　駃　　4　駅

**4** たなかさんは　りょうりが　じょうずです。

다나카 씨는 요리가 능숙합니다.

1　料理　　2　科理　　3　料埋　　4　科埋

**문제 3** (　　)에 무엇을 넣습니까? 1·2·3·4에서 가장 적당한 것을 하나 고르세요.

**5** この　にもつを　あそこに（　　　　）ください。

이 짐을 저곳으로 옮겨 주세요.

1　はこんで　　2　つたえて　　3　ひろって　　4　むかえて

**6** りょこうの　にもつは　もう（　　　　）できましたか。

여행 짐은 벌써 준비되었습니까?

1　やくそく　2　りよう　3　せわ　4　ようい

**문제 4** ＿＿의 문장과 대체로 같은 의미의 문장이 있습니다. 1·2·3·4에서 가장 적당한 것을 하나 고르세요.

**7** 手が　よごれて　います。 손이 더럽습니다.

1　手が　つめたいです。

2　手が　いたいです。

3　手が　きたないです。

4　手が　小さいです。

**문제 5** 다음 단어의 쓰임으로 가장 적당한 것을 1·2·3·4에서 하나 고르세요.

**8** にぎやか　활기참, 북적임

1　こんしゅうは　しごとが　にぎやかです。

2　きょうは　おまつりが　あって、まちが　にぎやかです。

3　わたしは　子どもの　ときから　こえが　にぎやかでした。

4　くるまの　おとが　にぎやかなので、ねられません。

**실전 JLPT 도전 정답**

**1** 2　**2** 3　**3** 4　**4** 1　**5** 1　**6** 4　**7** 3　**8** 2

# 2 주 째

めんどくせー。
今週はパス！

# DAY 1 음식

[1회] [2회] [3회]

예문과 함께 적중 어휘를 외워 봅시다. MP3 2-2-1

**01** (お)茶(ちゃ)
[명] 차

✎お茶 を用意(ようい)してください。
차를 준비해 주세요.

**02** 氷(こおり) [14][20]
[명] 얼음

父(ちち)はホットコーヒーに 氷 を一(ひと)つ入(い)れて飲(の)みます。
아버지는 따뜻한 커피에 얼음을 한 개 넣어서 마십니다.

**03** 牛肉(ぎゅうにく)
[명] 소고기

私(わたし)は豚肉(ぶたにく)より 牛肉 の方(ほう)が好(す)きです。
저는 돼지고기보다 소고기 쪽을 더 좋아합니다.

**04** 食料品(しょくりょうひん) [12][14]
[명] 식료품

このスーパーは 食料品 が安(やす)いです。
이 슈퍼는 식료품이 쌉니다.

**05** うまい [11]
[イ] 솜씨가 좋다, 맛있다

兄(あに)は料理(りょうり)が うまい です。
오빠는 요리를 잘합니다.

**06** からい
[イ] 맵다

このカレーはすごく からい ですね。
이 카레는 굉장히 맵네요.

07 やさい 野菜 (10)(13)(22)

명 채소

野菜 は 体(からだ)に いいので たくさん 食(た)べて ください。

채소는 몸에 좋으니까 많이 드세요.

08 こめ 米

명 쌀

この 酒(さけ)は 米 で 作(つく)りました。

이 술은 쌀로 만들었습니다.

09 まめ 豆

명 콩

チョコレートは ココアの 豆 から 作(つく)られます。

초콜릿은 코코아 콩으로 만들어집니다.

10 さかな 魚

명 물고기, 생선

この 魚 は ほねが たくさん あります。

이 생선은 가시가 많이 있습니다.

11 れいぞうこ

명 냉장고

魚(さかな) と 肉(にく)は れいぞうこ に 入(い)れて ください。

생선과 고기는 냉장고에 넣어 주세요.

12 ひえる (12)

동 식다, 차가워지다

ひえた ビールは おいしいです。

차가워진 맥주는 맛있습니다.

13 た 足りる (13)(15)(23)(24)

동 충분하다, 족하다

この スープは 塩(しお)が 少(すこ)し 足りない です。

이 수프는 소금기가 조금 충분하지 않습니다(부족합니다).

**14** 食べ物(たもの)
[명]음식

パーティーの ✎食べ物 が たくさん 残(のこ)った。
파티 음식이 많이 남았다.
➕ 飲み物(のみもの) [명] 음료 | 果物(くだもの) [명] 과일

---

**15** すいか
[명]수박

この すいか は 大(おお)きすぎて、れいぞうこに 入(はい)らない。
이 수박은 너무 커서 냉장고에 들어가지 않는다.
➕ みかん [명] 귤 | ぶどう [명] 포도 | りんご [명] 사과

---

**16** たまねぎ
[명]양파

この おかしは たまねぎ の 味(あじ)が します。
이 과자는 양파 맛이 납니다.
➕ ねぎ [명] 파

---

**17** かたい (12)
[イ]딱딱하다,
단단하다

私(わたし)は やわらかい パンより かたい パンが 好(す)きです。
저는 부드러운 빵보다 딱딱한 빵을 좋아합니다.
↔ やわらかい [イ] 부드럽다

---

**18** 苦(にが)い (11)
[イ]쓰다

この 薬(くすり)は とても 苦い です。
이 약은 매우 씁니다.

---

**19** 甘(あま)い
[イ]달다

パーティーで 丸(まる)い 形(かたち)の 赤(あか)くて 甘い 果物(くだもの)を 食(た)べました。
파티에서 둥근 모양의 빨갛고 달콤한 과일을 먹었습니다.

---

**20** 好(す)きだ (19)
[ナ]좋아하다

私(わたし)は 果物(くだもの)なら 何(なん)でも 好きです 。
저는 과일이라면 뭐든지 좋아합니다.
↔ きらいだ [ナ] 싫어하다

# DAY 1 데일리 테스트

- 단어의 읽는 법이나 쓰는 법을 고르고, 밑줄에 뜻을 써 보세요.

| | | | |
|---|---|---|---|
| 1 やさい | ① 野菜 | ② 野薬 | ________ |
| 2 にがい | ① 若い | ② 苦い | ________ |
| 3 豆 | ① まめ | ② こめ | ________ |
| 4 足りない | ① たりない | ② あしりない | ________ |
| 5 こおり | ① 氷 | ② 泳 | ________ |

- 단어의 뜻을 찾아 줄을 그어 보세요.

| | | | |
|---|---|---|---|
| 6 ひえる | • | • | ① 식다, 차가워지다 |
| 7 うまい | • | • | ② 달다 |
| 8 甘(あま)い | • | • | ③ 맛있다, 솜씨가 좋다 |
| 9 からい | • | • | ④ 맵다 |
| 10 かたい | • | • | ⑤ 딱딱하다, 단단하다 |

DAY1 데일리 테스트 정답

1 ① 채소 2 ② 쓰다 3 ① 콩 4 ① 부족하다 5 ① 얼음
6 ① 7 ③ 8 ② 9 ④ 10 ⑤

# DAY 2 집

1회 2회 3회

예문과 함께 적중 어휘를 외워 봅시다. MP3 2-2-2

01 おくじょう 屋上 ⑫
명 옥상

ゆう 夕べは 屋上 で パーティーを しました。
어젯밤은 옥상에서 파티를 했습니다.

02 すいどう 水道 ⑫
명 수도(상수도)

この まち 町には まだ 水道 が ない。
이 마을에는 아직 수도가 없다.

03 だいどころ 台所
명 부엌

台所 から いい においが します。
부엌에서 좋은 향기가 납니다.

04 へや 部屋
명 방

やまだ 山田さんの 部屋 は え 絵が たくさん あります。
야마다 씨의 방은 그림이 많이 있습니다.

05 ひっこし ⑫⑬㉒
명 이사

にもつが おお 多いので もり 森さんが ひっこし を てつだ 手伝って くれました。
짐이 많아서 모리 씨가 이사를 도와주었습니다.

＋ にもつ 명 짐 | ひっこす 동 이사하다

06 す 住む ⑫⑮
동 살다

わたし 私の あね 姉は イギリスに 住んで います。
저의 언니는 영국에 살고 있습니다.

07 机(つくえ) ⑫⑳
명 책상

新(あたら)しい ✐机 とベッドがほしいです。
새 책상과 침대가 필요합니다.
＋ 置く(おく) 동 놓다, 두다 | かぐ ⑳ 명 가구

08 紙(かみ) ⑫⑱
명 종이

紙 は机(つくえ)の上(うえ)にありますから、使(つか)ってください。
종이는 책상 위에 있으니까 사용해 주세요.

09 こしょうする ⑪⑫㉑㉔
명 고장나다

こしょう した車(くるま)を直(なお)してもらいました。
고장난 차를 수리 받았습니다.

10 つつむ ⑫
동 싸다, 포장하다

プレゼントをきれいな紙(かみ)で つつんで もらいました。
선물을 예쁜 종이로 포장해 받았습니다(주었습니다).

11 かざる ⑪
동 장식하다

パーティーがあるので、テーブルに花(はな)を かざりました 。
파티가 있어서 테이블에 꽃을 장식했습니다.

12 重(おも)い ⑫⑭⑲㉒
イ 무겁다

店(みせ)から家(いえ)まで 重い 荷物(にもつ)を運(はこ)びました。
가게에서 집까지 무거운 짐을 옮겼습니다.

13 軽(かる)い ⑫⑭㉒
イ 가볍다

軽い パソコンがほしい。
가벼운 컴퓨터를 갖고 싶어.

14 **おしいれ**
명 붙박이장

ふとんが大(おお)きくて ✎おしいれ に入(はい)りません。
이불이 커서 붙박이장에 들어가지 않습니다.

15 **地下(ちか)**
명 지하

せんたくしつは 地下 に あります。
세탁실은 지하에 있습니다.

16 **なる** ⑩
동 (벨 등이) 울리다

げんかんの ベルが なる のを 聞(き)いた。
현관 벨이 울리는 것을 들었다.

17 **きたない** ⑭㉓
イ 더럽다, 지저분하다

びっくりするぐらい 彼女(かのじょ)の 部屋(へや)は きたない です。
깜짝 놀랄 정도로 그녀의 방은 지저분합니다.

18 **いやだ**
ナ 싫다

いなかに 住(す)むのは いやです 。
시골에 사는 건 싫습니다.

19 **きれいだ**
ナ 깨끗하다, 예쁘다

台所(だいどころ)を きれいに そうじしました。
부엌을 깨끗이 청소했습니다.

20 **必要(ひつよう)だ** ㉑㉔
ナ 필요하다

子(こ)どもの 部屋(へや)が 必要 です。
아이 방이 필요합니다.

## DAY 2 데일리 테스트

- 단어의 읽는 법이나 쓰는 법을 고르고, 밑줄에 뜻을 써 보세요.

**1** おくじょう　① 屋場　② 屋上　________

**2** すむ　① 往む　② 住む　________

**3** かるい　① 重い　② 軽い　________

**4** 紙　① かみ　② はさみ　________

**5** 机　① つくえ　② いす　________

- 단어의 뜻을 찾아 줄을 그어 보세요.

**6** ひっこし　•　　• ① 고장

**7** つつむ　•　　• ② 장식하다

**8** きたない　•　　• ③ 이사

**9** かざる　•　　• ④ 더럽다, 지저분하다

**10** こしょう　•　　• ⑤ 싸다, 포장하다

DAY2 데일리 테스트 **정답**

**1** ② 옥상　**2** ② 살다　**3** ② 가볍다　**4** ① 종이　**5** ① 책상
**6** ③　**7** ⑤　**8** ④　**9** ②　**10** ①

# DAY 3 일상생활

1회 2회 3회

예문과 함께 적중 어휘를 외워 봅시다. MP3 2-2-3

**01** ⑬⑳

**せんたくする**

[명] 세탁하다

今朝(けさ) せんたく したふくが まだ ぬれています。

오늘 아침에 세탁한 옷이 아직 젖어 있습니다.

＋ 家事 (かじ) [명] 가사, 집안일

**02** ⑬⑭㉓

**世話(せわ)**

[명] 보살핌, 신세

家(うち)では 私(わたし)が 犬(いぬ)の 世話 をしています。

집에서는 제가 강아지를 돌보고 있습니다.

＋ 世話 (せわ)を する 돌보다, 보살피다

**03** ⑪⑮

**るす**

[명] 부재중

友(とも)だちの 家(いえ)に 行(い)ったら るす でした。

친구 집에 갔더니 부재중이었습니다.

＋ 出かける (でかける) [동] 외출하다

**04** ⑪

**歩(ある)く**

[동] 걷다

会社(かいしゃ)は 家(いえ)から 歩いて 5分(ふん)です。

회사는 집에서 걸어서 5분입니다.

**05** ⑲

**眠(ねむ)る**

[동] 잠자다, 잠들다

試験(しけん)が 気(き)になって 眠れません。

시험이라서 걱정되어 잠을 잘 수가 없습니다.

＋ 寝る (ねる) [동] 자다

**06**

**起(お)きる**

[동] 일어나다

毎朝(まいあさ) ジョギングを するために 早(はや)く 起きます。

매일 아침 조깅을 하기 위해서 일찍 일어납니다.

07 日記(にっき) (11)(15)(20)

명 일기

私(わたし)は 毎晩(まいばん) **日記** を 書(か)いて います。

저는 매일 밤 일기를 쓰고 있습니다.

08 そうじ

명 청소

小学生(しょうがくせい)が ごみを ひろって 公園(こうえん)を **そうじ** して います。

초등학생이 쓰레기를 줍고 공원을 청소하고 있습니다.

+ ごみ 명 쓰레기 | そうじき 명 청소기

09 しかる (11)(14)(23)

동 혼내다

子(こ)どもの ころ、弟(おとうと)と けんかして よく 父(ちち)に **しかられました**。

어렸을 때 남동생과 싸워서 자주 아버지에게 혼났습니다.

10 おどろく (13)

동 놀라다

森(もり)さんの お兄(にい)さんが 有名(ゆうめい)な 歌手(かしゅ)だと 聞(き)いて **おどろきました**。

모리 씨의 오빠가 유명한 가수라고 듣고 놀랐습니다.

+ 喜ぶ(よろこぶ) (20)(24) 동 기뻐하다

11 さわる (11)(24)

동 만지다, 손을 대다

あぶないので その きかいには **さわらないで** ください。

위험하니까 그 기계에는 손을 대지 마세요.

12 はく

동 쓸다

庭(にわ)を **はく** のを 忘(わす)れないで ください。

마당을 쓰는 것을 잊지 마세요.

+ ふく 동 닦다, 걸레질하다

13 こわい (24)

イ 무섭다

夜(よる)、家(いえ)に 一人(ひとり)で いるのは **こわい** です。

밤에 집에 혼자 있는 것은 무섭습니다.

14 **電気**（でんき）
명 전기, 전등

このスイッチをおせば、電気がつきます。
이 스위치를 누르면 전기가 켜집니다.
＋つける 동 (전기 등을) 켜다, 붙이다

15 **だんぼう**
명 난방

家（いえ）のだんぼうがこしょうしています。
집 난방이 고장나 있습니다.
＋れいぼう 명 냉방

16 **(お)宅**（たく）
명 댁

お宅から一番（いちばん）近（ちか）い駅（えき）はどこですか。
댁에서 가장 가까운 역은 어디입니까?

17 **貸す**（かす） ⑮
동 빌려주다

隣（となり）の人（ひと）がえんぴつを貸してくれました。
옆 사람에게 연필을 빌려주었습니다.

18 **借りる**（かりる）
동 빌리다

自転車（じてんしゃ）を借りて200円（えん）を払（はら）いました。
자전거를 빌리고 200엔을 지불했습니다.

19 **返す**（かえす）
동 돌려주다, 반납하다

借（か）りた本（ほん）を図書館（としょかん）に返すのを忘（わす）れることがある。
빌린 책을 도서관에 반납하는 것을 잊을 때가 있다.

20 **うれしい** ㉔
イ 기쁘다

大学（だいがく）を卒業（そつぎょう）してとてもうれしいです。
대학을 졸업해서 너무 기쁩니다.
＋かなしい イ 슬프다

# DAY 3 데일리 테스트

- 단어의 읽는 법이나 쓰는 법을 고르고, 밑줄에 뜻을 써 보세요.

1 ねむる　① 寝る　② 眠る　________

2 日記　① につき　② にっき　________

3 電気　① でんき　② てんき　________

4 あるく　① 走く　② 歩く　________

5 貸す　① かす　② かえす　________

- 단어의 뜻을 찾아 줄을 그어 보세요.

6 せんたく　•　　• ① 혼내다

7 るす　•　　• ② 세탁

8 おどろく　•　　• ③ 보살핌, 신세

9 しかる　•　　• ④ 놀라다

10 世話(せわ)　•　　• ⑤ 부재중

DAY3 데일리 테스트 정답

1 ② 잠자다, 잠들다　2 ② 일기　3 ① 전기　4 ② 걷다　5 ① 빌려주다
6 ②　7 ⑤　8 ④　9 ①　10 ③

# DAY 4 교통

1회 2회 3회

예문과 함께 적중 어휘를 외워 봅시다.

MP3 2-2-4

01 交通(こうつう) ⑫㉒㉔
명 교통

この町(まち)は 交通 が 便利(べんり)です。
이 마을은 교통이 편리합니다.
+ 乗り物 (のりもの) 명 탈것, 교통수단

02 自転車(じてんしゃ) ⑫⑮⑳
명 자전거

自転車 は 公園(こうえん)の 入口(いりぐち)に とめて ください。
자전거는 공원 입구에 세워 주세요.

03 自動車(じどうしゃ)
명 자동차

ここは 自動車 を 洗(あら)う ところです。
여기는 차를 닦는 곳입니다.
+ 車 (くるま) 명 차

04 地下鉄(ちかてつ)
명 지하철

地下鉄 が できて 便利(べんり)に なりました。
지하철이 생겨서 편리해졌습니다.
+ 駅 (えき) 명 역

05 船(ふね) ㉑
명 배

初(はじ)めて 船 に 乗(の)った 時(とき)は こわかったです。
처음 배를 탔을 때는 무서웠습니다.

06 乗(の)る ⑫
동 타다

駅(えき)から 家(いえ)まで バスに 乗って 行(い)きます。
역에서 집까지 버스를 타고 갑니다.
+ 乗り換える (のりかえる) 동 갈아타다

07 くうこう [10][21][24]

[명]공항

国(くに)から 両親(りょうしん)が 来(く)るので、✎くうこう へ 行(い)きます。

고국에서 부모님이 와서 공항에 갑니다.

08 飛行機(ひこうき)

[명]비행기

飛行機 は 30分(ぷん) 遅(おく)れて 到着(とうちゃく)しました。

비행기는 30분 늦게 도착했습니다.

09 利用(りよう)する [12][15][20]

[명]이용하다

右側(みぎがわ)の エスカレーターを 利用 して ください。

오른쪽 에스컬레이터를 이용해 주세요.

10 通(とお)る [19]

[동]통하다, 지나가다

毎朝(まいあさ) さくら公園(こうえん)を 通って 会社(かいしゃ)へ 行(い)きます。

매일 아침 사쿠라 공원을 지나서 회사에 갑니다.

11 こむ [11][13][15][21]

[동]붐비다, 복잡하다

今日(きょう)は バスが こんで いました。

오늘은 버스가 붐볐습니다.

12 便利(べんり)だ [11]

[ナ]편리하다

インターネットを 使(つか)えば いつでも 買(か)い物(もの)が できて 便利です 。

인터넷을 사용하면 언제든지 쇼핑을 할 수 있어서 편리합니다.

13 不便(ふべん)だ [14][19]

[ナ]불편하다

交通(こうつう)が 不便な ので 自転車(じてんしゃ)を 利用(りよう)する 人(ひと)が 多(おお)い。

교통이 불편해서 자전거를 이용하는 사람이 많다.

**14** とっきゅう
**特急** ⑭
명 특급

もうすぐ 特急 電車(でんしゃ)が 来(き)ます。
이제 곧 특급 전철이 옵니다.
➕ 急行(きゅうこう) 명 급행

**15** よやく
**予約する** ⑪⑬
명 예약하다

飛行機(ひこうき)の チケットを 予約 しました。
비행기 티켓을 예약했습니다.

**16** いりぐち
**入口**
명 입구

公園(こうえん)の 入口 に オートバイを とめては いけません。
공원 입구에 오토바이를 세워서는 안 됩니다.
↔ 出口 (でぐち) 명 출구

**17** ちゅうしゃじょう
**駐車場**
명 주차장

駅前(えきまえ)に 大(おお)きな 駐車場 が あります。
역 앞에 큰 주차장이 있습니다.

**18** お
**押す** ⑬㉒
동 밀다, 누르다

赤(あか)い ボタンを 押す と ドアが 閉(し)まります。
빨간 버튼을 누르면 문이 닫힙니다.

**19** ひ
**引く** ㉑
동 당기다

引いて 開(あ)ける ドアを 押(お)して しまった。
당겨서 여는 문을 밀어 버렸다.

**20**
**ふくざつだ**
ナ 복잡하다

東京(とうきょう)は ふくざつ な 道(みち)が 多(おお)く、カーナビが 必要(ひつよう)です。
도쿄는 복잡한 길이 많아, 자동차 내비게이션이 필요합니다.

# DAY 4 데일리 테스트

- 단어의 읽는 법이나 쓰는 법을 고르고, 밑줄에 뜻을 써 보세요.

| | | | |
|---|---|---|---|
| 1 のる | ① 乗る | ② 集る | ________ |
| 2 交通 | ① こうつ | ② こうつう | ________ |
| 3 便利だ | ① べんりだ | ② ふべんだ | ________ |
| 4 利用 | ① りよ | ② りよう | ________ |
| 5 じてんしゃ | ① 自動車 | ② 自転車 | ________ |

- 단어의 뜻을 찾아 줄을 그어 보세요.

| | | | |
|---|---|---|---|
| 6 引く(ひ) | • | • | ① 붐비다, 복잡하다 |
| 7 予約(よやく) | • | • | ② 공항 |
| 8 こむ | • | • | ③ 당기다 |
| 9 押す(お) | • | • | ④ 밀다, 누르다 |
| 10 くうこう | • | • | ⑤ 예약 |

DAY4 데일리 테스트 정답

1 ① 타다 2 ② 교통 3 ① 편리하다 4 ② 이용 5 ② 자전거
6 ③ 7 ⑤ 8 ① 9 ④ 10 ②

# DAY 5 안전

1회 2회 3회

예문과 함께 적중 어휘를 외워 봅시다. MP3 2-2-5

---

**01** 安心(あんしん)する [12][15]

[명] 안심하다

子(こ)どもの 病気(びょうき)が よく なって ✎安心 しました。

아이의 병이 좋아져서 안심했습니다.

---

**02** 案内(あんない)する [10][12][22]

[명] 안내하다

日本(にほん)から 友(とも)だちが 遊(あそ)びに 来(き)たので、町(まち)を 案内 しました。

일본에서 친구가 놀러 와서 마을을 안내했습니다.

---

**03** 運転(うんてん)する [13]

[명] 운전하다

兄(あに)は 車(くるま)の 運転 が できません。

오빠(형)은 자동차 운전을 못합니다.

[+] 道路(どうろ) [명] 도로

---

**04** 注意(ちゅうい)する [20][24]

[명] 주의하다

海(うみ)で 泳(およ)ぐ 時(とき)は 注意 して ください。

바다에서 수영할 때에는 주의하세요.

---

**05** 伝(つた)える [10][11][15]

[동] 알리다, 전달하다

田中(たなか)さんに 会(あ)ったら「電話(でんわ)を ください」と 伝えて ください。

다나카 씨를 만나면 전화해 달라고 전해 주세요.

---

**06** 危険(きけん)だ [15]

[ナ] 위험하다

ここで 泳(およ)ぐのは 危険です 。

여기에서 수영하는 것은 위험합니다.

07 地図(ちず)
명 지도
駅(えき)で見(み)た ✎地図 はわかりにくくて、困(こま)りました。
역에서 본 지도는 알아보기 힘들어서 곤란했습니다.

08 (お)知(し)らせ
명 안내(문), 공지
大切(たいせつ)な お知らせ があります。
중요한 공지가 있습니다.

09 交差点(こうさてん)
명 교차점, 사거리
次(つぎ)の 交差点 を右(みぎ)に曲(ま)がってください。
다음 사거리에서 우회전 하세요(오른쪽으로 돌아 주세요).

10 増(ふ)える ⑮
동 늘다
この町(まち)は人口(じんこう)が 増えて います。
이 마을은 인구가 늘고 있습니다.

11 減(へ)る 예외1그룹
동 줄다, 감소하다
みずうみと川(かわ)に住(す)む動物(どうぶつ)が 減って いる。
호수와 강에 사는 동물이 줄고 있다.

12 あぶない ⑮
イ 위험하다
あぶない からナイフは下(した)に置(お)いてください。
위험하니까 나이프는 아래에 놓으세요.

13 速(はや)い ⑩⑮
イ (속도가) 빠르다
速い スピードで運転(うんてん)しないでください。
빠른 속도로 운전하지 마세요.

14 こうばん
交番
명 파출소

交番 は どこに あるか わかりますか。
파출소는 어디에 있는지 아십니까?

15 かじ
火事
명 화재

ふゆ 冬は 火事 が おお 多いです。
겨울은 화재가 많습니다.

16 じこ
事故
명 사고

おお 多くの ひと 人が 事故 で し 死んだ。
많은 사람이 사고로 죽었다.

17 こま
困る
동 곤란하다

うち 家の いぬ 犬は なん 何でも かむので 困って います。
우리집 강아지는 뭐든지 물어뜯어서 곤란합니다.

18 わす
忘れる
동 잊다, 잊고 오다

かれ 彼は よく やくそく 約束を 忘れて しまう。
그는 자주 약속을 잊어버린다.
+ 忘れ物 (わすれもの) 명 잊은 물건, 분실물

19 だいじょうぶ
大丈夫だ
ナ 괜찮다

この みず 水は の 飲んでも 大丈夫です 。
이 물은 마셔도 괜찮습니다.

20 あんぜん
安全だ
ナ 안전하다

この かわ 川は およ 泳いでも 安全です 。
이 냇가는 수영해도 안전합니다.

# DAY 5 데일리 테스트

- 단어의 읽는 법이나 쓰는 법을 고르고, 밑줄에 뜻을 써 보세요.

| | | | |
|---|---|---|---|
| **1** あんない | ① 安内 | ② 案内 | ________ |
| **2** つたえる | ① 伝える | ② 云える | ________ |
| **3** 速い | ① はやい | ② おそい | ________ |
| **4** ちゅうい | ① 主意 | ② 注意 | ________ |
| **5** 安心 | ① あんしん | ② あんぜん | ________ |

- 단어의 뜻을 찾아 줄을 그어 보세요.

| | | | |
|---|---|---|---|
| **6** 危険(きけん)だ | • | • | ① 늘다 |
| **7** 忘(わす)れる | • | • | ② 안내(문), 공지 |
| **8** 交番(こうばん) | • | • | ③ 위험하다 |
| **9** お知(し)らせ | • | • | ④ 잊다, 잊고 오다 |
| **10** 増(ふ)える | • | • | ⑤ 파출소 |

DAY5 데일리 테스트 **정답**

**1** ② 안내 **2** ① 알리다, 전달하다 **3** ① (속도가) 빠르다 **4** ② 주의 **5** ① 안심
**6** ③ **7** ④ **8** ⑤ **9** ② **10** ①

# DAY 6 행동

1회 2회 3회

예문과 함께 적중 어휘를 외워 봅시다. MP3 2-2-6

---

**01** 工事(こうじ)する (12)(22)(24)
명 공사하다

家(いえ)の前(まえ)で **工事** を しています。
집 앞에서 공사를 하고 있습니다.

**02** 試合(しあい)する (14)
명 시합하다

今日(きょう)の **試合** は 何時(なんじ)に 始(はじ)まるか 知(し)って いますか。
오늘 시합은 몇 시에 시작하는지 알고 있습니까?

**03** 出発(しゅっぱつ)する (11)(20)(21)
명 출발하다

**出発** まで 時間(じかん)は ありますから、急(いそ)がなくても いいです。
출발까지 시간은 있으니까 서두르지 않아도 됩니다.
↔ 到着(とうちゃく) 명 도착

**04** 生産(せいさん)する (12)(14)(15)(18)
명 생산하다

あそこの こうじょうでは 車(くるま)を **生産** して います。
저 공장에서는 차를 생산하고 있습니다.

**05** 考(かんが)える (13)(19)(24)
동 생각하다

ゆっくり **考えて** みて ください。
천천히 생각해 보세요.

**06** 答(こた)える (15)(21)
동 대답하다

先生(せんせい)の 質問(しつもん)に **答える** のは とても 難(むずか)しい です。
선생님 질문에 답하는 것은 매우 어렵습니다.

07 中止(ちゅうし)する ⑫

명 중지하다

明日(あした)の会議(かいぎ)は 中止 です。

내일 회의는 중지입니다.

08 帰国(きこく)する ⑱

명 귀국하다

今度(こんど)の日曜日(にちようび)に 帰国 します。

이번 일요일에 귀국합니다.

09 招待(しょうたい)する ⑬㉓

명 초대하다

大学(だいがく)の こうはいを けっこんしきに 招待 するつもりです。

대학교 후배를 결혼식에 초대할 생각입니다.

10 走(はし)る ⑬⑮㉔

동 달리다

昨日(きのう) 田中(たなか)さんが 公園(こうえん)で 走って いるのを 見(み)ました。

어제 다나카 씨가 공원에서 달리고 있는 것을 봤습니다.

11 ひろう ⑬⑭

동 줍다

落(お)ちている ゴミを ひろいました。

떨어져 있는 쓰레기를 주었습니다.

↔ すてる 동 버리다

12 大人(おとな)しい ⑩⑪⑬

イ 얌전하다

この子(こ)は 大人しくて、あまり 人(ひと)と 話(はなし)を しません。

이 아이는 얌전해서 그다지 다른 사람들과 이야기를 하지 않습니다.

13 ていねいだ ⑪⑭⑳

ナ 공손하다, 신중하다

ホテルの人(ひと)は ていねいな ことばを 使(つか)います。

호텔 직원은 공손한 말을 사용합니다.

14 けんかする ⑮㉔
[명]싸움하다

兄弟(きょうだい)は つまらない ことで ✏けんか を する。
형제는 시시한 일로 싸움을 한다.

15 さんせいする ⑮
[명]찬성하다

あなたの 意見(いけん)に さんせい です。
당신의 의견에 찬성입니다.

16 反対(はんたい)する ⑫⑬
[명]반대하다

私(わたし)は その けいかくに 反対 です。
저는 그 계획에 반대입니다.

17 ねぼうする ⑪⑬⑭
[명]늦잠자다

今日(きょう) ねぼう して 学校(がっこう)に ちこくしました。
오늘 늦잠 자서 학교에 지각했습니다.

18 しっぱいする ⑫
[명]실패하다

だれでも しっぱい する ことが ある。
누구나 실패할 때가 있다.

19 渡(わた)す ⑫
[동]건네다, 넘기다

資料(しりょう)を みんなに 渡して から 会議(かいぎ)を 始(はじ)めます。
자료를 모두에게 건네고 회의를 시작하겠습니다.

20 呼(よ)ぶ ⑬
[동]부르다

だれかが 私(わたし)の 名前(なまえ)を 呼んだ 。
누군가가 나의 이름을 불렀다.

# DAY 6 데일리 테스트

• 단어의 읽는 법이나 쓰는 법을 고르고, 밑줄에 뜻을 써 보세요.

| | | | |
|---|---|---|---|
| 1 出発 | ① しゅっぱつ | ② しゅんぱつ | ________ |
| 2 生産 | ① せさん | ② せいさん | ________ |
| 3 かんがえる | ① 考える | ② 歩える | ________ |
| 4 はしる | ① 歩る | ② 走る | ________ |
| 5 工事 | ① こうじ | ② こじ | ________ |

• 단어의 뜻을 찾아 줄을 그어 보세요.

| | | |
|---|---|---|
| 6 ねぼう | • | • ① 얌전하다 |
| 7 ていねいだ | • | • ② 생각하다 |
| 8 招待(しょうたい) | • | • ③ 늦잠 |
| 9 考(かんが)える | • | • ④ 공손하다, 신중하다 |
| 10 大人(おとな)しい | • | • ⑤ 초대 |

DAY6 데일리 테스트 **정답**

1 ① 출발 2 ② 생산 3 ① 생각하다 4 ② 달리다 5 ① 공사
6 ③ 7 ④ 8 ⑤ 9 ② 10 ①

WEEK 02

# 실력 체크

한 주 동안 외운 단어를
점검해 봅시다!

## DAY 1

학습 날짜 ____/____ 달성 목표 20개 중 ____개 암기!

단어의 읽는 법과 의미를 써 봅시다. MP3 2-2-1

| 단어 | | 단어 | |
|---|---|---|---|
| □ (お)茶 | 읽는 법<br>의 미 | □ れいぞうこ | 읽는 법<br>의 미 |
| □ 氷 | 읽는 법<br>의 미 | □ ひえる | 읽는 법<br>의 미 |
| □ 牛肉 | 읽는 법<br>의 미 | □ 足りる | 읽는 법<br>의 미 |
| □ 食料品 | 읽는 법<br>의 미 | □ 食べ物 | 읽는 법<br>의 미 |
| □ うまい | 읽는 법<br>의 미 | □ すいか | 읽는 법<br>의 미 |
| □ からい | 읽는 법<br>의 미 | □ たまねぎ | 읽는 법<br>의 미 |
| □ 野菜 | 읽는 법<br>의 미 | □ かたい | 읽는 법<br>의 미 |
| □ 米 | 읽는 법<br>의 미 | □ 苦い | 읽는 법<br>의 미 |
| □ 豆 | 읽는 법<br>의 미 | □ 甘い | 읽는 법<br>의 미 |
| □ 魚 | 읽는 법<br>의 미 | □ 好きだ | 읽는 법<br>의 미 |

## DAY 2

학습 날짜 ____/____  달성 목표 20개 중 ____개 암기!

단어의 읽는 법과 의미를 써 봅시다.

MP3 2-2-2

| 단어 | | 단어 | |
|---|---|---|---|
| □ 屋上 | 읽는 법<br>의 미 | □ かざる | 읽는 법<br>의 미 |
| □ 水道 | 읽는 법<br>의 미 | □ 重い | 읽는 법<br>의 미 |
| □ 台所 | 읽는 법<br>의 미 | □ 軽い | 읽는 법<br>의 미 |
| □ 部屋 | 읽는 법<br>의 미 | □ おしいれ | 읽는 법<br>의 미 |
| □ ひっこし | 읽는 법<br>의 미 | □ 地下 | 읽는 법<br>의 미 |
| □ 住む | 읽는 법<br>의 미 | □ なる | 읽는 법<br>의 미 |
| □ 机 | 읽는 법<br>의 미 | □ きたない | 읽는 법<br>의 미 |
| □ 紙 | 읽는 법<br>의 미 | □ いやだ | 읽는 법<br>의 미 |
| □ こしょう | 읽는 법<br>의 미 | □ きれいだ | 읽는 법<br>의 미 |
| □ つつむ | 읽는 법<br>의 미 | □ 必要だ | 읽는 법<br>의 미 |

## DAY 3

학습 날짜 ____/____ 달성 목표 20개 중 ____개 암기!

단어의 읽는 법과 의미를 써 봅시다. MP3 2-2-3

| 단어 | 읽는 법 | 의미 |
|---|---|---|
| □ せんたく | | |
| □ 世話 | | |
| □ るす | | |
| □ 歩く | | |
| □ 眠る | | |
| □ 起きる | | |
| □ 日記 | | |
| □ そうじ | | |
| □ しかる | | |
| □ おどろく | | |

| 단어 | 읽는 법 | 의미 |
|---|---|---|
| □ さわる | | |
| □ はく | | |
| □ こわい | | |
| □ 電気 | | |
| □ だんぼう | | |
| □ (お)宅 | | |
| □ 貸す | | |
| □ 借りる | | |
| □ 返す | | |
| □ うれしい | | |

# DAY 4

학습 날짜 ____/____ 달성 목표 20개 중 ____개 암기!

단어의 읽는 법과 의미를 써 봅시다. MP3 2-2-4

| 단 어 | 읽는 법 / 의 미 |
|---|---|
| □ 交通 | 읽는 법<br>의 미 |
| □ 自転車 | 읽는 법<br>의 미 |
| □ 自動車 | 읽는 법<br>의 미 |
| □ 地下鉄 | 읽는 법<br>의 미 |
| □ 船 | 읽는 법<br>의 미 |
| □ 乗る | 읽는 법<br>의 미 |
| □ くうこう | 읽는 법<br>의 미 |
| □ 飛行機 | 읽는 법<br>의 미 |
| □ 利用 | 읽는 법<br>의 미 |
| □ 通る | 읽는 법<br>의 미 |

| 단 어 | 읽는 법 / 의 미 |
|---|---|
| □ こむ | 읽는 법<br>의 미 |
| □ 便利だ | 읽는 법<br>의 미 |
| □ 不便だ | 읽는 법<br>의 미 |
| □ 特急 | 읽는 법<br>의 미 |
| □ 予約 | 읽는 법<br>의 미 |
| □ 入口 | 읽는 법<br>의 미 |
| □ 駐車場 | 읽는 법<br>의 미 |
| □ 押す | 읽는 법<br>의 미 |
| □ 引く | 읽는 법<br>의 미 |
| □ ふくざつだ | 읽는 법<br>의 미 |

## DAY 5

학습 날짜 ___/___ 달성 목표 20개 중 ___개 암기!

단어의 읽는 법과 의미를 써 봅시다. MP3 2-2-5

| 단어 | | 단어 | |
|---|---|---|---|
| □ 安心 | 읽는 법<br>의 미 | □ 減る | 읽는 법<br>의 미 |
| □ 案内 | 읽는 법<br>의 미 | □ あぶない | 읽는 법<br>의 미 |
| □ 運転 | 읽는 법<br>의 미 | □ 速い | 읽는 법<br>의 미 |
| □ 注意 | 읽는 법<br>의 미 | □ 交番 | 읽는 법<br>의 미 |
| □ 伝える | 읽는 법<br>의 미 | □ 火事 | 읽는 법<br>의 미 |
| □ 危険だ | 읽는 법<br>의 미 | □ 事故 | 읽는 법<br>의 미 |
| □ 地図 | 읽는 법<br>의 미 | □ 困る | 읽는 법<br>의 미 |
| □ お知らせ | 읽는 법<br>의 미 | □ 忘れる | 읽는 법<br>의 미 |
| □ 交差点 | 읽는 법<br>의 미 | □ 大丈夫だ | 읽는 법<br>의 미 |
| □ 増える | 읽는 법<br>의 미 | □ 安全だ | 읽는 법<br>의 미 |

# DAY 6

학습 날짜 ____/____ 달성 목표 20개 중 ____개 암기!

단어의 읽는 법과 의미를 써 봅시다. MP3 2-2-6

| 단어 | | 단어 | |
|---|---|---|---|
| □ 工事 | 읽는 법<br>의 미 | □ ひろう | 읽는 법<br>의 미 |
| □ 試合 | 읽는 법<br>의 미 | □ 大人しい | 읽는 법<br>의 미 |
| □ 出発 | 읽는 법<br>의 미 | □ ていねいだ | 읽는 법<br>의 미 |
| □ 生産 | 읽는 법<br>의 미 | □ けんか | 읽는 법<br>의 미 |
| □ 考える | 읽는 법<br>의 미 | □ さんせい | 읽는 법<br>의 미 |
| □ 答える | 읽는 법<br>의 미 | □ 反対 | 읽는 법<br>의 미 |
| □ 中止 | 읽는 법<br>의 미 | □ ねぼう | 읽는 법<br>의 미 |
| □ 帰国 | 읽는 법<br>의 미 | □ しっぱい | 읽는 법<br>의 미 |
| □ 招待 | 읽는 법<br>의 미 | □ 渡す | 읽는 법<br>의 미 |
| □ 走る | 읽는 법<br>의 미 | □ 呼ぶ | 읽는 법<br>의 미 |

# 실전 JLPT 도전

**문제 1** ____의 단어는 히라가나로 어떻게 씁니까? 1·2·3·4 중 가장 적당한 것을 하나 고르세요.

**1** 明日(あした)の　かいぎは　<u>中止</u>です。 내일 회의는 중지입니다.

1　じゅうと　　2　じゅうし　　3　ちゅうと　　4　ちゅうし

**2** かばんが　買いたいのに　お金が　<u>足りません</u>。

가방을 사고 싶은데 돈이 부족합니다.

1　たりません　　2　あしりません

3　たしりません　　4　ありません

**문제 2** ____의 단어는 어떻게 씁니까? 1·2·3·4에서 가장 적당한 것을 하나 고르세요.

**3** この　スイチを　<u>おせば</u>、電気が　つきます。

이 스위치를 누르면 전기가 켜집니다.

1　申せば　　2　伸せば　　3　押せば　　4　甲せば

**4** この　町は　<u>こうつう</u>が　べんりです。 이 마을은 교통이 편합니다.

1　公道　　2　交通　　3　公通　　4　交道

**문제 3** (　　)에 무엇을 넣습니까? 1·2·3·4에서 가장 적당한 것을 하나 고르세요.

**5** この　きかいは　使(つか)い方(かた)を　まちがえると（　　　）です。

이 기계는 사용법을 틀리면 위험합니다.

1　けっこう　　2　きけん　　3　じゆう　　4　あんぜん

**6** やわらかい　パンより（　　　）パンが　すきだ。

부드러운 빵보다 딱딱한 빵을 좋아한다.

1　あたたかい　　2　すっぱい

3　まるい　　4　かたい

**문제 4** ＿＿의 문장과 대체로 같은 의미의 문장이 있습니다. 1·2·3·4에서 가장 적당한 것을 하나 고르세요.

**7** もっと　ていねいに　かいて　ください。 더 정성스럽게 써 주세요.

1　もっと　おおきく　かいて　ください。

2　もっと　きれいに　かいて　ください。

3　もっと　ふとく　かいて　ください。

4　もっと　かんたんに　かいて　ください。

**문제 5** 다음 단어의 쓰임으로 가장 적당한 것을 1·2·3·4에서 하나 고르세요.

**8** るす　부재중

1　さいきん　いそがしくて、しごとが　るすに　なりません。

2　あの　デパートは　きょうは　るすです。

3　この　ひこうきには　るすの　せきが　ありません。

4　ともだちの　いえに　行ったら　るすでした。

**실전 JLPT 도전 정답**

1 4　2 1　3 3　4 2　5 2　6 4　7 2　8 4

# 3 주 째

# DAY 1 인간관계

1회 2회 3회

예문과 함께 적중 어휘를 외워 봅시다. MP3 2-3-1

**01** あに
兄 ⑫㉓
명 형, 오빠

私(わたし)の 兄 は イギリスに 住(す)んで います。
저의 형(오빠)은 영국에 살고 있습니다.
＋ 姉 (あね) 명 누나, 언니

**02** いもうと
妹 ⑬
명 여동생

妹 は おしゃべりだ。静(しず)かなのは、食事(しょくじ)の時(とき)だけだ。
여동생은 수다쟁이다. 조용한 것은 식사할 때 뿐이다.
＋ 弟 (おとうと) 명 남동생

**03** かぞく
家族
명 가족

家族 で 山(やま)の 中(なか)に ある ホテルに 泊(と)まりました。
가족과 함께 산 속에 있는 호텔에 묵었습니다.

**04** りょうしん
両親 ⑪⑬
명 부모님

国(くに)の 両親 に にもつを 送(おく)りました。
고국의 부모님에게 짐을 보냈습니다.
≒ 親 (おや) 명 어버이, 부모

**05** ははおや
母親 ⑪
명 모친, 어머니

男(おとこ)の子(こ)の 顔(かお)は 母親 に にると いう。
남자아이의 얼굴은 어머니를 닮는다고 한다.
＋ 父親 (ちちおや) 명 부친, 아버지

**06** そふ
명 조부, 할아버지

そふ は 90さいで とても 元気(げんき)です。
할아버지는 90살이고, 매우 건강합니다.
＋ そぼ 명 조모, 할머니

07 自分(じぶん) [10]

[명]자기, 자신

✎自分 を 知(し)る ことは 難(むずか)しい。

자신을 아는 것은 어렵다.

08 男性(だんせい) [12][13]

[명]남성, 남자

男性 の お手洗(てあら)いは あちらです。

남자 화장실은 저쪽입니다.

[+] 女性 (じょせい) [21][24] [명] 여성, 여자

09 おおぜい [14]

[명]여럿, 많은 사람

コンサートには おおぜい が いた。

콘서트에는 많은 사람이 있었다.

10 きびしい [12][15][24]

[イ]엄하다, 격렬하다

山田先生(やまだせんせい)は 学生(がくせい)に きびしい 。

야마다 선생님은 학생에게 엄하다.

11 親切(しんせつ)だ [11][21]

[ナ]친절하다

この 病院(びょういん)の お医者(いしゃ)さんは とても 親切 です。

이 병원의 의사 선생님은 매우 친절합니다.

[≒] やさしい [イ] 상냥하다, 마음씨가 곱다

12 大切(たいせつ)だ [14][24]

[ナ]소중하다, 중요하다

自分(じぶん)を 大切 に して ください。

자신을 소중히 해 주세요.

[≒] 大事だ (だいじだ) [14][24] [ナ] 소중하다, 중요하다

13 にる [12][15]

[동]닮다

私(わたし)の 妹(いもうと)は 母(はは)と 声(こえ)が にて います。

나의 여동생은 엄마와 목소리가 닮았습니다.

**14** あいさつする ⑭
명 인사하다

彼女(かのじょ)は 私(わたし)に 「おはようございまず」と あいさつ を した。
그녀는 나에게 "좋은 아침이에요"라고 인사를 했다.

**15** うそ ⑬⑮⑳
명 거짓말

弟(おとうと)は 私(わたし)に うそ を ついた。
남동생은 나에게 거짓말을 했다.

**16** (お)れい ⑪⑭㉔
명 답례 인사, 답례 선물

おみやげを もらったので おれい を 言(い)いました。
선물(기념품)을 받아서 답례 인사를 했습니다.

**17** (お)いわい
명 축하, 축하 선물

父(ちち)は たんじょうびの おいわい に 時計(とけい)をくれました。
아버지는 생일 축하 선물로 시계를 주었습니다.

**18** あやまる ⑩⑪
동 사과하다

約束(やくそく)の 時間(じかん)に おくれて あやまりました 。
약속 시간에 늦어서 사과했습니다.

**19** おこる ⑭
동 화내다

父(ちち)は おこる と ライオンのようです。
아버지는 화내면 사자 같습니다.

**20** ほめる ⑪⑬㉑
동 칭찬하다

田中(たなか)さんは 先生(せんせい)に ほめられました 。
다나카 씨는 선생님에게 칭찬받았습니다.

# DAY 1 데일리 테스트

● 단어의 읽는 법이나 쓰는 법을 고르고, 밑줄에 뜻을 써 보세요.

| | | | |
|---|---|---|---|
| 1 男性 | ① だんせい | ② じょせい | ________ |
| 2 しんせつだ | ① 新切だ | ② 親切だ | ________ |
| 3 いもうと | ① 弟 | ② 妹 | ________ |
| 4 兄 | ① あね | ② あに | ________ |
| 5 両親 | ① りょうしん | ② りょしん | ________ |

● 단어의 뜻을 찾아 줄을 그어 보세요.

| | | | |
|---|---|---|---|
| 6 ほめる | • | • | ① 여럿, 많은 사람 |
| 7 にる | • | • | ② 칭찬하다 |
| 8 きびしい | • | • | ③ 닮다 |
| 9 大切(たいせつ)だ | • | • | ④ 엄하다, 격렬하다 |
| 10 おおぜい | • | • | ⑤ 중요하다 |

DAY1 데일리 테스트 정답

1 ① 남성 2 ② 친절하다 3 ② 여동생 4 ② 형(오빠) 5 ① 부모님
6 ② 7 ③ 8 ④ 9 ⑤ 10 ①

# DAY 2 운동과 취미

1회 2회 3회

예문과 함께 적중 어휘를 외워 봅시다.

MP3 2-3-2

01 うんどう 運動する ⑫㉑
명 운동하다

まいにち 毎日 運動 を つづ 続けたら、げんき 元気に なった。
매일 운동을 계속했더니 건강해졌다.
+ 運動場（うんどうじょう）명 운동장

02 えいが 映画 ⑭㉑
명 영화

どようび 土曜日の ごご 午後、映画 を み 見に い 行きませんか。
토요일 오후에 영화를 보러 가지 않을래요?

03 おんがく 音楽
명 음악

わたし 私 は クラシック 音楽 が だいす 大好きです。
저는 클래식 음악을 너무 좋아합니다.
+ ひく 동 악기를 연주하다, 켜다, 치다

04 しゃしん 写真
명 사진

すずきさん、その 写真 を み 見せて ください。
스즈키 씨, 그 사진을 보여 주세요.

05 およ 泳ぐ ⑭⑮
동 헤엄치다

ホテルに いる あいだ 間は さんぽ 散歩を したり、みずうみ 湖 で 泳いだり しました。
호텔에 있는 동안은 산책하거나 호수에서 수영하거나 했습니다.
+ 水泳（すいえい）명 수영

06 おどる ⑫
동 춤추다

あそこで おどって いるのが たなか 田中さんです。
저기에서 춤추고 있는 사람이 다나카 씨입니다.
+ おどり 명 춤

07 しょうせつ
小説 ⑪
[명] 소설

この ✎小説 はおもしろかったです。

이 소설은 재미있었습니다.

+ 読む (よむ) [동] 읽다

08 りょこう
旅行する ⑬
[명] 여행하다

どこに 旅行 に行(い)くか、クラスのみんなに聞(き)いてみます。

어디로 여행을 갈지, 반 모두에게 물어보겠습니다.

09 おも で
思い出 ⑭
[명] 추억

この旅行(りょこう)はいい 思い出 になるでしょう。

이 여행은 좋은 추억이 될 거예요.

10 たの
楽しい ⑭
[イ] 즐겁다

写真(しゃしん)をとるのは 楽しい です。

사진을 찍는 것은 즐겁습니다.

11
つまらない
[イ] 시시하다, 재미없다

映画(えいが)が つまらない ので映画館(えいがかん)に人(ひと)が一人(ひとり)もいない。

영화가 재미없어서 영화관에 사람이 한 명도 없다.

12 じょうず
上手だ
[ナ] 잘하다, 능숙하다

マイクは日本語(にほんご)で話(はな)すのが 上手です 。

마이크는 일본어로 말하는 게 능숙합니다.

13 へた
下手だ
[ナ] 못하다, 서툴다

彼女(かのじょ)は料理(りょうり)が 下手です 。

그녀는 요리가 서툽니다.

| No. | 단어 | 예문 |
|---|---|---|
| 14 | けいけん<br>経験する<br>명 경험하다<br>(11)(13)(19)(23) | 日本で いろいろな 経験 を しました。<br>일본에서 다양한 경험을 했습니다. |
| 15 | よてい<br>予定<br>명 예정<br>(12)(15)(18)(19) | 明日から 三日間 東京へ 行く 予定 です。<br>내일부터 3일간 도쿄에 갈 예정입니다. |
| 16 | しゅみ<br>명 취미 | 私の しゅみ は 切手を 集める ことです。<br>저의 취미는 우표를 모으는 것입니다. |
| 17 | あそ<br>遊ぶ<br>동 놀다 | 明日 学校が 休みなので 友だちの 家に 遊びに 行きます。<br>내일 학교가 쉬는 날이라서 친구 집에 놀러 갑니다. |
| 18 | かつ<br>동 이기다 | どちらが かっても うれしいです。<br>어느 쪽이 이겨도 기쁩니다. |
| 19 | まける<br>동 지다<br>(20) | だれが かつか まけるか わかりません。<br>누가 이기고 질지 모르겠습니다. |
| 20 | と<br>泊まる<br>동 숙박하다, 머무르다 | 今夜 泊まる ホテルが まだ 決まって いない。<br>오늘 밤에 머물 호텔이 아직 정해지지 않았다. |

# DAY 2 데일리 테스트

• 단어의 읽는 법이나 쓰는 법을 고르고, 밑줄에 뜻을 써 보세요.

| | | | |
|---|---|---|---|
| 1 小説 | ① しょうせつ | ② しょせつ | ________ |
| 2 旅行 | ① りょうこう | ② りょこう | ________ |
| 3 けいけん | ① 経験 | ② 経険 | ________ |
| 4 うんどう | ① 運転 | ② 運動 | ________ |
| 5 予定 | ① よてい | ② ようてい | ________ |

• 어울리는 단어를 찾아 줄을 긋고, 밑줄에 의미를 써 봅시다.

| | | | |
|---|---|---|---|
| 6 泊(と)まる | • | • | ① 헤엄치다 |
| 7 おどる | • | • | ② 숙박하다, 머무르다 |
| 8 楽(たの)しい | • | • | ③ 춤추다 |
| 9 泳(およ)ぐ | • | • | ④ 추억 |
| 10 思(おも)い出(で) | • | • | ⑤ 즐겁다 |

DAY2 데일리 테스트 정답

1 ① 소설 2 ② 여행 3 ① 경험 4 ② 운동 5 ① 예정
6 ② 7 ③ 8 ⑤ 9 ① 10 ④

# DAY 3 몸

1회 2회 3회

예문과 함께 적중 어휘를 외워 봅시다. 🔊 MP3 2-3-3

---

01 からだ
体
[명] 몸
[13][24]

✎体 が じょうぶで かぜを ひいた ことが ない。
몸이 튼튼해서 감기에 걸린 적이 없다.
+ じょうぶだ [ナ] 튼튼하다

---

02 あたま
頭
[명] 머리
[15]

姉(あね)は すごく 頭 が いい。
누나(언니)는 굉장히 머리가 좋다.
+ 痛い (いたい) [イ] 아프다

---

03 あし
足
[명] 다리
[14]

かいだんから 落(お)ちて 足 を けがして しまいました。
계단에서 떨어져서 발을 다치고 말았습니다.
↔ 手 (て) [명] 손

---

04 かお
顔
[명] 얼굴
[14][18]

顔 に 何(なに)か ついて いますよ。
얼굴에 뭔가 붙어 있어요.

---

05
とじる
[동] (눈을) 감다,
(책을) 덮다
[10][18]

目(め)を とじて 考(かんが)えて みて ください。
눈을 감고 생각해 보세요.
+ 目 (め) [명] 눈

---

06 ねむ
眠い
[イ] 졸리다
[11][20]

とても 眠かった ので、コーヒーを 飲(の)みました。
너무 졸려서 커피를 마셨습니다.

07 ゆび
指 ⑬
명 손가락

けがを した 指 を 見(み)せて ください。
다친 손가락을 보여주세요.

08 は
歯
명 이, 치아

私(わたし)は 1日(にち)に 3回(かい) 歯 を みがこうと して います。
저는 1일 3번 이를 닦으려고 하고 있습니다.
+ みがく 동 (이를) 닦다

09 おなか
명 배(신체부위)

ごはんを 食(た)べすぎて おなか が いっぱい です。
밥을 너무 많이 먹어서 배가 부릅니다.

10 せ
명 키, 신장

弟(おとうと) は 私(わたし)より せ が 高(たか)いです。
남동생은 저보다 키가 큽니다.

11 うで
명 팔

彼(かれ)は うで を くんで 立(た)って いた。
그는 팔짱을 끼고 서 있었다.

12 かみ
명 머리카락

新(あたら)しい シャンプーで かみ を 洗(あら)いました。
새로운 샴푸로 머리를 감았습니다

13 ひく
低い N3 ㉔
イ 낮다, (키가) 작다

山田(やまだ)さんが クラスで 一番(いちばん) せが 低い です。
야마다 씨가 반에서 가장 키가 작습니다.

14 首(くび)
명 목, 고개

きゅうに ✎首 が 痛(いた)くなりました。
갑자기 목이 아파졌습니다.

15 のど ㉑
명 목, 목구멍

のど も 痛(いた)くて はなみずも 出(で)ます。
목도 아프고 콧물도 나옵니다.

16 せなか
명 등

せなか に ニキビが できました。
등에 여드름이 생겼습니다.

17 声(こえ) ⑳
명 목소리

朝(あさ)早(はや)く 家(いえ)の 外(そと)で だれかが 話(はな)す 声 が 聞(き)こえたので 起(お)きて しまった。
아침 일찍 집 밖에서 누군가가 이야기하는 목소리가 들려서 일어나고 말았다.

＋ 音 (おと) 명 소리, 음

18 力(ちから)
명 힘

彼(かれ)は うでの 力 が 強(つよ)い。
그는 팔의 힘이 세다.

19 ふとい
イ 굵다, 두껍다

ダイエットを しても 足(あし)は ふとい です。
다이어트를 해도 다리는 굵습니다.

20 ほそい
イ 가늘다, 좁다

ゆびを ほそく する テクニックを 教(おし)えて ください。
손가락을 가늘게 하는 테크닉을 가르쳐 주세요.

# DAY 3 데일리 테스트

- 단어의 읽는 법이나 쓰는 법을 고르고, 밑줄에 뜻을 써 보세요.

| | | | |
|---|---|---|---|
| 1 あたま | ① 豆 | ② 頭 | ________ |
| 2 顔 | ① くび | ② かお | ________ |
| 3 からだ | ① 体 | ② 休 | ________ |
| 4 あし | ① 足 | ② 促 | ________ |
| 5 ゆび | ① 指 | ② 旨 | ________ |

- 단어의 뜻을 찾아 줄을 그어 보세요.

| | | | |
|---|---|---|---|
| 6 とじる | • | • | ① 목소리 |
| 7 ふとい | • | • | ② (눈을) 감다, (책을) 덮다 |
| 8 声(こえ) | • | • | ③ 키, 신장 |
| 9 せ | • | • | ④ 가늘다, 좁다 |
| 10 ほそい | • | • | ⑤ 굵다, 두껍다 |

DAY3 데일리 테스트 정답

1 ② 머리 2 ② 얼굴 3 ① 몸 4 ① 다리 5 ① 손가락
6 ② 7 ⑤ 8 ① 9 ③ 10 ④

# DAY 4 건강

1회 2회 3회

예문과 함께 적중 어휘를 외워 봅시다.

MP3 2-3-4

01 薬(くすり) ⑬⑭㉔
명 약

バンドエイドと 薬 をください。
반창고와 약을 주세요.
＋ 薬屋(くすりや) 명 약국

02 ねつ ⑬⑮㉓
명 열

ねつ があるので、病院(びょういん)によってから会社(かいしゃ)に行(い)きます。
열이 있어서 병원에 들르고 나서 회사에 가겠습니다.

03 入院(にゅういん)する ⑫㉔
명 입원하다

病気(びょうき)で一週間(いっしゅうかん) 入院 しました。
병으로 일주일 동안 입원했습니다.
↔ 退院(たいいん) 명 퇴원

04 気分(きぶん) ⑮
명 기분, 컨디션

よく寝(ね)たので 気分 がよくなった。
잘 자서 컨디션이 좋아졌다.
≒ 気持ち(きもち) ⑬ 명 기분, 감정

05 (お)みまい ⑬⑳
명 병문안

私(わたし)が入院(にゅういん)した時(とき)、友(とも)だちが おみまい に来(き)てくれました。
내가 입원했을 때 친구들이 병문안을 와 주었습니다.

06 ふとる ⑩⑫
동 살찌다

うちの犬(いぬ)はたくさん食(た)べるので ふとって います。
우리집 강아지는 많이 먹어서 뚱뚱합니다.
↔ やせる 동 마르다

07 病気（びょうき）
명 병

子（こ）どもの ✎病気 が よく なりました。
아이의 병이 좋아졌습니다.

08 けが ⑫
명 상처, 부상

たいいくの 授業中（じゅぎょうちゅう）に けが を した。
체육 수업 중에 상처를 입었다.

09 かぜ
명 감기

先週（せんしゅう）は かぜ で 学校（がっこう）を 休（やす）みました。
지난주는 감기로 학교를 쉬었습니다.

10 なおる ⑩
동 (병이) 낫다

かぜが なおる のに 一週間（いっしゅうかん） かかりました。
감기가 낫는데 일주일 걸렸습니다.

11 たおれる
동 쓰러지다

元気（げんき）な 山田（やまだ）さんが 病気（びょうき）で たおれました 。
건강한 야마다 씨가 병으로 쓰러졌습니다.

12 強（つよ）い ⑬
イ 세다, 강하다

ストレスに 強い 人（ひと）に なりたい。
스트레스에 강한 사람이 되고 싶다.

13 弱（よわ）い ⑩⑱㉓
イ 약하다

彼女（かのじょ）は 若（わか）くて 美（うつく）しいが、体（からだ）が 弱い 。
그녀는 젊고 예쁘지만 몸이 약하다.

| | 단어 | 예문 |
|---|---|---|
| 14 | きんえん ⑭<br>명 금연 | ここは ✐きんえん です。たばこを 消(け)して ください。<br>여기는 금연입니다. 담배를 꺼 주세요. |
| 15 | しゅうかん ⑬⑳<br>명 습관 | たばこは 悪(わる)い しゅうかん です。<br>담배는 나쁜 습관입니다. |
| 16 | けんこう<br>명 건강 | 歩(ある)くのは けんこう に いいです。<br>걷는 것은 건강에 좋습니다. |
| 17 | ぐあい ⑳<br>명 상태, 컨디션 | ぐあい が 悪(わる)かったら この 薬(くすり)を 飲(の)んで ください。<br>컨디션이 나쁘면 이 약을 드세요. |
| 18 | やめる ⑬<br>동 그만두다,<br>(담배 등을) 끊다 | 父(ちち)は タバコを やめる と 約束(やくそく)しました。<br>아버지는 담배를 끊는다고 약속했습니다. |
| 19 | 元気(げんき)だ ⑫⑭<br>ナ 건강하다, 활기차다 | 毎日(まいにち) やさい ジュースを 飲(の)んだら 元気に なりました。<br>매일 채소 주스를 마셨더니 건강해졌습니다. |
| 20 | 心配(しんぱい)だ ⑮㉑<br>ナ 걱정스럽다 | そふの けんこうが 心配です 。<br>할아버지의 건강이 걱정입니다. |

## DAY 4 데일리 테스트

- 단어의 읽는 법이나 쓰는 법을 고르고, 밑줄에 뜻을 써 보세요.

| | | | |
|---|---|---|---|
| 1 入院 | ① にゅういん | ② にゅいん | ______ |
| 2 くすり | ① 楽 | ② 薬 | ______ |
| 3 強い | ① つよい | ② よわい | ______ |
| 4 病気 | ① びょうき | ② びょき | ______ |
| 5 げんきだ | ① 天気だ | ② 元気だ | ______ |

- 단어의 뜻을 찾아 줄을 그어 보세요.

| | | |
|---|---|---|
| 6 やめる | • | • ① 병문안 |
| 7 ねつ | • | • ② 살찌다 |
| 8 おみまい | • | • ③ 상처, 부상 |
| 9 ふとる | • | • ④ 그만두다, (담배 등을) 끊다 |
| 10 けが | • | • ⑤ 열 |

DAY4 데일리 테스트 정답

1 ① 입원 2 ② 약 3 ① 세다, 강하다 4 ① 병 5 ② 건강하다, 활기차다
6 ④ 7 ⑤ 8 ① 9 ② 10 ③

# DAY 5 시간과 범위

1회 2회 3회

예문과 함께 적중 어휘를 외워 봅시다. MP3 2-3-5

01 こんど
今度 ⑬
명 이번, 이 다음

今度 遊(あそ)びに 来(き)て ください。
다음에 (언제 또) 놀러 오세요.

02 いちど
一度 ⑮㉔
명 한번, 일 회, 한 차례

ぜひ 一度 読(よ)んで 見(み)て ください。
부디 한번 읽어 보세요.

03 さいしょ
最初 ⑪
명 최초, 처음

最初 の ページを 見(み)て ください。
첫 페이지를 보세요.
≒ はじめ 처음

04 さいご
最後 ⑪⑱㉑
명 최후, 마지막

最後 に テストを しました。
마지막에 테스트를 봤습니다.

05 おく
遅れる ⑭
동 늦다

電車(でんしゃ)が 止(と)まって 30分(ぷん)ぐらい 遅れ そうです。
전철이 멈춰서 30분 정도 늦을 것 같습니다.

06 ま あ
間に合う ⑫
동 시간에 맞게 당도하다

バスが 遅(おく)れて、会議(かいぎ)の 時間(じかん)に 間に合いませんでした 。
버스가 늦어서 회의 시간에 도착하지 못 했습니다.

07 こんや
今夜 ⑭
[명] 오늘밤

✎今夜 は 早(はや)く 寝(ね)ようと 思(おも)います。
오늘 밤은 일찍 자려고 합니다.
↔ 今朝 (けさ) [명] 오늘 아침

08 ゆうがた
夕方 ⑪
[명] 저녁 무렵

夕方 、雨(あめ)が ふりました。
저녁 무렵 비가 내렸습니다.

09 ひるやすみ
昼休み
[명] 점심 시간

会社(かいしゃ)の 昼休み に 寝(ね)ました。
회사 점심시간에 잤습니다.
＋ 昼間 (ひるま) [명] 낮 동안

10 まいあさ
毎朝
[명] 매일 아침

私(わたし)は 毎朝 水(みず)を 飲(の)む。
나는 매일 아침 물을 마신다.

11 いじょう
以上 ⑱㉑㉒
[명] 이상

駅(えき)から 2時間(じかん) 以上 バスに 乗(の)って ホテルまで 来(き)ました。
역에서 2시간 이상 버스를 타고 호텔까지 왔습니다.
＋ 以下 (いか) ㉔ [명] 이하

12 いぜん
以前
[명] 이전

以前 は 酒(さけ)を 飲(の)まなかったです。
이전에는 술을 마시지 않았습니다.
↔ 以後 (いご) [명] 이후

13 ごぜん
午前
[명] 오전

公園(こうえん)は 午前 6時(じ)から 午後(ごご) 9時(じ)までです。
공원은 오전 6시부터 오후 9시까지입니다.
↔ 午後 (ごご) [명] 오후

14 しょうらい
将来
명 장래, 미래

私は ✎将来 大学で教えたいと思っています。
저는 장래에 대학교에서 가르치고 싶습니다.

15 とちゅう ⑲
途中
명 도중

途中で 少し休みました。
도중에 조금 쉬었습니다.

16 つごう ⑫㉑㉓㉔
都合
명 형편, 사정

都合 が よろしければ、オフィスに来てください。
시간이 되신다면 오피스로 와 주세요.

17 さいきん ㉓
最近
명 최근

最近 仕事が いそがしくて 帰るのが 遅く なる ことが 多いです。
최근 일이 바빠서 귀가하는 것이 늦어질 때가 많습니다.

18 なが
長い
イ 길다

レポートを 書くのに 長い 時間が かかった。
레포트를 쓰는데 오랜 시간이 걸렸다.

19 みじか
短い
イ 짧다

この 10年間は 長くて 短い 時間でした。
이 10년간은 길고도 짧은 시간이었습니다.

20 はや ㉔
早い
イ (시간이) 이르다

疲れて いたから 早く 寝ようと 思います。
피곤해서 일찍 자려고 합니다.

# DAY 5 데일리 테스트

- 단어의 읽는 법이나 쓰는 법을 고르고, 밑줄에 뜻을 써 보세요.

| | | | |
|---|---|---|---|
| 1 遅れる | ① おくれる | ② おそれる | ______ |
| 2 今度 | ① こんどう | ② こんど | ______ |
| 3 今夜 | ① こんや | ② こんよる | ______ |
| 4 夕方 | ① ゆうがた | ② ゆがた | ______ |
| 5 以上 | ① いじょ | ② いじょう | ______ |

- 단어의 뜻을 찾아 줄을 그어 보세요.

| | | | |
|---|---|---|---|
| 6 最初(さいしょ) | • | • | ① 형편, 사정 |
| 7 将来(しょうらい) | • | • | ② 최초, 처음 |
| 8 都合(つごう) | • | • | ③ 시간에 맞게 당도하다 |
| 9 間(ま)に合(あ)う | • | • | ④ 최후 |
| 10 最後(さいご) | • | • | ⑤ 장래, 미래 |

DAY5 데일리 테스트 정답

1 ① 늦다 2 ② 이번, 이 다음 3 ① 오늘 밤 4 ① 저녁 무렵 5 ② 이상
6 ② 7 ⑤ 8 ① 9 ③ 10 ④

# DAY 6 패션

1회 2회 3회

예문과 함께 적중 어휘를 외워 봅시다. MP3 2-3-6

**01** 青い(あお) ⑪

[イ] 파랗다

すずきさんは ✎青い シャツを 着(き)て います。

스즈키 씨는 파란 셔츠를 입고 있습니다.

**02** 赤い(あか) ⑬⑲㉒

[イ] 빨갛다

この 赤い 自転車(じてんしゃ)は だれのですか。

이 빨간 자전거는 누구 거예요?

**03** 白い(しろ) ⑪㉑㉓

[イ] 하얗다

彼女(かのじょ)は 白い くつを はいて いた。

그녀는 하얀 구두를 신고 있었다.

**04** 黒い(くろ) ⑮

[イ] 검다

母(はは)が 赤(あか)い ベルトと 黒い ドレスを 買(か)って くれました。

어머니가 빨간 벨트와 검은 드레스를 사 주었습니다.

**05** きいろい

[イ] 노랗다

女(おんな)の子(こ)は きいろい リボンを つけて いた。

여자 아이는 노란 리본을 달고 있었다.

**06** 似合う(にあ) ⑩⑬⑲

[동] 어울리다

私(わたし)に 似合う スーツを 見(み)つけました。

저에게 어울리는 슈트(양복)를 찾았습니다.

**07** ちゃいろ
**茶色**
명 갈색

茶色 のドレスに合(あ)うくつをさがしています。
갈색 드레스에 맞는 구두를 찾고 있습니다.

**08** **みどり**
명 초록, 녹색

その みどり のぼうしはあなたによく似合(にあ)うと思(おも)います。
그 녹색 모자는 당신에게 잘 어울린다고 생각합니다.

**09** ようふく
**洋服**
명 양복, 옷

母(はは)の誕生日(たんじょうび)に花(はな)と 洋服 をプレゼントしました。
어머니 생일에 꽃과 옷을 선물했습니다.
＋ 服（ふく）명 옷

**10** **てぶくろ**
명 장갑

寒(さむ)くなって新(あたら)しい てぶくろ を買(か)いました。
추워져서 새로운 장갑을 샀습니다.

**11** **ゆびわ**
명 반지

この ゆびわ は高(たか)いですね。もっと安(やす)いのを見(み)せてください。
이 반지는 비싸네요. 더 싼 것을 보여주세요.

**12** き
**着る**
동 입다

日本人(にほんじん)でもきものを 着る のは大変(たいへん)です。
일본인이라도 기모노를 입는 것은 힘듭니다.
↔ ぬぐ 동 벗다

**13** あたら
**新しい** ⑬
イ 새롭다

新しい かぐがほしいです。
새로운 가구를 갖고 싶습니다.

14 上着(うわぎ)

명 겉옷

上着 を 脱(ぬ)いでも いいですか。

겉 옷을 벗어도 됩니까?

↔ 下着 (したぎ) 명 속옷

---

15 はく

동 신다,
(바지 등을) 입다

明日(あした)は 大事(だいじ)な お客(きゃく)さまに 会(あ)うから、新(あたら)しい くつを はいて きて ください。

내일은 중요한 손님을 만나니까 새 구두를 신고 오세요.

---

16 違(ちが)う

동 다르다

せいふくは 学校(がっこう)に よって 違います 。

교복은 학교에 따라 다릅니다.

---

17 選(えら)ぶ

동 선택하다

弟(おとうと)と そうだんして 母(はは)に あげる プレゼントを 選びました 。

남동생과 상의해서 어머니에게 줄 선물을 골랐습니다.

---

18 とりかえる ⑫

동 바꾸다, 교환하다

服(ふく)が 大(おお)きいので とりかえて ください。

옷이 크니까 바꿔 주세요.

---

19 かぶる

동 (모자 등을) 쓰다

そふは いつも ぼうしを かぶって 出(で)かけます。

할아버지는 항상 모자를 쓰고 외출합니다.

---

20 同(おな)じだ

ナ 같다

友(とも)だちと 同じ 色(いろ)の かばんを 買(か)いました。

친구들과 같은 색의 가방을 샀습니다.

＋ 同じだ가 명사를 꾸밀 때 주의사항!

同じだ+명사=同じ~~な~~명사

# DAY 6 데일리 테스트

- 단어의 읽는 법이나 쓰는 법을 고르고, 밑줄에 뜻을 써 보세요.

| | | | |
|---|---|---|---|
| **1** くろい | ① 白い | ② 黒い | ________ |
| **2** あたらしい | ① 新しい | ② 親しい | ________ |
| **3** 違う | ① ちがう | ② ちかう | ________ |
| **4** あかい | ① 明い | ② 赤い | ________ |
| **5** 青い | ① あおい | ② しろい | ________ |

- 단어의 뜻을 찾아 줄을 그어 보세요.

| | | | |
|---|---|---|---|
| **6** きいろい | • | • | ① (모자 등을) 쓰다 |
| **7** はく | • | • | ② 신다, (바지 등을) 입다 |
| **8** 似合う(にあ) | • | • | ③ 노랗다 |
| **9** かぶる | • | • | ④ 바꾸다, 교환하다 |
| **10** とりかえる | • | • | ⑤ 어울리다 |

DAY6 데일리 테스트 **정답**

**1** ② 검다 **2** ① 새롭다 **3** ① 다르다 **4** ② 빨갛다 **5** ① 파랗다
**6** ③ **7** ② **8** ⑤ **9** ① **10** ④

WEEK 03

# 실력 체크

한 주 동안 외운 단어를
점검해 봅시다!

## DAY 1

학습 날짜 ____/____ 달성 목표 20개 중 ____개 암기!

단어의 읽는 법과 의미를 써 봅시다. MP3 2-3-1

| 단어 | 읽는 법 / 의미 |
|---|---|
| □ 兄 | 읽는 법<br>의 미 |
| □ 妹 | 읽는 법<br>의 미 |
| □ 家族 | 읽는 법<br>의 미 |
| □ 両親 | 읽는 법<br>의 미 |
| □ 母親 | 읽는 법<br>의 미 |
| □ そふ | 읽는 법<br>의 미 |
| □ 自分 | 읽는 법<br>의 미 |
| □ 男性 | 읽는 법<br>의 미 |
| □ おおぜい | 읽는 법<br>의 미 |
| □ きびしい | 읽는 법<br>의 미 |

| 단어 | 읽는 법 / 의미 |
|---|---|
| □ 親切だ | 읽는 법<br>의 미 |
| □ 大切だ | 읽는 법<br>의 미 |
| □ にる | 읽는 법<br>의 미 |
| □ あいさつ | 읽는 법<br>의 미 |
| □ うそ | 읽는 법<br>의 미 |
| □ (お)れい | 읽는 법<br>의 미 |
| □ (お)いわい | 읽는 법<br>의 미 |
| □ あやまる | 읽는 법<br>의 미 |
| □ おこる | 읽는 법<br>의 미 |
| □ ほめる | 읽는 법<br>의 미 |

## DAY 2

학습 날짜 ____/____ 달성 목표 20개 중 ____개 암기!

단어의 읽는 법과 의미를 써 봅시다. MP3 2-3-2

| 단어 | | 단어 | |
|---|---|---|---|
| □ 運動 | 읽는 법<br>의 미 | □ つまらない | 읽는 법<br>의 미 |
| □ 映画 | 읽는 법<br>의 미 | □ 上手だ | 읽는 법<br>의 미 |
| □ 音楽 | 읽는 법<br>의 미 | □ 下手だ | 읽는 법<br>의 미 |
| □ 写真 | 읽는 법<br>의 미 | □ 経験 | 읽는 법<br>의 미 |
| □ 泳ぐ | 읽는 법<br>의 미 | □ 予定 | 읽는 법<br>의 미 |
| □ おどる | 읽는 법<br>의 미 | □ しゅみ | 읽는 법<br>의 미 |
| □ 小説 | 읽는 법<br>의 미 | □ 遊ぶ | 읽는 법<br>의 미 |
| □ 旅行 | 읽는 법<br>의 미 | □ かつ | 읽는 법<br>의 미 |
| □ 思い出 | 읽는 법<br>의 미 | □ まける | 읽는 법<br>의 미 |
| □ 楽しい | 읽는 법<br>의 미 | □ 泊まる | 읽는 법<br>의 미 |

## DAY 3

학습 날짜 ____/____ 달성 목표 20개 중 ____개 암기!

 단어의 읽는 법과 의미를 써 봅시다. MP3 2-3-3

| 단어 | | 단어 | |
|---|---|---|---|
| □ 体 | 읽는 법<br>의 미 | □ うで | 읽는 법<br>의 미 |
| □ 頭 | 읽는 법<br>의 미 | □ かみ | 읽는 법<br>의 미 |
| □ 足 | 읽는 법<br>의 미 | □ 低い | 읽는 법<br>의 미 |
| □ 顔 | 읽는 법<br>의 미 | □ 首 | 읽는 법<br>의 미 |
| □ とじる | 읽는 법<br>의 미 | □ のど | 읽는 법<br>의 미 |
| □ 眠い | 읽는 법<br>의 미 | □ せなか | 읽는 법<br>의 미 |
| □ 指 | 읽는 법<br>의 미 | □ 声 | 읽는 법<br>의 미 |
| □ 歯 | 읽는 법<br>의 미 | □ 力 | 읽는 법<br>의 미 |
| □ おなか | 읽는 법<br>의 미 | □ ふとい | 읽는 법<br>의 미 |
| □ せ | 읽는 법<br>의 미 | □ ほそい | 읽는 법<br>의 미 |

## DAY 4

학습 날짜 ____/____  달성 목표 20개 중 ____개 암기!

단어의 읽는 법과 의미를 써 봅시다.  MP3 2-3-4

| 단어 | | 단어 | |
|---|---|---|---|
| □ 薬 | 읽는 법<br>의 미 | □ たおれる | 읽는 법<br>의 미 |
| □ ねつ | 읽는 법<br>의 미 | □ 強い | 읽는 법<br>의 미 |
| □ 入院 | 읽는 법<br>의 미 | □ 弱い | 읽는 법<br>의 미 |
| □ 気分 | 읽는 법<br>의 미 | □ きんえん | 읽는 법<br>의 미 |
| □ (お)みまい | 읽는 법<br>의 미 | □ しゅうかん | 읽는 법<br>의 미 |
| □ ふとる | 읽는 법<br>의 미 | □ けんこう | 읽는 법<br>의 미 |
| □ 病気 | 읽는 법<br>의 미 | □ ぐあい | 읽는 법<br>의 미 |
| □ けが | 읽는 법<br>의 미 | □ やめる | 읽는 법<br>의 미 |
| □ かぜ | 읽는 법<br>의 미 | □ 元気だ | 읽는 법<br>의 미 |
| □ なおる | 읽는 법<br>의 미 | □ 心配だ | 읽는 법<br>의 미 |

## DAY 5

학습 날짜 ____/____ 달성 목표 20개 중 ____개 암기!

단어의 읽는 법과 의미를 써 봅시다.

MP3 2-3-5

| 단어 | | 단어 | |
|---|---|---|---|
| □ 今度 | 읽는 법<br>의 미 | □ 以上 | 읽는 법<br>의 미 |
| □ 一度 | 읽는 법<br>의 미 | □ 以前 | 읽는 법<br>의 미 |
| □ 最初 | 읽는 법<br>의 미 | □ 午前 | 읽는 법<br>의 미 |
| □ 最後 | 읽는 법<br>의 미 | □ 将来 | 읽는 법<br>의 미 |
| □ 遅れる | 읽는 법<br>의 미 | □ 途中 | 읽는 법<br>의 미 |
| □ 間に合う | 읽는 법<br>의 미 | □ 都合 | 읽는 법<br>의 미 |
| □ 今夜 | 읽는 법<br>의 미 | □ 最近 | 읽는 법<br>의 미 |
| □ 夕方 | 읽는 법<br>의 미 | □ 長い | 읽는 법<br>의 미 |
| □ 昼休み | 읽는 법<br>의 미 | □ 短い | 읽는 법<br>의 미 |
| □ 毎朝 | 읽는 법<br>의 미 | □ 早い | 읽는 법<br>의 미 |

# DAY 6

학습 날짜 ___/___ 달성 목표 20개 중 ___개 암기!

단어의 읽는 법과 의미를 써 봅시다. MP3 2-3-6

| 단어 | | 단어 | |
|---|---|---|---|
| □ 青い | 읽는 법<br>의 미 | □ ゆびわ | 읽는 법<br>의 미 |
| □ 赤い | 읽는 법<br>의 미 | □ 着る | 읽는 법<br>의 미 |
| □ 白い | 읽는 법<br>의 미 | □ 新しい | 읽는 법<br>의 미 |
| □ 黒い | 읽는 법<br>의 미 | □ 上着 | 읽는 법<br>의 미 |
| □ きいろい | 읽는 법<br>의 미 | □ はく | 읽는 법<br>의 미 |
| □ 似合う | 읽는 법<br>의 미 | □ 違う | 읽는 법<br>의 미 |
| □ 茶色 | 읽는 법<br>의 미 | □ 選ぶ | 읽는 법<br>의 미 |
| □ みどり | 읽는 법<br>의 미 | □ とりかえる | 읽는 법<br>의 미 |
| □ 洋服 | 읽는 법<br>의 미 | □ かぶる | 읽는 법<br>의 미 |
| □ てぶくろ | 읽는 법<br>의 미 | □ 同じだ | 읽는 법<br>의 미 |

# 실전 JLPT 도전

**문제 1** ＿＿의 단어는 히라가나로 어떻게 씁니까? 1·2·3·4 중 가장 적당한 것을 하나 고르세요.

**1** 日本(にほん)で　いろいろな　<u>経験</u>を　しました。일본에서 여러 가지 경험을 했습니다.

1　けいけん　2　けいげん　3　けけん　4　けげん

**2** 今日(きょう)は　<u>強い</u>　かぜが　ふいて　います。오늘은 강한 바람이 불고 있습니다.

1　つめたい　2　あたたかい

3　よわい　4　つよい

**문제 2** ＿＿의 단어는 어떻게 씁니까? 1·2·3·4에서 가장 적당한 것을 하나 고르세요.

**3** この　<u>あかい</u>　じてんしゃは　だれのですか。

이 빨간 자전거는 누구 것입니까?

1　黒い　2　青い　3　赤い　4　白い

**4** この　<u>くすり</u>は　いくらですか。이 약은 얼마입니까?

1　果　2　楽　3　菓　4　薬

**문제 3** (　　)에 무엇을 넣습니까? 1·2·3·4에서 가장 적당한 것을 하나 고르세요.

**5** かいだんから　おちて、足を（　　）しまった。

계단에서 떨어져서 다리를 다치고 말았다.

1　しっぱいして　2　すてて

3　わって　4　けがして

**6** あには　来月に　きこくする　（　　　）です。

형(오빠)은 다음 달에 귀국할 예정입니다.

1　じゅんび　2　よてい　3　そうだん　4　れんらく

**문제 4** ＿＿의 문장과 대체로 같은 의미의 문장이 있습니다. 1·2·3·4에서 가장 적당한 것을 하나 고르세요.

**7** さいしょの　ページを　みて　ください。 첫 페이지를 봐 주세요.

1　おわりの　ページを　みて　ください

2　はじめの　ページを　みて　ください

3　つぎの　ページを　みて　ください

4　まえの　ページを　みて　ください

**문제 5** 다음 단어의 쓰임으로 가장 적당한 것을 1·2·3·4에서 하나 고르세요.

**8** あやまる　사과하다

1　みちが　わからなくて　ちかくの　人に　あやまりました。

2　やくそくの　時間に　おくれて　あやまりました。

3　みずが　ほしかったので、てんいんに　あやまりました。

4　しゃしんを　とって　もらったので　あやまりました。

**실전 JLPT 도전 정답**

**1** 1　**2** 4　**3** 3　**4** 4　**5** 4　**6** 2　**7** 2　**8** 2

# 4 주 째

# DAY 1 공부

1회 2회 3회

예문과 함께 적중 어휘를 외워 봅시다. MP3 2-4-1

| | 어휘 | 예문 |
|---|---|---|
| 01 | べんきょう<br>**勉強する** ⑫<br>명 공부하다 | 両親(りょうしん)に反対(はんたい)されても東京(とうきょう)で **勉強** するつもりです。<br>부모님이 반대해도 도쿄에서 공부할 생각입니다. |
| 02 | けんきゅう<br>**研究する** ⑫⑮⑲<br>명 연구하다 | 私(わたし)は大学院(だいがくいん)で **研究** をして、大学(だいがく)で教(おし)えたいと思(おも)っています。<br>저는 대학원에서 연구를 해서 대학교에서 가르치고 싶습니다. |
| 03 | せつめい<br>**説明する** ⑩㉒㉔<br>명 설명하다 | この本(ほん)には英語(えいご)の **説明** も書(か)いてあります。<br>이 책에는 영어 설명도 쓰여 있습니다. |
| 04 | いけん<br>**意見** ⑭㉑㉓<br>명 의견 | クラスのみんなに **意見** を聞(き)いて決(き)めましょう。<br>반 친구 모두의 의견을 듣고 정합시다. |
| 05 | **おぼえる** ⑫㉒<br>동 익히다, 외우다 | 私(わたし)は名前(なまえ)を **おぼえる** のが下手(へた)です。<br>저는 이름을 외우는 것이 서툽니다. |
| 06 | かぞ<br>**数える** ⑫㉒<br>동 (수를) 세다, 계산하다 | はこの中(なか)にりんごがいくつあるか **数えて** ください。<br>상자 안에 사과가 몇 개 있는지 세어 주세요. |

07 試験(しけん)
명 시험

今日(きょう)は 試験 だから 昨日(きのう)は バイトを 休(やす)んだ。
오늘은 시험이라서 어제는 아르바이트를 쉬었다.

08 質問(しつもん)する
명 질문하다

先生(せんせい)は 私(わたし)に 難(むずか)しい 質問 を した。
선생님은 나에게 어려운 질문을 했다.

09 字(じ) ⑩
명 글씨

字 を もっと ていねいに 書(か)いて ください。
글씨를 더 정성껏 써 주세요.

10 問題(もんだい)
명 문제

この 問題 は とても 重要(じゅうよう)です。
이 문제는 매우 중요합니다.

11 難(むずか)しい
イ 어렵다

英語(えいご)を はつおんする ことは 難しい です。
영어를 발음하는 것은 어렵습니다.

12 やさしい
イ 쉽다, 용이하다

この 本(ほん)は 私(わたし)が 読(よ)めるほど やさしい 。
이 책은 내가 읽을 수 있을 만큼 쉽다.

13 簡単(かんたん)だ
ナ 간단하다, 쉽다

英語(えいご)は 簡単ではない が、おもしろいです。
영어는 간단하지 않지만 재밌습니다.

14 地理(ちり) ⑫
명 지리

日本(にほん)の ✎地理 について よく 知(し)っています。
일본 지리에 대해서 잘 알고 있습니다.

15 テキスト
명 교과서

テキスト の 10ページを 開(ひら)いて ください。
교과서 10페이지를 펼쳐 주세요.

16 ふくしゅうする ㉔
명 복습하다

毎日(まいにち) ふくしゅう するのが 一番(いちばん) 大切(たいせつ)です。
매일 복습하는 것이 가장 중요합니다.

17 よしゅうする ⑳㉑
명 예습하다

子(こ)どもたちは 授業(じゅぎょう)の よしゅう で いそがしい。
아이들은 수업 예습으로 바쁘다.

18 練習(れんしゅう)する
명 연습하다

私(わたし)は 10年間(ねんかん) 毎日(まいにち) ピアノの 練習 を しています。
저는10년간 매일 피아노 연습을 하고 있습니다.

19 がんばる
동 분발하다, 힘내다

すずき君(くん)は いつも がんばって 勉強(べんきょう)している。
스즈키 군은 열심히 공부하고 있다.

20 ねっしんだ
ナ 열심이다

弟(おとうと)は ねっしんに ニュースを 聞(き)いている。
남동생은 열심히 뉴스를 듣고 있다.

# DAY 1 데일리 테스트

• 단어의 읽는 법이나 쓰는 법을 고르고, 밑줄에 뜻을 써 보세요.

| | | | |
|---|---|---|---|
| 1 研究 | ① けんきゅう | ② げんきゅう | ________ |
| 2 かぞえる | ① 教える | ② 数える | ________ |
| 3 地理 | ① ちり | ② じり | ________ |
| 4 べんきょう | ① 勉強 | ② 強勉 | ________ |
| 5 説明 | ① せいめい | ② せつめい | ________ |

• 단어의 뜻을 찾아 줄을 그어 보세요.

| | | | |
|---|---|---|---|
| 6 やさしい | • | • | ① 간단하다 |
| 7 おぼえる | • | • | ② 외우다 |
| 8 ふくしゅう | • | • | ③ 열심이다 |
| 9 ねっしんだ | • | • | ④ 쉽다, 용이하다 |
| 10 簡単(かんたん)だ | • | • | ⑤ 복습 |

DAY1 데일리 테스트 **정답**

1 ① 연구 2 ② (수를) 세다 3 ① 지리 4 ① 공부 5 ② 설명
6 ④ 7 ② 8 ⑤ 9 ③ 10 ①

# DAY 2 학교

1회 2회 3회

예문과 함께 적중 어휘를 외워 봅시다. MP3 2-4-2

01
きょうしつ
**教室**
[명] 교실

学生(がくせい)たちは ✎教室 に 集(あつ)まった。
학생들은 교실에 모였다.
+ こくばん [명] 칠판

02
としょかん
**図書館**
[명] 도서관

この 図書館 は 本(ほん)を 2 週間(しゅうかん) 借(か)りる ことができます。
이 도서관은 책을 2주간 빌릴 수 있습니다.

03
じゅぎょう
**授業する**
[명] 수업하다

明日(あした)は 日本語(にほんご)の 授業 が ないので、テキストは 持(も)って 来(こ)なくても いいです。
내일은 일본어 수업이 없어서, 교과서는 가져오지 않아도 됩니다.

04 [11]
**ちこくする**
[명] 지각하다

授業(じゅぎょう)に ちこく して すみません。
수업에 지각해서 죄송합니다.

05 [11] [24]
おし
**教える**
[동] 가르치다

この 漢字(かんじ)の 読(よ)み方(かた)を 教えて ください。
이 한자의 읽는 법을 가르쳐 주세요.

06 [12]
**さわぐ**
[동] 떠들다

教室(きょうしつ)で こどもが さわいで いて うるさいです。
교실에서 아이들이 떠들고 있어서 시끄럽습니다.

07 入学(にゅうがく)する
명 입학하다

私(わたし)は東京大学(とうきょうだいがく)に 入学 しました。
저는 도쿄대학에 입학했습니다.

08 卒業(そつぎょう)する
명 졸업하다

大学(だいがく)を 卒業 した後(あと)、先生(せんせい)になろうと思(おも)います。
대학을 졸업한 후, 선생님이 되려고 합니다.

09 出席(しゅっせき)する
명 출석하다

先生(せんせい)は 出席 をとりました。
선생님은 출석을 부르셨습니다.

10 せんぱい
명 선배

せんぱい にノートパソコンを借(か)りました。
선배에게 노트북을 빌렸습니다.
↔ こうはい 명 후배

11 相談(そうだん)する
명 상담하다

大学(だいがく)のことで先生(せんせい)と 相談 した。
대학에 관한 일로 선생님과 상담했다.

12 通(かよ)う (22)
동 다니다

学校(がっこう)に 通う ために自転車(じてんしゃ)を買(か)いました。
학교를 다니기 위해서 자전거를 샀습니다.

13 うるさい
イ 시끄럽다

外(そと)から工事(こうじ)の音(おと)がして うるさい です。
밖에서 공사하는 소리가 나서 시끄럽습니다.

14 えいご
**英語**
명 영어

私(わたし)は 中国語(ちゅうごくご)も 英語 も 話(はな)せます。
저는 중국어도 영어도 말할 수 있습니다.
+ 中国語 (ちゅうごくご) 명 중국어

---

15 ぶんぽう
**文法**
명 문법

文法 の 授業(じゅぎょう)が むずかしく なりました。
문법 수업이 어려워졌습니다.
+ 国語 (こくご) 명 국어

---

16 さくぶん
**作文**する
명 작문하다

ジョンさんは 私(わたし)の 作文 を なおして くれました。
존 씨는 저의 작문을 고쳐 주었습니다.
+ 会話 (かいわ) 명 회화

---

17 かんじ
**漢字**
명 한자

漢字 は 読(よ)むのが 難(むずか)しいです。
한자는 읽는 것이 어렵습니다.

---

18 いみ
**意味**
명 의미

この ことばは どういう 意味 ですか。
이 말은 어떤 의미입니까?

---

19 はつおん
**発音**する
명 발음하다

私(わたし)は 英語(えいご)の はつおん を よく 注意(ちゅうい)されます。
저는 영어 발음을 자주 주의받습니다.

---

20
**くばる**
동 나눠주다

先生(せんせい)は 学生(がくせい)たちに プリントを くばりました。
선생님은 학생들에게 프린트를 나눠줬습니다.

## DAY 2 데일리 테스트

- 단어의 읽는 법이나 쓰는 법을 고르고, 밑줄에 뜻을 써 보세요.

| | | | |
|---|---|---|---|
| 1 おしえる | ① 数える | ② 教える | ________ |
| 2 相談 | ① そだん | ② そうだん | ________ |
| 3 授業 | ① じゅぎょう | ② じゅぎょ | ________ |
| 4 かよう | ① 運う | ② 通う | ________ |
| 5 そつぎょう | ① 卒業 | ② 率業 | ________ |

- 단어의 뜻을 찾아 줄을 그어 보세요.

| | | | |
|---|---|---|---|
| 6 うるさい | • | • | ① 나눠 주다 |
| 7 ちこく | • | • | ② 지각 |
| 8 くばる | • | • | ③ 시끄럽다 |
| 9 せんぱい | • | • | ④ 떠들다 |
| 10 さわぐ | • | • | ⑤ 선배 |

DAY2 데일리 테스트 정답

1 ② 가르치다 2 ② 상담 3 ① 수업 4 ② 다니다 5 ① 졸업
6 ③ 7 ② 8 ① 9 ⑤ 10 ④

# DAY 3 쇼핑

1회 2회 3회

예문과 함께 적중 어휘를 외워 봅시다. MP3 2-4-3

| | |
|---|---|
| 01 ⑮⑯⑱<br>おみやげ<br>명 기념품, 토산품 | 彼女(かのじょ)は来(く)るたびに おみやげ を持(も)って来(き)ます。<br>그녀는 올 때마다 기념품을 가져옵니다. |
| 02 ⑩⑬⑲㉑㉒<br>営業(えいぎょう)する<br>명 영업하다 | 今日(きょう)の 営業 はもう終(お)わりました。<br>오늘 영업은 이미 끝났습니다. |
| 03 ⑩⑳<br>住所(じゅうしょ)<br>명 주소 | この紙(かみ)に 住所 を書(か)いてください。<br>이 종이에 주소를 써 주세요. |
| 04 ⑮⑳<br>ちょきんする<br>명 저금하다 | 車(くるま)を買(か)うために ちょきん しています。<br>차를 사기 위해서 저금을 하고 있습니다. |
| 05 ⑮⑳<br>売(う)る<br>동 팔다 | あの店(みせ)では子(こ)ども服(ふく)を 売って います。<br>저 매장에서는 아동복을 팔고 있습니다.<br>+ 売れる(うれる) ⑳ 동 팔리다 |
| 06<br>買(か)う<br>동 사다 | 先週(せんしゅう) 買って きた絵(え)を かざりました。<br>지난주에 사 온 그림을 장식했습니다. |

07 **ねだん** [22]
[명] 가격

この テレビは 大(おお)きくて ✎ねだん も 高(たか)い。
이 텔레비전은 커서 가격도 비싸다.

08 **無料(むりょう)**
[명] 무료

この 美術館(びじゅつかん)は 65才(さい) 以上(いじょう)の 方(かた)なら 無料 です。
이 미술관은 65세 이상인 분이라면 무료입니다.

09 **料金(りょうきん)**
[명] 요금

来月(らいげつ) タクシーの 料金 が あがります。
다음 달 택시 요금이 인상됩니다.

10 **おつり**
[명] 거스름돈

500円(えん)の おつり です。
거스름돈 500엔입니다.

11 **払(はら)う** [11]
[동] 지불하다

今月(こんげつ)の やちんを 払う のを 忘(わす)れました。
이번 달 월세를 지불하는 것을 깜빡했습니다.

12 **大(おお)きい**
[イ] 크다

大きい デパートが できて 便利(べんり)に なりました。
큰 백화점이 생겨서 편리해졌습니다.
↔ 小さい (ちいさい) [イ] 작다

13 **高(たか)い** [14]
[イ] 높다, 비싸다

この ビルは 世界(せかい)で いちばん 高い 。
이 빌딩은 세계에서 가장 높다.
↔ 安い (やすい) [イ] 싸다

| | |
|---|---|
| 14 えんりょする ⑬㉒<br>명 사양하다 | どうぞ えんりょ しないで たくさん 食(た)べて ください。<br>부디 사양하지 말고 많이 드세요. |
| 15 じょうほう<br>명 정보 | ファッションの じょうほう を 教(おし)えて くれる アプリも あります。<br>패션 정보를 가르쳐 주는 어플도 있습니다. |
| 16 せいひん<br>명 제품 | この せいひん は イタリア製(せい)です。<br>이 제품은 이탈리아 제품입니다.<br>+ 品物 (しなもの) 명 물건, 상품 |
| 17 楽(たの)しみ<br>명 즐거움, 낙 | 私(わたし)は 買(か)い物(もの)に 行(い)くのが 楽しみ です。<br>저는 쇼핑하러 가는 것이 즐거움입니다. |
| 18 試着(しちゃく)する<br>명 (옷이 맞는지) 입어 봄, 피팅하다 | この スカートを 試着 しても いいでしょうか。<br>이 스커트 입어 봐도 될까요? |
| 19 売店(ばいてん)<br>명 매점 | 売店 で おみやげを 買(か)いました。<br>매점에서 기념품을 샀습니다. |
| 20 もうしこむ<br>동 신청하다 | 東京(とうきょう)オリンピックの チケットを もうしこんだ 。<br>도쿄 올림픽 티켓을 신청했다. |

# DAY 3 데일리 테스트

● 단어의 읽는 법이나 쓰는 법을 고르고, 밑줄에 뜻을 써 보세요.

| | | | |
|---|---|---|---|
| **1** 営業 | ① のうぎょう | ② えいぎょう | ________ |
| **2** うる | ① 売る | ② 買う | ________ |
| **3** はらう | ① 仏う | ② 払う | ________ |
| **4** 高い | ① たかい | ② やすい | ________ |
| **5** 住所 | ① じゅしょ | ② じゅうしょ | ________ |

● 단어의 뜻을 찾아 줄을 그어 보세요.

| | | |
|---|---|---|
| **6** えんりょ | • | • ① 신청하다 |
| **7** もうしこむ | • | • ② 토산품, 기념품 |
| **8** せいひん | • | • ③ 저금 |
| **9** おみやげ | • | • ④ 사양 |
| **10** ちょきん | • | • ⑤ 제품 |

DAY3 데일리 테스트 정답

**1** ② 영업 **2** ① 팔다 **3** ② 지불하다 **4** ① 비싸다 **5** ② 주소
**6** ④ **7** ① **8** ⑤ **9** ② **10** ③

# DAY 4 경제

1회 2회 3회

예문과 함께 적중 어휘를 외워 봅시다.

MP3 2-4-4

| | | |
|---|---|---|
| 01 | けいざい<br>명 경제 | 世界(せかい)の けいざい は あまり よく ない。<br>세계 경제는 별로 좋지 않다. |
| 02 | 世界(せかい) ⑬⑲<br>명 세계 | この ビルは 世界 で いちばん 高(たか)い。<br>이 빌딩은 세계에서 가장 높다. |
| 03 | 人口(じんこう) ⑫㉔<br>명 인구 | この 町(まち)は 人口 が ふえて います。<br>이 마을은 인구가 증가하고 있습니다. |
| 04 | ゆしゅつする ⑬<br>명 수출하다 | この 国(くに)は こめを ゆしゅつ して います。<br>이 나라는 쌀을 수출하고 있습니다. |
| 05 | ゆにゅうする<br>명 수입하다 | これは ドイツから ゆにゅう した 車(くるま)です。<br>이것은 독일에서 수입한 차입니다. |
| 06 | 生活(せいかつ)する<br>명 생활하다 | いなかで 生活 したいと 考(かんが)えて いる 人(ひと)が 多(おお)いです。<br>시골에서 생활하고 싶다고 생각하고 있는 사람이 많습니다. |

| | |
|---|---|
| 07 ぼうえきする<br>명 무역하다 | 日本(にほん)は 多(おお)くの 外国(がいこく)と ✎ぼうえき をしている。<br>일본은 많은 외국과 무역을 하고 있다. |
| 08 しょるい<br>명 서류 | この しょるい にサインしてください。<br>이 서류에 사인해 주세요. |
| 09 海外(かいがい)<br>명 해외 | はじめて 海外 旅行(りょこう)に 行(い)った。<br>처음 해외여행을 갔다. |
| 10 紹介(しょうかい)する<br>명 소개하다 | 安(やす)い ホテルを 紹介 してください。<br>저렴한 호텔을 소개해 주세요. |
| 11 すごい<br>イ 굉장하다 | 毎月(まいつき) お金(かね)を ちょきんするなんて、 すごい ことだと 思(おも)う。<br>매달 돈을 저금하다니 굉장한 일이라고 생각한다. |
| 12 残念(ざんねん)だ ⑬⑮<br>ナ 유감스럽다 | とても 行(い)きたかったのに 旅行(りょこう)が 中止(ちゅうし)に なって 残念です 。<br>매우 가고 싶었는데 여행이 중지되어 유감스럽습니다. |
| 13 さかんだ<br>ナ 활발하다, 번창하다 | 日本(にほん)は カナダとの ぼうえきが さかんだ 。<br>일본은 캐나다와의 무역이 활발하다. |

| | |
|---|---|
| 14 こうぎょう 工業<br>명 공업 | この町(まち)は 工業 が さかんだ。<br>이 마을은 공업이 활발하다.<br>+ 産業(さんぎょう) 명 산업 \| 農業(のうぎょう) 명 농업 |
| 15 さんかする<br>명 참가하다 | 彼(かれ)は オリンピックに さんか した。<br>그는 올림픽에 참가했다. |
| 16 こくさい<br>명 국제 | 私(わたし)は こくさい 問題(もんだい)に きょうみが あります。<br>저는 국제 문제에 흥미가 있습니다. |
| 17 はいたつする<br>명 배달하다 | 郵便(ゆうびん)は 1日(にち)1回(かい) はいたつ されます。<br>우편은 1일 1회 배달됩니다. |
| 18 くらべる<br>동 비교하다 | 去年(きょねん)に くらべて やさいの ねだんが あがりました。<br>작년에 비해 채소 가격이 올랐습니다. |
| 19 あがる<br>동 (물가 등이) 오르다 | コーヒーの ねだんが 10% あがりました。<br>커피 가격이 10% 올랐습니다. |
| 20 ほしい<br>イ 갖고 싶다, 원하다 | もっと 大(おお)きい れいぞうこが ほしい です。<br>좀 더 큰 냉장고를 갖고 싶습니다. |

# DAY 4 데일리 테스트

- 단어의 읽는 법이나 쓰는 법을 고르고, 밑줄에 뜻을 써 보세요.

| | | | |
|---|---|---|---|
| **1** 人口 | ① じんこう | ② にんこう | ________ |
| **2** せいかつ | ① 性活 | ② 生活 | ________ |
| **3** 紹介 | ① しょかい | ② しょうかい | ________ |
| **4** かいがい | ① 海外 | ② 侮外 | ________ |
| **5** 世界 | ① せいかい | ② せかい | ________ |

- 단어의 뜻을 찾아 줄을 그어 보세요.

| | | | |
|---|---|---|---|
| **6** こくさい | • | • | ① 수출 |
| **7** さかんだ | • | • | ② 국제 |
| **8** ゆしゅつ | • | • | ③ 비교하다 |
| **9** くらべる | • | • | ④ 활발하다, 번창하다 |
| **10** 残念だ(ざんねん) | • | • | ⑤ 유감스럽다 |

DAY4 데일리 테스트 정답

**1** ① 인구 **2** ② 생활 **3** ② 소개 **4** ① 해외 **5** ② 세계
**6** ② **7** ④ **8** ① **9** ③ **10** ⑤

# DAY 5 부사

1회 2회 3회

예문과 함께 적중 어휘를 외워 봅시다. MP3 2-4-5

---

01 **とくに** ⑩
특히

この本(ほん)は とくに 読(よ)むのが 難(むずか)しい。
이 책은 특히 읽는 게 어렵다.

---

02 **きゅうに**
갑자기

天気(てんき)が きゅうに 変(か)わった。
날씨가 갑자기 바뀌었다.

---

03 **さっき**
조금 전에

さっき 山田(やまだ)さんから 電話(でんわ)が ありました。
조금 전에 야마다 씨로부터 전화가 왔습니다.

---

04 **ぜひ** ⑪
부디, 꼭

ぜひ 一度(いちど) 読(よ)んで みて ください。
부디 한번 읽어 보세요.

---

05 **かならず** ㉑
반드시

レポートは かならず 5時(じ)までに 出(だ)して ください。
리포트는 반드시 5시까지 제출해 주세요.

---

06 **もっと**
좀 더

もっと きれいに 書(か)いて ください。
좀 더 깨끗이 써 주세요.

07 全然(ぜんぜん)~ない [11][13]

전혀 ~않다

こちらでは、✎ぜんぜん 日本語(にほんご)を使(つか)い ✎ません 。

여기에서는 전혀 일본어를 사용하지 않습니다.

08 あまり~ない

그다지 ~않다

日曜日(にちようび)は あまり 勉強(べんきょう)し ません 。

일요일은 별로 공부하지 않습니다.

⊕ あまり 뒤가 긍정문 일 때, '너무 ~하다'로 해석

09 なかなか~ない

좀처럼 ~않다

かぜが なかなか なおり ません 。

감기가 좀처럼 낫지 않습니다.

10 まっすぐ

똑바로, 곧장

郵便局(ゆうびんきょく)は まっすぐ 行(い)って ください。

우체국은 곧장 가 주세요.

11 もうすぐ [14]

이제 곧, 머지않아

もうすぐ 電車(でんしゃ)が 来(き)ます。

이제 곧 전철이 옵니다.

12 ちょうど [11]

마침, 꼭

ちょうど 今(いま) 食(た)べた ところです。

마침 지금 막 먹은 참입니다.

13 ずっと [22]

쭉, 계속

昨日(きのう)は ずっと 家(いえ)に いました。

어제는 쭉 집에 있었습니다.

⊕ ずっと는 '훨씬'이라는 의미도 가지고 있음

14 **にこにこ** ⑬㉒
생글생글, 싱글벙글

彼女(かのじょ)はいつも にこにこ しています。
그녀는 항상 싱글벙글하고 있습니다.

15 **どきどき**
두근두근

こわくて どきどき しました。
무서워서 두근거렸습니다.

16 **ときどき**
때때로, 가끔

私(わたし)は ときどき 図書館(としょかん)で 彼(かれ)に 会(あ)う。
나는 때때로 도서관에서 그를 만난다.
≒ たまに 가끔

17 **そろそろ**
이제 곧, 슬슬

そろそろ 家(いえ)に 帰(かえ)る 時間(じかん)です。
이제 곧 집에 돌아갈 시간입니다.

18 **だんだん**
점점

だんだん 明(あか)るく なって きた。
점점 밝아졌다.

19 **ぐっすり**
푹(깊은 잠을 자는 모양)

ぐっすり おやすみなさい。
푹 주무세요.

20 **びっくり**する
깜짝 놀라다

10年前(ねんまえ)の 母(はは)の 写真(しゃしん)を 見(み)て びっくり しました。
10년 전 어머니의 사진을 보고 깜짝 놀랐습니다.

# DAY 5 데일리 테스트

- 단어의 뜻을 찾아 줄을 그어 보세요.

| | | |
|---|---|---|
| **1** ぜひ | • | • ① 이제 곧, 머지않아 |
| **2** あまり~ない | • | • ② 부디, 꼭 |
| **3** 全然(ぜんぜん)~ない | • | • ③ 그다지 ~않다 |
| **4** とくに | • | • ④ 전혀 ~않다 |
| **5** もうすぐ | • | • ⑤ 특히 |

- 단어의 뜻을 찾아 줄을 그어 보세요.

| | | |
|---|---|---|
| **6** そろそろ | • | • ① 마침, 꼭 |
| **7** なかなか~ない | • | • ② 깜짝 |
| **8** ちょうど | • | • ③ 이제 곧, 슬슬 |
| **9** ぐっすり | • | • ④ 좀처럼 ~않다 |
| **10** びっくり | • | • ⑤ 푹 |

DAY5 데일리 테스트 **정답**

**1** ② **2** ③ **3** ④ **4** ⑤ **5** ①
**6** ③ **7** ④ **8** ① **9** ⑤ **10** ②

# DAY 6 자・타동사

1회 2회 3회

예문과 함께 적중 어휘를 외워 봅시다. MP3 2-4-6

01 集(あつ)まる

[자동] 모이다

学生(がくせい)が 集まりました 。

학생이 모였습니다.

02 集(あつ)める ⑫

[타동] 모으다

学生(がくせい)を 集めました 。

학생을 모았습니다.

03 決(き)まる ⑩⑱㉒

[자동] 결정되다

行(い)く場所(ばしょ)が 決まりました 。

갈 장소가 정해졌습니다.

04 決(き)める ⑫⑬㉔

[타동] 결정하다

行(い)く場所(ばしょ)を 決めました 。

갈 장소를 정했습니다.

05 落(お)ちる ⑭

[자동] 떨어지다

さいふが 落ちました 。

지갑이 떨어졌습니다.

06 落(お)とす ⑪⑬

[타동] 떨어뜨리다

さいふを 落としました 。

지갑을 떨어뜨렸습니다.

07 建(た)つ

[자동] 서다, 세워지다

建物(たてもの)が ✎建ちました 。

건물이 세워졌습니다.

08 建(た)てる ⑪

[타동] 세우다

建物(たてもの)を 建てました 。

건물을 세웠습니다.

09 始(はじ)まる

[자동] 시작되다

会議(かいぎ)が 始まりました 。

회의가 시작되었습니다.

10 始(はじ)める ⑫

[타동] 시작하다

会議(かいぎ)を 始めました 。

회의를 시작했습니다.

11 こわれる ⑮⑲㉒

[자동] 고장나다

パソコンが こわれました 。

컴퓨터가 고장났습니다.

12 こわす

[타동] 부수다, 고장내다

建物(たてもの)を こわしました 。

건물을 부쉈습니다.

13 とどく ㉓

[자동] 도착하다

にもつが とどきました 。

짐이 도착했습니다.

14 とどける ⑭
[타동] 보내다

にもつを ✎とどけました 。
짐을 보냈습니다.

15 出(で)る
[자동] 나오다

犬(いぬ)が 外(そと)に 出ました 。
강아지가 밖으로 나왔습니다.

16 出(だ)す
[타동] 내놓다, 제출하다

レポートを 出しました 。
리포트를 제출했습니다.

17 みつかる
[자동] 발견되다

かぎが みつかりました 。
열쇠가 발견되었습니다.

18 みつける ⑬
[타동] 발견하다, 찾다

かぎを みつけました 。
열쇠를 발견했습니다.

19 割(わ)れる
[자동] 깨지다

グラスが 割れて しまいました。
유리컵이 깨져 버렸습니다.

20 割(わ)る ⑪
[타동] 깨다

グラスを 割って しまいました。
유리컵을 깨 버렸습니다.

# DAY 6 데일리 테스트

• 단어의 뜻을 찾아 줄을 그어 보세요.

| | | |
|---|---|---|
| **1** 落(お)とす | • | • ① 모이다 |
| **2** 集(あつ)まる | • | • ② 고장나다 |
| **3** 割(わ)る | • | • ③ 떨어뜨리다 |
| **4** こわれる | • | • ④ 깨다 |
| **5** 決(き)める | • | • ⑤ 정하다 |

• 단어의 뜻을 찾아 줄을 그어 보세요.

| | | |
|---|---|---|
| **6** みつける | • | • ① 떨어지다 |
| **7** 始(はじ)める | • | • ② 발견하다 |
| **8** 落(お)ちる | • | • ③ 결정되다 |
| **9** 届(とど)ける | • | • ④ 시작하다 |
| **10** 決(き)まる | • | • ⑤ 보내다 |

DAY6 데일리 테스트 **정답**

**1** ③ **2** ① **3** ④ **4** ② **5** ⑤
**6** ② **7** ④ **8** ① **9** ⑤ **10** ③

WEEK 04

# 실력 체크

한 주 동안 외운 단어를
점검해 봅시다!

# DAY 1

학습 날짜 ___/___ 달성 목표 20개 중 ___개 암기!

단어의 읽는 법과 의미를 써 봅시다. MP3 2-4-1

| 단어 | 읽는법 | 의미 |
|---|---|---|
| ☐ 勉強 | | |
| ☐ 研究 | | |
| ☐ 説明 | | |
| ☐ 意見 | | |
| ☐ おぼえる | | |
| ☐ 数える | | |
| ☐ 試験 | | |
| ☐ 質問 | | |
| ☐ 字 | | |
| ☐ 問題 | | |

| 단어 | 읽는법 | 의미 |
|---|---|---|
| ☐ 難しい | | |
| ☐ やさしい | | |
| ☐ 簡単だ | | |
| ☐ 地理 | | |
| ☐ テキスト | | |
| ☐ ふくしゅう | | |
| ☐ よしゅう | | |
| ☐ 練習 | | |
| ☐ がんばる | | |
| ☐ ねっしんだ | | |

## DAY 2

학습 날짜 ____/____ 달성 목표 20개 중 ____개 암기!

 단어의 읽는 법과 의미를 써 봅시다.

MP3 2-4-2

| 단어 | 읽는 법 | 의 미 |
|---|---|---|
| ☐ 教室 | | |
| ☐ 図書館 | | |
| ☐ 授業 | | |
| ☐ ちこく | | |
| ☐ 教える | | |
| ☐ さわぐ | | |
| ☐ 入学 | | |
| ☐ 卒業 | | |
| ☐ 出席 | | |
| ☐ せんぱい | | |

| 단어 | 읽는 법 | 의 미 |
|---|---|---|
| ☐ 相談 | | |
| ☐ 通う | | |
| ☐ うるさい | | |
| ☐ 英語 | | |
| ☐ 文法 | | |
| ☐ 作文 | | |
| ☐ 漢字 | | |
| ☐ 意味 | | |
| ☐ 発音 | | |
| ☐ くばる | | |

## DAY 3

학습 날짜 ___/___ 달성 목표 20개 중 ___개 암기!

단어의 읽는 법과 의미를 써 봅시다. MP3 2-4-3

| 단어 | 읽는 법 | 의미 |
| --- | --- | --- |
| □ おみやげ | | |
| □ 営業 | | |
| □ 住所 | | |
| □ ちょきん | | |
| □ 売る | | |
| □ 買う | | |
| □ ねだん | | |
| □ 無料 | | |
| □ 料金 | | |
| □ おつり | | |

| 단어 | 읽는 법 | 의미 |
| --- | --- | --- |
| □ 払う | | |
| □ 大きい | | |
| □ 高い | | |
| □ えんりょ | | |
| □ じょうほう | | |
| □ せいひん | | |
| □ 楽しみ | | |
| □ 試着 | | |
| □ 売店 | | |
| □ もうしこむ | | |

## DAY 4

학습 날짜 ____/____ 달성 목표 20개 중 ____개 암기!

단어의 읽는 법과 의미를 써 봅시다. MP3 2-4-4

| 단어 | | 단어 | |
|---|---|---|---|
| □ けいざい | 읽는 법<br>의 미 | □ すごい | 읽는 법<br>의 미 |
| □ 世界 | 읽는 법<br>의 미 | □ 残念だ | 읽는 법<br>의 미 |
| □ 人口 | 읽는 법<br>의 미 | □ さかんだ | 읽는 법<br>의 미 |
| □ ゆしゅつ | 읽는 법<br>의 미 | □ 工業 | 읽는 법<br>의 미 |
| □ ゆにゅう | 읽는 법<br>의 미 | □ さんか | 읽는 법<br>의 미 |
| □ 生活 | 읽는 법<br>의 미 | □ こくさい | 읽는 법<br>의 미 |
| □ ぼうえき | 읽는 법<br>의 미 | □ はいたつ | 읽는 법<br>의 미 |
| □ しょるい | 읽는 법<br>의 미 | □ くらべる | 읽는 법<br>의 미 |
| □ 海外 | 읽는 법<br>의 미 | □ あがる | 읽는 법<br>의 미 |
| □ 紹介 | 읽는 법<br>의 미 | □ ほしい | 읽는 법<br>의 미 |

# DAY 5

학습 날짜 ___/___  달성 목표 20개 중 ___개 암기!

 단어의 읽는 법과 의미를 써 봅시다.  MP3 2-4-5

| 단 어 | 읽는 법 | 의 미 |
|---|---|---|
| □ とくに | | |
| □ きゅうに | | |
| □ さっき | | |
| □ ぜひ | | |
| □ かならず | | |
| □ もっと | | |
| □ 全然～ない | | |
| □ あまり～ない | | |
| □ なかなか～ない | | |
| □ まっすぐ | | |

| 단 어 | 읽는 법 | 의 미 |
|---|---|---|
| □ もうすぐ | | |
| □ ちょうど | | |
| □ ずっと | | |
| □ にこにこ | | |
| □ どきどき | | |
| □ ときどき | | |
| □ そろそろ | | |
| □ だんだん | | |
| □ ぐっすり | | |
| □ びっくり | | |

## DAY 6

학습 날짜 ____/____ 달성 목표 20개 중 ____개 암기!

단어의 읽는 법과 의미를 써 봅시다. MP3 2-4-6

| 단어 | | 단어 | |
|---|---|---|---|
| □ 集まる | 읽는 법<br>의 미 | □ こわれる | 읽는 법<br>의 미 |
| □ 集める | 읽는 법<br>의 미 | □ こわす | 읽는 법<br>의 미 |
| □ 決まる | 읽는 법<br>의 미 | □ とどく | 읽는 법<br>의 미 |
| □ 決める | 읽는 법<br>의 미 | □ とどける | 읽는 법<br>의 미 |
| □ 落ちる | 읽는 법<br>의 미 | □ 出る | 읽는 법<br>의 미 |
| □ 落とす | 읽는 법<br>의 미 | □ 出す | 읽는 법<br>의 미 |
| □ 建つ | 읽는 법<br>의 미 | □ みつかる | 읽는 법<br>의 미 |
| □ 建てる | 읽는 법<br>의 미 | □ みつける | 읽는 법<br>의 미 |
| □ 始まる | 읽는 법<br>의 미 | □ 割れる | 읽는 법<br>의 미 |
| □ 始める | 읽는 법<br>의 미 | □ 割る | 읽는 법<br>의 미 |

# 실전 JLPT 도전

**문제 1** ____의 단어는 히라가나로 어떻게 씁니까? 1·2·3·4 중 가장 적당한 것을 하나 고르세요.

**1** だいがくいんで　研究を　して　います。 대학원에서 연구를 하고 있습니다.

1　けんきゅう　　2　げんきゅう

3　けんきゅ　　4　げんきゅ

**2** たまごが　いくつ　あるか　数えて　ください。 계란이 몇 개 있는지 세어 주세요.

1　こたえて　　2　おしえて

3　かんがえて　　4　かぞえて

**문제 2** ____의 단어는 어떻게 씁니까? 1·2·3·4에서 가장 알맞은 것을 하나 고르세요.

**3** この　かんじの　よみかたを　おしえて　ください。

이 한자의 읽는 법을 가르쳐 주세요.

1　孝えて　　2　数えて　　3　教えて　　4　考えて

**4** 今夜(こんや)は　おそくまで　べんきょうを　します。

오늘 밤에는 늦게까지 공부를 하겠습니다.

1　勉強　　2　勉弱　　3　勉張　　4　勉引

**문제 3** (　　)에 무엇을 넣습니까? 1·2·3·4에서 가장 적당한 것을 하나 고르세요.

**5** どうぞ（　　）しないで　たくさん　食べて　ください。

부디 사양하지 마시고 많이 드세요.

1　しつれい　　2　えんりょ　　3　ちゅうい　　4　はんたい

**6** テーブルから　コップを（　　　）、わって　しまった。

테이블에서 컵을 떨어뜨려서 깨 버렸다.

1　わたして　2　なくして　3　こわして　4　おとして

**문제 4** ＿＿＿의 문장과 대체로 같은 의미의 문장이 있습니다. 1·2·3·4에서 가장 적당한 것을 하나 고르세요.

**7** この　国は　こめを　ゆしゅつして　いますか。

이 나라는 쌀을 수출하고 있습니까?

1　この　国は　こめを　ほかの　国から　もらって　いますか。

2　この　国は　こめを　ほかの　国から　かって　いますか。

3　この　国は　こめを　ほかの　国から　あげて　いますか。

4　この　国は　こめを　ほかの　国に　うって　いますか。

**문제 5** 다음 단어의 쓰임으로 가장 적당한 것을 1·2·3·4에서 하나 고르세요.

**8** ちこく　지각

1　じゅぎょうに　ちこくして　すみません。

2　あの　とけいは　ちょっと　ちこくして　います。

3　10時の　でんしゃに　ちこくして　しまいました。

4　れんらくが　ちこくして　すみません。

**실전 JLPT 도전 정답**

**1** 1　**2** 4　**3** 3　**4** 1　**5** 2　**6** 4　**7** 4　**8** 1

# 부록 1 보충 단어

## ✰ 자주 출제되는 가타카나 ✰

| | | | | | |
|---|---|---|---|---|---|
| □ | アイディア ⑩ | 아이디어 | □ | アクセサリー | 액세서리 |
| □ | アジア | 아시아 | □ | アナウンサー | 아나운서 |
| □ | アフリカ | 아프리카 | □ | アルバイト | 아르바이트 |
| □ | インターネット ⑪ | 인터넷 | □ | エアコン | 에어컨 |
| □ | エスカレーター | 에스컬레이터 | □ | エレベーター | 엘리베이터 |
| □ | オープン | 오픈 | □ | カッター ⑳ | 커터, 작은 칼 |
| □ | カタログ | 카탈로그 | □ | ガラス | 유리 |
| □ | カレンダー | 캘린더, 달력 | □ | クラブ | 클럽, 동아리 |
| □ | コピー | 복사 | □ | コンサート | 콘서트 |
| □ | コンピューター | 컴퓨터 | □ | サービス | 서비스 |
| □ | サイズ | 사이즈 | □ | サイン | 사인, 서명 |
| □ | サッカー | 축구 | □ | サラダ | 샐러드 |
| □ | サンドイッチ | 샌드위치 | □ | ジャム | 잼 |
| □ | ジュース | 주스 | □ | スイッチ ⑫⑬㉒ | 스위치 |
| □ | スーツ | 양복 | □ | スープ | 수프 |
| □ | スタート | 스타트, 시작 | □ | ステーキ | 스테이크 |
| □ | ストレス | 스트레스 | □ | スマホ | 스마트폰 |
| □ | セーター | 스웨터 | □ | セール | 세일 |
| □ | セット | 세트 | □ | ソファ | 소파 |
| □ | ソフト | 소프트, 부드러움 | □ | ダイエット | 다이어트 |
| □ | アナウンス | 아나운스, 안내방송 | □ | インフルエンザ | 인플루엔자, 독감 |

| | | |
|---|---|---|
| ☐ | タイプ | 타입 |
| ☐ | ダンス | 댄스 |
| ☐ | チェック ⑩ | 체크 |
| ☐ | チャンス ⑮ | 찬스, 기회 |
| ☐ | デパート | 백화점 |
| ☐ | ドライブ | 드라이브 |
| ☐ | パーティー | 파티 |
| ☐ | バイク | 오토바이 |
| ☐ | パスタ | 파스타 |
| ☐ | バレーボール | 배구 |
| ☐ | ハンバーガー | 햄버거 |
| ☐ | ビール | 맥주 |
| ☐ | ファイル | 파일 |
| ☐ | プレゼント | 선물 |
| ☐ | ボール | 공 |
| ☐ | ボタン | 버튼, 단추 |
| ☐ | メートル | 미터 |
| ☐ | メニュー ⑫ ㉔ | 메뉴 |
| ☐ | ルール | 룰, 규칙 |
| ☐ | レストラン | 레스토랑 |
| ☐ | ワイシャツ | 와이셔츠 |
| ☐ | タオル | 타월, 수건 |
| ☐ | チーズ | 치즈 |
| ☐ | チケット N5 ㉒ | 티켓 |
| ☐ | テキスト | 텍스트, 교과서 |
| ☐ | ドア | 문 |
| ☐ | ニュース | 뉴스 |
| ☐ | パート | 파트, 시간제 근무 |
| ☐ | バスケットボール | 농구 |
| ☐ | パソコン | 퍼스널 컴퓨터 |
| ☐ | パンツ | 팬티, 바지 |
| ☐ | ピアノ | 피아노 |
| ☐ | ビル | 빌딩 |
| ☐ | プール | 수영장 |
| ☐ | ベル | 벨 |
| ☐ | ポスター | 포스터 |
| ☐ | ミス | 실수 |
| ☐ | メール | 메일 |
| ☐ | ヨーロッパ | 유럽 |
| ☐ | レジ | 레지스터, 계산대 |
| ☐ | レポート | 리포트 |
| ☐ | ワイン | 와인 |

## • 자주 출제되는 구문

| | | |
|---|---|---|
| ☐ | バスに のりかえる ⑭ | 버스로 갈아타다 |
| ☐ | くうこうへ むかえに 行く ⑭ | 공항에 마중 나가다 |
| ☐ | 花(はな)を かざる ⑭ | 꽃을 장식하다 |
| ☐ | 雨(あめ)が やむ ⑭⑫㉓ | 비가 그치다 |
| ☐ | さいふを おとす ⑬⑪ | 지갑을 떨어뜨리다(분실하다) |
| ☐ | スイッチを 押(お)す ⑬ | 스위치를 누르다 |
| ☐ | なくした かぎを みつける ⑬ | 분실한 열쇠를 발견하다 |
| ☐ | タバコを やめる | 담배를 끊다 |
| ☐ | えんりょしないで 食(た)べて ください ⑬ | 사양하지 말고 드세요 |
| ☐ | 犬(いぬ)の せわを して いる ⑬ | 강아지를 돌보고 있다 |
| ☐ | 病院(びょういん)に よって 会社(かいしゃ)に 行(い)く ⑫ | 병원에 들르고 회사에 간다 |
| ☐ | プレゼントを つつんで もらいました ⑫ | 선물을 포장해 받았습니다 |
| ☐ | 足(あし)を けがして しまいました ⑫ | 다리를 다치고 말았습니다 |
| ☐ | かいぎの じかんに まに あいました ⑫ | 회의 시간에 늦지 않게 갔습니다 |
| ☐ | かさを さす ⑫ | 우산을 쓰다 |
| ☐ | 川(かわ)を わたる ⑫ | 강을 건너다 |
| ☐ | くるまが こしょうした ⑪ | 차가 고장났다 |
| ☐ | 子(こ)どもが ねつを だした ⑪ | 아이가 열이 났다 |
| ☐ | しょくじだいを はらう ⑪ | 밥값을 지불하다 |
| ☐ | さわらないで ください ⑪ | 만지지 마세요 |
| ☐ | ふくが まだ かわいて いない ⑪ | 옷이 아직 마르지 않았다 |
| ☐ | くるまを とめる ⑪ | 차를 세우다 |

## • 인사말

| | |
|---|---|
| ☐ いかがですか | 어떻습니까? |
| ☐ おかげさまで | 덕분에요 |
| ☐ お元気(げんき)で | 건강하세요 |
| ☐ おじゃまします | 실례하겠습니다(방문 시, 집에 들어갈 때) |
| ☐ おめでとうございます | 축하합니다 |
| ☐ お待(ま)たせしました | 오래 기다리셨습니다 |
| ☐ おだいじに | 몸조리 잘하세요, 몸조심 하세요 |
| ☐ お先(さき)に 失礼(しつれい)します | 먼저 실례하겠습니다, 먼저 들어가겠습니다 |
| ☐ お疲(つか)れさまでした | 수고하셨습니다 |
| ☐ かしこまりました | 알겠습니다 |
| ☐ かまいません | 상관없습니다 |
| ☐ こちらこそ | 저야말로 |
| ☐ 失礼(しつれい)します | 실례합니다 |
| ☐ ごめんください | 실례합니다, 누구 계세요?(방문 시, 문 앞에서) |
| ☐ どういたしまして | 천만에요 |
| ☐ よく いらっしゃいました | 잘 오셨습니다 |
| ☐ お気(き)を つけて | 조심하세요 |
| ☐ ただいま | 다녀왔습니다 |
| ☐ お帰(かえ)りなさい | 잘 다녀왔어요?, 어서 오세요 |
| ☐ 行(い)って きます | 다녀오겠습니다 |
| ☐ 行(い)って まいります | 다녀오겠습니다(정중한 표현) |
| ☐ 行(い)って らっしゃい | 다녀오세요 |

# 부록2 필수 기초 문법

## 1 동사 접속 활용표1

| 사전형 | ない형<br>(~하지 않다) | ます형<br>(~합니다) | 명사 수식형<br>(~하는) | 가정형 ば<br>(~하면) | 의지・권유형<br>(~해야지・~하자) |
|---|---|---|---|---|---|
| 1그룹 | u→a+ない | u→i+ます | u+명사 | u→e+ば | u→o+う |
| 行(い)く | 行(い)かない | 行(い)きます | 行(い)く人 | 行(い)けば | 行(い)こう |
| 待(ま)つ | 待(ま)たない | 待(ま)ちます | 待(ま)つ人 | 待(ま)てば | 待(ま)とう |
| 作(つく)る | 作(つく)らない | 作(つく)ります | 作(つく)る人 | 作(つく)れば | 作(つく)ろう |
| 急(いそ)ぐ | 急(いそ)がない | 急(いそ)ぎます | 急(いそ)ぐ人 | 急(いそ)げば | 急(いそ)ごう |
| 会(あ)う **예외** | 会(あ)わない | 会(あ)います | 会(あ)う人 | 会(あ)えば | 会(あ)おう |
| 帰(かえ)る **예외 1그룹** | 帰(かえ)らない | 帰(かえ)ります | 帰(かえ)る人 | 帰(かえ)れば | 帰(かえ)ろう |
| 2그룹 | る→ない | る→ます | る+명사 | る→れば | る→よう |
| 食(た)べる | 食(た)べない | 食(た)べます | 食(た)べる人 | 食(た)べれば | 食(た)べよう |
| 見(み)る | 見(み)ない | 見(み)ます | 見(み)る人 | 見(み)れば | 見(み)よう |
| 3그룹 | 불규칙 | | | | |
| する | しない | します | する人 | すれば | しよう |
| くる | こない | きます | くる人 | くれば | こよう |

✓ う로 끝나는 1그룹 동사는 ない형으로 활용할 때 주의해야 한다.

㉦ あう＋ない＝あわない(O), ああない(X)
かう＋ない＝かわない(O), かあない(X)

✓ かえる(돌아가다, 돌아오다)처럼 겉모습은 2그룹처럼 생겼지만 1그룹 활용을 하는 동사가 있는데, 이런 동사를 예외 1그룹 동사라고 한다. 아래의 예외 1그룹 동사는 일상생활에서 자주 사용하고 시험에도 자주 출제되고 있다.

(예) **예외 1그룹 동사**

| | | | | | |
|---|---|---|---|---|---|
| いる 필요하다 | → | いります | しる 알다 | → | しります |
| かえる 돌아가(오)다 | → | かえります | はいる 들어가(오)다 | → | はいります |
| きる 자르다 | → | きります | はしる 달리다 | → | はしります |

## 2 동사 접속 활용표2

| 사전형 | 연결형(て형)/과거형(た형)<br>(~하고, ~해서)/(~했다) | 열거(たり형)<br>(~하거나) | 조건(たら형)<br>(~하면, ~했더니) |
|---|---|---|---|
| 1그룹 | う·つ·る→って/った<br>む·ぶ·ぬ→んで/んだ<br>く·ぐ→いて·いで/いた·いだ<br>す→して/した | う·つ·る→ったり<br>む·ぶ·ぬ→んだり<br>く·ぐ→いたり·いだり<br>す→したり | う·つ·る→ったら<br>む·ぶ·ぬ→んだら<br>く·ぐ→いたら·いだら<br>す→したら |
| 会う | 会って/った | 会ったり | 会ったら |
| 待つ | 待って/った | 待ったり | 待ったら |
| 作る | 作って/った | 作ったり | 作ったら |
| 読む | 読んで/んだ | 読んだり | 読んだら |
| 遊ぶ | 遊んで/んだ | 遊んだり | 遊んだら |
| 死ぬ | 死んで/んだ | 死んだり | 死んだら |
| 書く | 書いて/いた | 書いたり | 書いたら |
| 急ぐ | 急いで/いだ | 急いだり | 急いだら |
| 話す | 話して/した | 話したり | 話したら |
| 行く **예외** | 行って/った | 行ったり | 行ったら |
| 帰る **예외 1그룹** | 帰って/った | 帰ったり | 帰ったら |
| 2그룹 | る→て/た | る→たり | る→たら |
| 食べる | 食べて/た | 食べたり | 食べたら |
| 見る | 見て/た | 見たり | 見たら |
| 3그룹 | 불규칙 | | |
| する | して/た | したり | したら |
| くる | きて/た | きたり | きたら |

✔ く로 끝나는 1그룹 동사는 て・た・たり・たら형으로 활용할 때, 끝이 いて・いた・いたり・いたら로 바뀌는데, 行く(가다)의 경우는 行って・行った・行ったり・行ったら로 바뀐다.

## 3 사역·수동·사역 수동 표현

| 구분 | 사역형 | 수동형 | 사역 수동형 |
|---|---|---|---|
| 형태 | (さ)せる | (ら)れる | (さ)せられる |
| 의미 | 시키다, ~하게 하다 | ~당하다, ~되다, ~받다, ~지다 | 억지로 ~하다, 어쩔 수 없이 ~하다 |
| 1그룹 | 끝을 あ단으로 바꾸고 +せる<br>よむ→よませる | 끝을 あ단으로 바꾸고 +れる<br>かく→かかれる | 끝을 あ단으로 바꾸고 +せられる(=される)<br>まつ→またせられる<br>=またされる |
| 2그룹 | る를 없애고+させる<br>たべる→たべさせる | る를 없애고+られる<br>みる→みられる | る를 없애고+させられる<br>たべる→たべさせられる |
| 3그룹 | する→させる | する→される | する→させられる |
| | くる→こさせる | くる→こられる | くる→こさせられる |

## 4 수수(주고받는) 표현

| | あげる<br>(내가 남에게) 주다 | くれる<br>(남이 나에게) 주다 | もらう<br>(내가 남에게) 받다 |
|---|---|---|---|
| 사물 수수 | あげます<br>줍니다 | くれます<br>줍니다 | もらいます<br>받습니다 |
| 행동 수수 | てあげます<br>해 줍니다 | てくれます<br>해 줍니다 | てもらいます<br>해 받습니다 |
| 경어 수수 | てさしあげます<br>해 드립니다 | てくださいます<br>해 주십니다 | ていただきます<br>해 받습니다 |

- 주고받는 표현에서 私에는 내 그룹, 즉 가족・회사 동료 등도 포함된다.
- 행동을 주고받았을 때는 동사를 연결하는 て형을 붙여 てあげる, てくれる, てもらう를 사용한다.
- あげる(주다)대신 やる(주다)를 사용할 때도 있는데, やる는 동물이나 식물, 아이 등에게 줄 때 사용한다.

## 5 추측 표현

| そうだ | | ようだ | | らしい | |
|---|---|---|---|---|---|
| 겉모습만 보고 판단,<br>순간적인 판단<br>~할(일)것 같다 | | 주관적 근거에 의한 추측<br>~인(한)것 같다 | | 객관적 근거에 의한 추측<br>~라는 것 같다 | |
| 동사 ます형 | ふりそうだ<br>비가 내릴 것 같다 | 동사 사전형 | ふるようだ<br>내리는 것 같다 | 동사 사전형 | ふるらしい<br>내린다는 것 같다 |
| い형용사~~い~~ | さむそうだ<br>추울 것 같다 | い형용사い | さむいようだ<br>추운 것 같다 | い형용사い | さむいらしい<br>춥다는 것 같다 |
| な형용사~~だ~~ | ひまそうだ<br>한가할 것 같다 | な형용사な | ひまなようだ<br>한가한 것 같다 | な형용사~~だ~~ | ひまらしい<br>한가하다는 것 같다 |
| 명사 | X | 명사の | 日本人(にほんじん)のようだ<br>일본인인 것 같다 | 명사 | 日本人(にほんじん)らしい<br>일본인이라는 것 같다 |

**そうだ의 주의해야 하는 접속형태**

いい(좋다)+そうだ ➡ よさそうだ(좋을 것 같다)

ない(없다)+そうだ ➡ なさそうだ(없을 것 같다)

**ようだ와 らしい의 주의해야 하는 접속형태**

ようだ와 らしい의 경우 접속하는 모든 품사는 과거 た형(ふった・さむかった・ひまだった・日本人(にほんじん)だった)에도 접속할 수 있다.

**みたいだ는 ようだ의 회화적 표현으로 뜻은 같지만, 접속형태는 らしい와 같다.**

ふるみたいだ(내리는 것 같다), さむいみたいだ(추운 것 같다),

ひまみたいだ(한가한 것 같다), 日本人(にほんじん)みたいだ(일본인인 것 같다)

# 진짜 한 권으로 끝내는 JLPT 기출단어장 N3

시원스쿨어학연구소 지음

S 시원스쿨닷컴

WEEK 01

# 1 주 째

# DAY 1

1회 2회 3회

단어의 읽는 법과 의미를 외워 봅시다.

MP3 1-1-1

| | 단 어 | 읽는 법 | 의 미 |
|---|---|---|---|
| 01 | 歌う | うたう | 노래 부르다 |
| 02 | 加える | くわえる | 더하다, 가하다 |
| 03 | 可能 ㉓ | かのう | 가능(+だ 하다/+な 한) |
| 04 | 家賃 ⑩ | やちん | 집세 |
| 05 | 歯 | は | 이, 치아 |
| 06 | 仮定 | かてい | 가정 |
| 07 | 価値 | かち | 가치 |
| 08 | 角 ㉑ | かど | 모퉁이(+曲(ま)がる 돌다) |
| 09 | 各国 | かっこく | 각국 |
| 10 | 各地 | かくち | 각지 |

단어의 읽는 법과 의미를 외워 봅시다.

| | 단 어 | 읽는법 | 의 미 |
|---|---|---|---|
| 11 | 干す ⑮ | ほす | 말리다 |
| 12 | 間に合う | まにあう | 제시간에 맞추다,<br>아쉬운 대로 쓸 수 있다 |
| 13 | 間隔 ⑲ | かんかく | 간격 |
| 14 | 講演 | こうえん | 강연 |
| 15 | 強化 | きょうか | 강화 |
| 16 | 個人 ⑯ | こじん | 개인 |
| 17 | 距離 ⑱ | きょり | 거리 |
| 18 | 検査 ⑯㉒ | けんさ | 검사 |
| 19 | 田舎 | いなか | 시골 |
| 20 | 掲示 | けいじ | 게시 |

단어의 읽는 법과 의미를 외워 봅시다.

| | 단 어 | 읽는 법 | 의 미 |
|---|---|---|---|
| 21 | 激しい | はげしい | 격하다, 세차다 |
| 22 | 肩 | かた | 어깨 |
| 23 | 見せる | みせる | 보여 주다 |
| 24 | 見つかる | みつかる | 발견되다, 찾게 되다 |
| 25 | 見つける | みつける | 발견하다, 찾아내다 |
| 26 | 見本 [21] | みほん | 견본(=サンプル) |
| 27 | 結ぶ | むすぶ | 잇다, 묶다, 맺다 |
| 28 | 疑問 [11] | ぎもん | 의문 |
| 29 | 決める | きめる | 결정하다, 정하다 |
| 30 | 結果 | けっか | 결과 |

# DAY 2

1회 2회 3회

단어의 읽는 법과 의미를 외워 봅시다.

MP3 1-1-2

| | 단 어 | 읽는법 | 의 미 |
|---|---|---|---|
| 01 | 決断 | けつだん | 결단 |
| 02 | 欠点 ㉑㉓ | けってん | 결점, 약점(=弱点(じゃくてん)) |
| 03 | 仕舞う ⑩⑲ | しまう | 치우다, 안에 넣다 |
| 04 | 厚い ⑱ | あつい | 두껍다, 두텁다 |
| 05 | 回収 | かいしゅう | 회수 |
| 06 | 会費 | かいひ | 회비 |
| 07 | 回す ⑯ | まわす | 돌리다, 둘러치다 |
| 08 | 強いる | しいる | 강요하다 |
| 09 | 早退 ⑰ | そうたい | 조퇴 |
| 10 | 活発 | かっぱつ | 활발(+だ 하다/+な 한) |

단어의 읽는 법과 의미를 외워 봅시다.

| | 단 어 | 읽는 법 | 의 미 |
|---|---|---|---|
| 11 | **価格** | かかく | 가격 |
| 12 | **歓迎** | かんげい | 환영 |
| 13 | **環境** | かんきょう | 환경 |
| 14 | **丸い** ⑯㉑ | まるい | 둥글다, 원만하다 |
| 15 | **確実** ⑰ | かくじつ | 확실(+だ 하다/+な 한) |
| 16 | **泣く** ⑱⑳ | なく | 울다 |
| 17 | **血液** ⑩ | けつえき | 혈액 |
| 18 | **話し合う** ㉒ | はなしあう | 서로 이야기하다,<br>의논하다 |
| 19 | **混雑** | こんざつ | 혼잡(+だ 하다/+な 한) |
| 20 | **混ぜる** ⑮ | まぜる | 혼합하다, 뒤섞다 |

단어의 읽는 법과 의미를 외워 봅시다.

| | 단 어 | 읽는 법 | 의 미 |
|---|---|---|---|
| 21 | 湖 | みずうみ | 호수 |
| 22 | 狭い | せまい | 좁다 |
| 23 | 穴 | あな | 구멍 |
| 24 | 現在 ⑪㉒ | げんざい | 현재 |
| 25 | 暇 | ひま | 틈, 짬, 한가함<br>(+だ 하다/+な 한) |
| 26 | 現実 | げんじつ | 현실 |
| 27 | ゆらゆら | | (가벼운 것) 흔들리는<br>모양 |
| 28 | まだ | | 아직 |
| 29 | まごまご | | 어찌할 바를 몰라<br>우물쭈물하는 모양 |
| 30 | ぶらぶら ⑪ | | 어슬렁어슬렁 거니는<br>모양 |

# DAY 3

1회 2회 3회

단어의 읽는 법과 의미를 외워 봅시다.

MP3 1-1-3

| | 단 어 | 읽는 법 | 의 미 |
|---|---|---|---|
| 01 | ぶつかる | | 부딪치다, 맞닥뜨리다 |
| 02 | 鋭い | するどい | 날카롭다, 예리하다 |
| 03 | 輸入 | ゆにゅう | 수입 |
| 04 | はっきり | | 확실히, 뚜렷하게 |
| 05 | 決心 | けっしん | 결심 |
| 06 | 鏡 | かがみ | 거울 |
| 07 | 軽い | かるい | 가볍다 |
| 08 | 驚く | おどろく | 놀라다 |
| 09 | 景色 | けしき | 경치, 풍경 |
| 10 | 経営 ⑮⑱ | けいえい | 경영 |

💡 단어의 읽는 법과 의미를 외워 봅시다.

| | 단 어 | 읽는 법 | 의 미 |
|---|---|---|---|
| 11 | 経由 ⑰㉔ | けいゆ | 경유 |
| 12 | 経験 | けいけん | 경험 |
| 13 | 計算 ㉒ | けいさん | 계산 |
| 14 | 係員 | かかりいん | 담당자 |
| 15 | 計画 | けいかく | 계획 |
| 16 | 固い ⑫ | かたい | 딱딱하다, 굳다 |
| 17 | 苦い | にがい | (맛) 쓰다, 괴롭다(=辛(つら)い) |
| 18 | 取り替える | とりかえる | 교체하다, 교환하다 |
| 19 | 苦しい ⑬ | くるしい | 괴롭다, (생계) 어렵다 |
| 20 | 永遠 | えいえん | 영원 |

💡 단어의 읽는 법과 의미를 외워 봅시다.

| | 단 어 | 읽는법 | 의 미 |
|---|---|---|---|
| 21 | 戻す | もどす | (원래 자리, 상태) 되돌리다 |
| 22 | きつい ⑱ | | (정도) 심하다, 꽉 끼다 |
| 23 | 故障 | こしょう | 고장 |
| 24 | 曲がる ㉔ | まがる | (모퉁이) 돌다, 구부러지다 |
| 25 | 困る ⑫⑰ | こまる | 곤란하다 |
| 26 | 空 ⑯ | から | 허공, 빔 |
| 27 | 空席 | くうせき | 공석 |
| 28 | 共通 | きょうつう | 공통 |
| 29 | 過程 | かてい | 과정 |
| 30 | 郊外 | こうがい | 교외 |

# DAY 4

단어의 읽는 법과 의미를 외워 봅시다.

MP3 1-1-4

| | 단 어 | 읽는법 | 의 미 |
|---|---|---|---|
| 01 | 交換 ⑬ | こうかん | 교환 |
| 02 | 向かう | むかう | 향하다, 마주 보다 |
| 03 | 求人 | きゅうじん | 구인 |
| 04 | 具合 | ぐあい | 몸 상태, 형편 |
| 05 | 国籍 | こくせき | 국적 |
| 06 | 国際 | こくさい | 국제 |
| 07 | 勧誘 | かんゆう | 권유 |
| 08 | 貴重 | きちょう | 귀중(+だ 하다/+な 한) |
| 09 | 近所 | きんじょ | 근처, 이웃 |
| 10 | 禁煙 | きんえん | 금연 |

단어의 읽는 법과 의미를 외워 봅시다.

| | 단 어 | 읽는 법 | 의 미 |
|---|---|---|---|
| 11 | 今朝 | けさ | 오늘 아침 |
| 12 | 急ぐ | いそぐ | 서두르다, 재촉하다 |
| 13 | 急に | きゅうに | 갑자기 |
| 14 | 訪ねる | たずねる | 방문하다, 찾다 |
| 15 | 残業 ⑬ | ざんぎょう | 잔업, 야근 |
| 16 | 祈る | いのる | 빌다, 기원하다 |
| 17 | 機械 ⑲ | きかい | 기계 |
| 18 | 記念 ⑭⑲ | きねん | 기념 |
| 19 | 記録 ⑯㉒ | きろく | 기록 |
| 20 | 貯金 | ちょきん | 저금 |

💡 단어의 읽는 법과 의미를 외워 봅시다.

| | 단 어 | 읽는법 | 의 미 |
|---|---|---|---|
| 21 | 期限 ⑭㉓ | きげん | 기한 |
| 22 | 機会 | きかい | 기회 |
| 23 | 緊張 ⑫ | きんちょう | 긴장 |
| 24 | 支給 ㉑ | しきゅう | 지급 |
| 25 | 暖かい ㉑ | あたたかい | 따뜻하다,<br>(분위기) 훈훈하다 |
| 26 | 難しい | むずかしい | 어렵다 |
| 27 | 納得 | なっとく | 납득 |
| 28 | 内緒 | ないしょ | 비밀(=秘密[ひみつ]) |
| 29 | 内容 ⑭㉔ | ないよう | 내용 |
| 30 | 試合 | しあい | 시합 |

1회 2회 3회

단어의 읽는 법과 의미를 외워 봅시다.

MP3 1-1-5

| | 단 어 | 읽는 법 | 의 미 |
|---|---|---|---|
| 01 | 現す | あらわす | (모습, 형상) 나타내다 |
| 02 | 眩しい | まぶしい | 눈부시다 |
| 03 | 許可 | きょか | 허가 |
| 04 | 許す | ゆるす | 용서하다, 허가하다, 허락하다 |
| 05 | 嘘 | うそ | 거짓말 |
| 06 | 資料 | しりょう | 자료 |
| 07 | 行事 | ぎょうじ | 행사 |
| 08 | 行方 | ゆくえ | 행방, 장래 |
| 09 | 方向 ⑯㉔ | ほうこう | 방향 |
| 10 | 熱心 ⑱ | ねっしん | 열심(+な 한/+に 하게) |

단어의 읽는 법과 의미를 외워 봅시다.

| 단 어 | 읽는 법 | 의 미 |
| --- | --- | --- |
| 11 解消 | かいしょう | 해소 |
| 12 解決 ⑪⑰ | かいけつ | 해결 |
| 13 解ける | とける | 풀리다, 해제되다 |
| 14 航空 | こうくう | 항공 |
| 15 改正 | かいせい | 개정 |
| 16 面倒臭い ⑲ | めんどうくさい | 아주 귀찮다, 성가시다 |
| 17 割れる ⑭ | われる | 갈라지다, 깨지다,<br>나누어지다 |
| 18 慌てる ⑭㉔ | あわてる | 당황하다, 허둥대다 |
| 19 汗 ⑫㉔ | あせ | 땀(+かく 흘리다) |
| 20 下車 | げしゃ | 하차 |

단어의 읽는 법과 의미를 외워 봅시다.

| | 단 어 | 읽는 법 | 의 미 |
|---|---|---|---|
| 21 | 協力 ⑪ | きょうりょく | 협력 |
| 22 | 疲労 | ひろう | 피로 |
| 23 | 疲れる ⑩⑬⑮ | つかれる | 피곤하다 |
| 24 | 風景 | ふうけい | 풍경 |
| 25 | 恋しい ⑱㉑㉓ | こいしい | 그립다 |
| 26 | 表面 ⑪ | ひょうめん | 표면 |
| 27 | 慣れる | なれる | 익숙해지다 |
| 28 | のろのろ | | 동작이 굼뜬 모양 |
| 29 | 管理 | かんり | 관리 |
| 30 | なるべく ⑬㉑ | | 되도록(=できるだけ) |

1회 2회 3회

단어의 읽는 법과 의미를 외워 봅시다.

MP3 1-1-6

| | 단 어 | 읽는 법 | 의 미 |
|---|---|---|---|
| 01 | 表れる | あらわれる | (감정, 표정) 나타나다 |
| 02 | 表す ⑩ | あらわす | (감정, 표정) 나타내다 |
| 03 | 表 | おもて | 정면, 겉면 |
| 04 | 留守 ⑳㉓ | るす | 부재 |
| 05 | 包む ⑩⑲㉑ | つつむ | 싸다, 포장하다 |
| 06 | 怖い | こわい | 무섭다 |
| 07 | 泡 | あわ | 거품 |
| 08 | 閉じる ⑬ | とじる | 닫다, (눈) 감다, 덮다 |
| 09 | 評判 | ひょうばん | 평판 |
| 10 | 平日 ⑫ | へいじつ | 평일 |

단어의 읽는 법과 의미를 외워 봅시다.

| | 단 어 | 읽는법 | 의 미 |
|---|---|---|---|
| 11 | 編む | あむ | 짜다, 뜨다, 편찬하다 |
| 12 | 早速 ⑪⑲㉔ | さっそく | 즉시(=すぐ) |
| 13 | 屋上 | おくじょう | 옥상 |
| 14 | 波 | なみ | 파도, 물결 |
| 15 | 見方 | みかた | 견해, 생각, 관점 |
| 16 | 投げる ⑮ | なげる | 던지다 |
| 17 | 通り過ぎる | とおりすぎる | 통과하다, 지나가다 |
| 18 | せめて | | 적어도, 최소한<br>(+たい ~하고 싶다/+てほしい ~해 줬으면 좋겠다) |
| 19 | 通う | かよう | (장소) 다니다 |
| 20 | 痛い ⑪ | いたい | 아프다 |

단어의 읽는 법과 의미를 외워 봅시다.

| | 단 어 | 읽는 법 | 의 미 |
|---|---|---|---|
| 21 | 隠す ⑮㉔ | かくす | 숨기다, 감추다 |
| 22 | 太い | ふとい | 굵다, 뻔뻔스럽다 |
| 23 | 探す | さがす | 찾다 |
| 24 | 需要 | じゅよう | 수요 |
| 25 | 親 | おや | 부모 |
| 26 | 値段 ⑪⑳ | ねだん | 가격 |
| 27 | 脱ぐ | ぬぐ | 벗다 |
| 28 | 恥ずかしい | はずかしい | 부끄럽다, 면목없다 |
| 29 | 治す | なおす | (병) 고치다, 치료하다 |
| 30 | 溺れる | おぼれる | 빠지다, 탐닉하다 |

## 실력 체크

한 주 동안 외운 단어를 점검해 봅시다.

| WEEK 01 | 학습 날짜 | 달성 목표 | 다시 한번 확인해야 하는 단어 |
|---|---|---|---|
| DAY 1 | ___ / ___ | 30개 중 ___ 개 암기! | |
| DAY 2 | ___ / ___ | 30개 중 ___ 개 암기! | |
| DAY 3 | ___ / ___ | 30개 중 ___ 개 암기! | |
| DAY 4 | ___ / ___ | 30개 중 ___ 개 암기! | |
| DAY 5 | ___ / ___ | 30개 중 ___ 개 암기! | |
| DAY 6 | ___ / ___ | 30개 중 ___ 개 암기! | |

단어의 읽는 법과 의미를 써 봅시다.

| 단어 | |
| --- | --- |
| 歌う | 읽는 법<br>의 미 |
| 加える | 읽는 법<br>의 미 |
| 可能 | 읽는 법<br>의 미 |
| 家賃 | 읽는 법<br>의 미 |
| 歯 | 읽는 법<br>의 미 |
| 仮定 | 읽는 법<br>의 미 |
| 価値 | 읽는 법<br>의 미 |
| 角 | 읽는 법<br>의 미 |
| 各国 | 읽는 법<br>의 미 |
| 各地 | 읽는 법<br>의 미 |
| 干す | 읽는 법<br>의 미 |
| 間に合う | 읽는 법<br>의 미 |
| 間隔 | 읽는 법<br>의 미 |
| 講演 | 읽는 법<br>의 미 |
| 強化 | 읽는 법<br>의 미 |

| 단어 | |
| --- | --- |
| 個人 | 읽는 법<br>의 미 |
| 距離 | 읽는 법<br>의 미 |
| 検査 | 읽는 법<br>의 미 |
| 田舎 | 읽는 법<br>의 미 |
| 掲示 | 읽는 법<br>의 미 |
| 激しい | 읽는 법<br>의 미 |
| 肩 | 읽는 법<br>의 미 |
| 見せる | 읽는 법<br>의 미 |
| 見つかる | 읽는 법<br>의 미 |
| 見つける | 읽는 법<br>의 미 |
| 見本 | 읽는 법<br>의 미 |
| 結ぶ | 읽는 법<br>의 미 |
| 疑問 | 읽는 법<br>의 미 |
| 決める | 읽는 법<br>의 미 |
| 結果 | 읽는 법<br>의 미 |

단어의 읽는 법과 의미를 써 봅시다.

| 단어 | |
|---|---|
| 決断 | 읽는 법<br>의 미 |
| 欠点 | 읽는 법<br>의 미 |
| 仕舞う | 읽는 법<br>의 미 |
| 厚い | 읽는 법<br>의 미 |
| 回収 | 읽는 법<br>의 미 |
| 会費 | 읽는 법<br>의 미 |
| 回す | 읽는 법<br>의 미 |
| 強いる | 읽는 법<br>의 미 |
| 早退 | 읽는 법<br>의 미 |
| 活発 | 읽는 법<br>의 미 |
| 価格 | 읽는 법<br>의 미 |
| 歓迎 | 읽는 법<br>의 미 |
| 環境 | 읽는 법<br>의 미 |
| 丸い | 읽는 법<br>의 미 |
| 確実 | 읽는 법<br>의 미 |

| 단어 | |
|---|---|
| 泣く | 읽는 법<br>의 미 |
| 血液 | 읽는 법<br>의 미 |
| 話し合う | 읽는 법<br>의 미 |
| 混雑 | 읽는 법<br>의 미 |
| 混ぜる | 읽는 법<br>의 미 |
| 湖 | 읽는 법<br>의 미 |
| 狭い | 읽는 법<br>의 미 |
| 穴 | 읽는 법<br>의 미 |
| 現在 | 읽는 법<br>의 미 |
| 暇 | 읽는 법<br>의 미 |
| 現実 | 읽는 법<br>의 미 |
| ゆらゆら | 읽는 법<br>의 미 |
| まだ | 읽는 법<br>의 미 |
| まごまご | 읽는 법<br>의 미 |
| ぶらぶら | 읽는 법<br>의 미 |

단어의 읽는 법과 의미를 써 봅시다.

| 단어 | |
|---|---|
| ぶつかる | 읽는 법<br>의 미 |
| 鋭い | 읽는 법<br>의 미 |
| 輸入 | 읽는 법<br>의 미 |
| はっきり | 읽는 법<br>의 미 |
| 決心 | 읽는 법<br>의 미 |
| 鏡 | 읽는 법<br>의 미 |
| 軽い | 읽는 법<br>의 미 |
| 驚く | 읽는 법<br>의 미 |
| 景色 | 읽는 법<br>의 미 |
| 経営 | 읽는 법<br>의 미 |
| 経由 | 읽는 법<br>의 미 |
| 経験 | 읽는 법<br>의 미 |
| 計算 | 읽는 법<br>의 미 |
| 係員 | 읽는 법<br>의 미 |
| 計画 | 읽는 법<br>의 미 |

| 단어 | |
|---|---|
| 固い | 읽는 법<br>의 미 |
| 苦い | 읽는 법<br>의 미 |
| 取り替える | 읽는 법<br>의 미 |
| 苦しい | 읽는 법<br>의 미 |
| 永遠 | 읽는 법<br>의 미 |
| 戻す | 읽는 법<br>의 미 |
| きつい | 읽는 법<br>의 미 |
| 故障 | 읽는 법<br>의 미 |
| 曲がる | 읽는 법<br>의 미 |
| 困る | 읽는 법<br>의 미 |
| 空 | 읽는 법<br>의 미 |
| 空席 | 읽는 법<br>의 미 |
| 共通 | 읽는 법<br>의 미 |
| 過程 | 읽는 법<br>의 미 |
| 郊外 | 읽는 법<br>의 미 |

단어의 읽는 법과 의미를 써 봅시다.

| 단어 | | 단어 | |
|---|---|---|---|
| □ 交換 | 읽는법<br>의 미 | □ 祈る | 읽는법<br>의 미 |
| □ 向かう | 읽는법<br>의 미 | □ 機械 | 읽는법<br>의 미 |
| □ 求人 | 읽는법<br>의 미 | □ 記念 | 읽는법<br>의 미 |
| □ 具合 | 읽는법<br>의 미 | □ 記録 | 읽는법<br>의 미 |
| □ 国籍 | 읽는법<br>의 미 | □ 貯金 | 읽는법<br>의 미 |
| □ 国際 | 읽는법<br>의 미 | □ 期限 | 읽는법<br>의 미 |
| □ 勧誘 | 읽는법<br>의 미 | □ 機会 | 읽는법<br>의 미 |
| □ 貴重 | 읽는법<br>의 미 | □ 緊張 | 읽는법<br>의 미 |
| □ 近所 | 읽는법<br>의 미 | □ 支給 | 읽는법<br>의 미 |
| □ 禁煙 | 읽는법<br>의 미 | □ 暖かい | 읽는법<br>의 미 |
| □ 今朝 | 읽는법<br>의 미 | □ 難しい | 읽는법<br>의 미 |
| □ 急ぐ | 읽는법<br>의 미 | □ 納得 | 읽는법<br>의 미 |
| □ 急に | 읽는법<br>의 미 | □ 内緒 | 읽는법<br>의 미 |
| □ 訪ねる | 읽는법<br>의 미 | □ 内容 | 읽는법<br>의 미 |
| □ 残業 | 읽는법<br>의 미 | □ 試合 | 읽는법<br>의 미 |

단어의 읽는 법과 의미를 써 봅시다.

| 단어 | | 단어 | |
|---|---|---|---|
| 現す | 읽는 법<br>의 미 | 面倒臭い | 읽는 법<br>의 미 |
| 眩しい | 읽는 법<br>의 미 | 割れる | 읽는 법<br>의 미 |
| 許可 | 읽는 법<br>의 미 | 慌てる | 읽는 법<br>의 미 |
| 許す | 읽는 법<br>의 미 | 汗 | 읽는 법<br>의 미 |
| 嘘 | 읽는 법<br>의 미 | 下車 | 읽는 법<br>의 미 |
| 資料 | 읽는 법<br>의 미 | 協力 | 읽는 법<br>의 미 |
| 行事 | 읽는 법<br>의 미 | 疲労 | 읽는 법<br>의 미 |
| 行方 | 읽는 법<br>의 미 | 疲れる | 읽는 법<br>의 미 |
| 方向 | 읽는 법<br>의 미 | 風景 | 읽는 법<br>의 미 |
| 熱心 | 읽는 법<br>의 미 | 恋しい | 읽는 법<br>의 미 |
| 解消 | 읽는 법<br>의 미 | 表面 | 읽는 법<br>의 미 |
| 解決 | 읽는 법<br>의 미 | 慣れる | 읽는 법<br>의 미 |
| 解ける | 읽는 법<br>의 미 | のろのろ | 읽는 법<br>의 미 |
| 航空 | 읽는 법<br>의 미 | 管理 | 읽는 법<br>의 미 |
| 改正 | 읽는 법<br>의 미 | なるべく | 읽는 법<br>의 미 |

단어의 읽는 법과 의미를 써 봅시다.

| 단 어 | | 단 어 | |
|---|---|---|---|
| 表れる | 읽는 법<br>의 미 | 投げる | 읽는 법<br>의 미 |
| 表す | 읽는 법<br>의 미 | 通り過ぎる | 읽는 법<br>의 미 |
| 表 | 읽는 법<br>의 미 | せめて | 읽는 법<br>의 미 |
| 留守 | 읽는 법<br>의 미 | 通う | 읽는 법<br>의 미 |
| 包む | 읽는 법<br>의 미 | 痛い | 읽는 법<br>의 미 |
| 怖い | 읽는 법<br>의 미 | 隠す | 읽는 법<br>의 미 |
| 泡 | 읽는 법<br>의 미 | 太い | 읽는 법<br>의 미 |
| 閉じる | 읽는 법<br>의 미 | 探す | 읽는 법<br>의 미 |
| 評判 | 읽는 법<br>의 미 | 需要 | 읽는 법<br>의 미 |
| 平日 | 읽는 법<br>의 미 | 親 | 읽는 법<br>의 미 |
| 編む | 읽는 법<br>의 미 | 値段 | 읽는 법<br>의 미 |
| 早速 | 읽는 법<br>의 미 | 脱ぐ | 읽는 법<br>의 미 |
| 屋上 | 읽는 법<br>의 미 | 恥ずかしい | 읽는 법<br>의 미 |
| 波 | 읽는 법<br>의 미 | 治す | 읽는 법<br>의 미 |
| 見方 | 읽는 법<br>의 미 | 溺れる | 읽는 법<br>의 미 |

# 실전 JLPT 도전

실제 시험유형과 비슷한 문제를 통해 복습해 봅시다.

**1** ____의 단어의 읽는 법으로 가장 적당한 것을 ①, ②, ③, ④에서 하나 고르세요.

1) 今週は各地でいろいろな花火大会が行われます。
이번 주는 각지에서 다양한 불꽃놀이가 시행됩니다.
①かつじ ②かっち ③かくじ ④かくち

2) リボンをきれいに結んでほしいです。 리본을 예쁘게 묶어 줬으면 좋겠습니다.
①あんで ②つんで ③むすんで ④たたんで

3) 父は最近仕事で困っているみたいだ。
아버지는 요즘 일 때문에 곤란해하는 것 같다.
①まよって ②こまって ③おこって ④うたがって

**2** ____의 단어를 한자로 쓸 때 가장 적당한 것을 ①, ②, ③, ④에서 하나 고르세요.

1) 今朝からはが痛いです。 오늘 아침부터 이가 아픕니다.
①腹 ②胃 ③歯 ④腰

2) もう少しあつい辞書がほしいです。 좀 더 두꺼운 사전을 갖고 싶습니다.
①浅い ②丸い ③太い ④厚い

3) 妹は急に大声でなきだした。 여동생은 갑자기 큰 소리로 울기 시작했다.
①涙きだした ②悲きだした ③冷きだした ④泣きだした

**3** (　)에 들어갈 것으로 가장 적당한 것을 ①, ②, ③, ④에서 하나 고르세요.

**1) 試験まで時間があったので、周辺を(　　)していた。**

시험까지 시간이 있어서 주변을 어슬렁어슬렁 하고 있었다.

①うろうろ　②まごまご　③ゆらゆら　④ぶらぶら

**2) 庭に花を5センチ(　　)で植えました。**

정원에 꽃을 5cm 간격으로 심었습니다.

①輸入　②間隔　③記録　④位置

**3) 駅の近くは少なくとも(　　)が5万円は必要です。**

역 근처는 적어도 집세가 5만 엔은 필요합니다.

①価格　②代金　③会費　④家賃

**4) 今からテストを始めますので、本はかばんの中に(　　)ください。**

지금부터 테스트를 시작할 테니 책은 가방 안에 넣어 주세요.

①渡して　②加えて　③仕舞って　④ぶつかって

**정답**

**1** 1) ④ 2) ③ 3) ②

**2** 1) ③ 2) ④ 3) ④

**3** 1) ④ 2) ② 3) ④ 4) ③

WEEK 02

# 2 주째

# DAY 1

1회 2회 3회

단어의 읽는 법과 의미를 외워 봅시다.

MP3 1-2-1

| 단 어 | 읽는 법 | 의 미 |
|---|---|---|
| 01 怒る | おこる | 화내다, 꾸짖다 |
| 02 濃い | こい | 짙다, 진하다 |
| 03 悩む | なやむ | 고민하다 |
| 04 能力 | のうりょく | 능력 |
| 05 泥 | どろ | 진흙 |
| 06 多少 | たしょう | 다소, 꽤 |
| 07 短気 ㉓ | たんき | 성마름, 급한 성질 (+だ 하다/+な 한) |
| 08 担当 | たんとう | 담당 |
| 09 団体 | だんたい | 단체 |
| 10 単語 ⑪ | たんご | 단어 |

단어의 읽는 법과 의미를 외워 봅시다.

| | 단 어 | 읽는 법 | 의 미 |
|---|---|---|---|
| 11 | 担任 | たんにん | 담임 |
| 12 | 達成 | たっせい | 달성 |
| 13 | 答える | こたえる | 대답하다 |
| 14 | 当日 | とうじつ | 당일 |
| 15 | 貸す | かす | 빌려주다 |
| 16 | 大家 | おおや | 집주인 |
| 17 | 代金 | だいきん | 대금 |
| 18 | 大量 ⑪ | たいりょう | 대량 |
| 19 | 坂道 | さかみち | 언덕길 |
| 20 | 大勢 | おおぜい | 많은 사람 |

단어의 읽는 법과 의미를 외워 봅시다.

| | 단 어 | 읽는 법 | 의 미 |
|---|---|---|---|
| 21 | **大人** | おとな | 어른 |
| 22 | **記す** | しるす | 적다, 기록하다, 새기다 |
| 23 | **道** | みち | 길 |
| 24 | **導く** | みちびく | 이끌다, 인도하다 |
| 25 | **逃げる** ⑯㉑㉔ | にげる | 도망치다, 회피하다 |
| 26 | **渡す** | わたす | 건네주다, 넘겨주다 |
| 27 | **盗む** | ぬすむ | 훔치다,<br>(타인의 눈) 속이다 |
| 28 | **渡る** | わたる | 건너다, 넘어가다 |
| 29 | **倒れる** | たおれる | 쓰러지다, 넘어지다 |
| 30 | **道具** | どうぐ | 도구 |

# DAY 2

1회  

단어의 읽는 법과 의미를 외워 봅시다.

MP3 1-2-2

| | 단 어 | 읽는 법 | 의 미 |
|---|---|---|---|
| 01 | 倒産 | とうさん | 도산 |
| 02 | 都市 | とし | 도시 |
| 03 | 都合 | つごう | (시간상) 형편, 사정 |
| 04 | 野菜 | やさい | 채소 |
| 05 | 独立 ⑯ | どくりつ | 독립 |
| 06 | 励ます | はげます | 격려하다, 북돋우다 |
| 07 | 動く | うごく | 움직이다, 작동하다 |
| 08 | 同じ | おなじ | 같음(+だ 하다/+に 하게) |
| 09 | 動作 ㉑㉓ | どうさ | 동작 |
| 10 | 豆 | まめ | 콩 |

단어의 읽는 법과 의미를 외워 봅시다.

| 단어 | 읽는 법 | 의미 |
|---|---|---|
| 11 頭 | あたま | 머리 |
| 12 頭痛 ⑰ | ずつう | 두통 |
| 13 目覚ましい | めざましい | 눈부시다, 놀랍다 |
| 14 落ち着く ⑩⑲㉔ | おちつく | 안정되다, 침착하다 |
| 15 落とす | おとす | 떨어뜨리다, 잃어버리다 |
| 16 冷える ⑰㉒ | ひえる | 차가워지다, 식다 |
| 17 冷たい | つめたい | 차갑다 |
| 18 両替 ⑪ | りょうがえ | 환전 |
| 19 写す | うつす | (그림, 문서) 베끼다, 묘사하다 |
| 20 旅館 | りょかん | 여관 |

단어의 읽는 법과 의미를 외워 봅시다.

| | 단 어 | 읽는법 | 의 미 |
|---|---|---|---|
| 21 | 旅行 | りょこう | 여행 |
| 22 | 歴史 | れきし | 역사 |
| 23 | 連絡 | れんらく | 연락 |
| 24 | 領収書 | りょうしゅうしょ | 영수증(=領収証(りょうしゅうしょう)) |
| 25 | 老人 | ろうじん | 노인 |
| 26 | 論文 | ろんぶん | 논문 |
| 27 | 頼む | たのむ | 부탁하다 |
| 28 | 料理 | りょうり | 요리 |
| 29 | 流す | ながす | 흘리다, 틀다, 씻어 내다 |
| 30 | 溜まる | たまる | (일, 스트레스) 쌓이다 |

1회 2회 3회

단어의 읽는 법과 의미를 외워 봅시다. MP3 1-2-3

| | 단 어 | 읽는 법 | 의 미 |
|---|---|---|---|
| 01 | **就職** ⑲ | しゅうしょく | 취직 |
| 02 | **修理** | しゅうり | 수리 |
| 03 | **取り消す** ⑲ | とりけす | 취소하다 |
| 04 | **取り上げる** | とりあげる | 집어 들다, 빼앗다 |
| 05 | **就く** | つく | (직위, 위치) 오르다,<br>종사하다 |
| 06 | **酔う** | よう | (술) 취하다,<br>(탈것) 멀미하다 |
| 07 | **衝突** | しょうとつ | 충돌 |
| 08 | **信号** | しんごう | 신호(=合図(あいず)) |
| 09 | **出席** | しゅっせき | 출석 |
| 10 | **出発** | しゅっぱつ | 출발 |

단어의 읽는 법과 의미를 외워 봅시다.

| | 단 어 | 읽는 법 | 의 미 |
|---|---|---|---|
| 11 | 出来上がる | できあがる | 완성되다 |
| 12 | 出勤 ⑱ | しゅっきん | 출근 |
| 13 | 祝日 | しゅくじつ | 경축일 |
| 14 | 祝う | いわう | 축하하다 |
| 15 | 追加 | ついか | 추가 |
| 16 | 追う ⑩ | おう | 쫓다, 뒤따르다 |
| 17 | 追い付く | おいつく | 따라잡다, (수준) 달하다 |
| 18 | 最初 ⑲㉔ | さいしょ | 처음, 최초 |
| 19 | 最中 | さいちゅう | 한창(+な 한/+に 하게) |
| 20 | 最終的 | さいしゅうてき | 최종적<br>(+な 한/+に 하게) |

단어의 읽는 법과 의미를 외워 봅시다.

| | 단 어 | 읽는 법 | 의 미 |
|---|---|---|---|
| 21 | 最近 ⑬ | さいきん | 최근 |
| 22 | 向上 | こうじょう | 향상 |
| 23 | 売り切れる ㉔ | うりきれる | 매진되다 |
| 24 | 招待 | しょうたい | 초대 |
| 25 | 焦げる | こげる | 검게 타다, 그을리다, 눋다 |
| 26 | 招く | まねく | 초대하다, 초래하다 |
| 27 | 草 | くさ | 풀 |
| 28 | 測量 | そくりょう | 측량 |
| 29 | 諦める ㉒㉔ | あきらめる | 포기하다, 단념하다 |
| 30 | 締める | しめる | (넥타이, 벨트) 매다, (마음, 행동) 다잡다 |

# DAY 4

1회 2회 3회

단어의 읽는 법과 의미를 외워 봅시다.

MP3 1-2-4

| | 단 어 | 읽는 법 | 의 미 |
|---|---|---|---|
| 01 | 替える ⑱ | かえる | 바꾸다, 교환하다 |
| 02 | 裏 ㉑ | うら | 뒤, 뒷면, 안 |
| 03 | 入試 | にゅうし | 입시 |
| 04 | 理由 ⑪⑲ | りゆう | 이유 |
| 05 | 裏側 | うらがわ | 뒤쪽, 이면 |
| 06 | 磨く | みがく | 닦다, 연마하다 |
| 07 | 忙しい | いそがしい | 바쁘다 |
| 08 | 望む | のぞむ | 바라다 |
| 09 | 忘れる | わすれる | 잊다 |
| 10 | いらいら | | 초조한 모양 |

단어의 읽는 법과 의미를 외워 봅시다.

| | 단 어 | 읽는 법 | 의 미 |
|---|---|---|---|
| 11 | くたびれる | | 지치다, 피로하다 |
| 12 | 掃く | はく | (빗자루) 쓸다 |
| 13 | だるい ⑬㉑ | | 나른하다 |
| 14 | 改札 ⑱ | かいさつ | 개찰(구) |
| 15 | 明ける | あける | (날) 밝다, 새다, 끝나다 |
| 16 | 明るい | あかるい | 밝다 |
| 17 | 暮す | くらす | 살다, 생활하다 |
| 18 | 暮れる | くれる | (날) 저물다 |
| 19 | 募金 | ぼきん | 모금 |
| 20 | 募集 ⑯ | ぼしゅう | 모집 |

단어의 읽는 법과 의미를 외워 봅시다.

| 단 어 | 읽는 법 | 의 미 |
|---|---|---|
| 21 目立つ | めだつ | 눈에 띄다, 두드러지다 |
| 22 目的 | もくてき | 목적 |
| 23 夢中 | むちゅう | 열중함, 푹 빠짐<br>(+だ 하다/+に 하게) |
| 24 岩 ⑩⑳ | いわ | 바위 |
| 25 味 | あじ | 맛 |
| 26 迷う ⑱ | まよう | 헤매다, 망설이다 |
| 27 美しい ⑮ | うつくしい | 아름답다 |
| 28 薄い | うすい | 연하다, 얇다 |
| 29 泊まる ㉑ | とまる | 머물다, 묵다 |
| 30 返す ⑪㉔ | かえす | 되돌려주다, 갚다 |

# DAY 5

1회 2회 3회

단어의 읽는 법과 의미를 외워 봅시다.

MP3 1-2-5

| | 단 어 | 읽는 법 | 의 미 |
|---|---|---|---|
| 01 | 返事 | へんじ | 답변, 대답 |
| 02 | 髪 | かみ | 머리카락 |
| 03 | 抜く | ぬく | 뽑아내다, 선발하다 |
| 04 | 発見 ⑩ | はっけん | 발견 |
| 05 | 拭く ⑰ | ふく | 닦다, 훔치다 |
| 06 | 発表 ⑪⑮ | はっぴょう | 발표 |
| 07 | 尋ねる | たずねる | 묻다, 질문하다 |
| 08 | 配る ⑫㉔ | くばる | 나누어 주다,<br>고루 미치게 하다 |
| 09 | 配達 ⑳ | はいたつ | 배달 |
| 10 | 破れる | やぶれる | 찢어지다, 깨지다 |

단어의 읽는 법과 의미를 외워 봅시다.

| | 단 어 | 읽는 법 | 의 미 |
|---|---|---|---|
| 11 | 番組 | ばんぐみ | 프로그램, 방송 |
| 12 | 法律 [11] | ほうりつ | 법률 |
| 13 | 壁 | かべ | 벽 |
| 14 | 変える | かえる | 바꾸다 |
| 15 | 辺り | あたり | 근처, 근방 |
| 16 | 変更 | へんこう | 변경 |
| 17 | 変化 | へんか | 변화 |
| 18 | 別れる [12] | わかれる | 헤어지다 |
| 19 | 並ぶ | ならぶ | 줄 서다, 견주다 |
| 20 | 並べる | ならべる | 진열하다, 나란히 놓다 |

단어의 읽는 법과 의미를 외워 봅시다.

| | 단 어 | 읽는법 | 의 미 |
|---|---|---|---|
| 21 | **病院** | びょういん | 병원 |
| 22 | **歩く** | あるく | 걷다 |
| 23 | **濡れる** | ぬれる | 젖다 |
| 24 | **復習** ㉓ | ふくしゅう | 복습 |
| 25 | **複雑** ⑪⑱⑳ | ふくざつ | 복잡(+だ 하다/+な 한) |
| 26 | **服装** | ふくそう | 복장 |
| 27 | **交流** ⑳㉓ | こうりゅう | 교류 |
| 28 | **本日** | ほんじつ | 오늘 |
| 29 | **停電** ⑲ | ていでん | 정전 |
| 30 | **浮く** | うく | 뜨다, 들뜨다 |

# DAY 6

1회 2회 3회

단어의 읽는 법과 의미를 외워 봅시다.

MP3 1-2-6

| | 단 어 | 읽는 법 | 의 미 |
|---|---|---|---|
| 01 | 栄養 ⑮⑳ | えいよう | 영양 |
| 02 | 夫婦 ㉓ | ふうふ | 부부 |
| 03 | 部屋 | へや | 방 |
| 04 | 否定 | ひてい | 부정 |
| 05 | 体 | からだ | 몸 |
| 06 | 体力 | たいりょく | 체력 |
| 07 | 払う | はらう | 지불하다, 제거하다 |
| 08 | 沸かす | わかす | (물) 끓이다, (금속) 녹이다 |
| 09 | 沸く | わく | (물) 끓다, (금속) 녹다, 열광하다 |
| 10 | 悲しい | かなしい | 슬프다 |

💡 단어의 읽는 법과 의미를 외워 봅시다.

| 단 어 | 읽는 법 | 의 미 |
|---|---|---|
| 11 飛ぶ | とぶ | 날다, 날아가다 |
| 12 沸騰 | ふっとう | 비등(들끓음) |
| 13 非常 | ひじょう | 상당함, 대단함<br>(+な 한/+に 하게) |
| 14 貧しい | まずしい | 가난하다, 빈약하다 |
| 15 大体 | だいたい | 대체, 대개 |
| 16 そっくり ⑩⑮ | | 꼭 빼닮음<br>(+だ 하다/+な 한) |
| 17 すっかり | | 완전히 |
| 18 思い付く | おもいつく | 문득 생각이 떠오르다 |
| 19 新鮮 ⑮ | しんせん | 신선(+だ 하다/+な 한) |
| 20 捨てる | すてる | 버리다 |

단어의 읽는 법과 의미를 외워 봅시다.

| | 단 어 | 읽는 법 | 의 미 |
|---|---|---|---|
| 21 | **基礎** | きそ | 기초 |
| 22 | **謝る** | あやまる | 사과하다 |
| 23 | **事故** | じこ | 사고 |
| 24 | **写真** | しゃしん | 사진 |
| 25 | **似合う** ⑯ | にあう | 어울리다 |
| 26 | **削る** | けずる | 깎다, 삭감하다 |
| 27 | **産業** | さんぎょう | 산업 |
| 28 | **森** | もり | 우거진 숲, 삼림 |
| 29 | **傷** ⑯ | きず | 상처, 흠 |
| 30 | **相談** ⑫⑱ | そうだん | 상담 |

## 실력 체크

한 주 동안 외운 단어를 점검해 봅시다.

| WEEK 02 | 학습 날짜 | 달성 목표 | 다시 한번 확인해야 하는 단어 |
|---|---|---|---|
| DAY 1 | ___ /___ | 30개 중 ___개 암기! | |
| DAY 2 | ___ /___ | 30개 중 ___개 암기! | |
| DAY 3 | ___ /___ | 30개 중 ___개 암기! | |
| DAY 4 | ___ /___ | 30개 중 ___개 암기! | |
| DAY 5 | ___ /___ | 30개 중 ___개 암기! | |
| DAY 6 | ___ /___ | 30개 중 ___개 암기! | |

단어의 읽는 법과 의미를 써 봅시다.

| 단 어 | | |
|---|---|---|
| 怒る | 읽는법 | |
| | 의 미 | |
| 濃い | 읽는법 | |
| | 의 미 | |
| 悩む | 읽는법 | |
| | 의 미 | |
| 能力 | 읽는법 | |
| | 의 미 | |
| 泥 | 읽는법 | |
| | 의 미 | |
| 多少 | 읽는법 | |
| | 의 미 | |
| 短気 | 읽는법 | |
| | 의 미 | |
| 担当 | 읽는법 | |
| | 의 미 | |
| 団体 | 읽는법 | |
| | 의 미 | |
| 単語 | 읽는법 | |
| | 의 미 | |
| 担任 | 읽는법 | |
| | 의 미 | |
| 達成 | 읽는법 | |
| | 의 미 | |
| 答える | 읽는법 | |
| | 의 미 | |
| 当日 | 읽는법 | |
| | 의 미 | |
| 貸す | 읽는법 | |
| | 의 미 | |

| 단 어 | | |
|---|---|---|
| 大家 | 읽는법 | |
| | 의 미 | |
| 代金 | 읽는법 | |
| | 의 미 | |
| 大量 | 읽는법 | |
| | 의 미 | |
| 坂道 | 읽는법 | |
| | 의 미 | |
| 大勢 | 읽는법 | |
| | 의 미 | |
| 大人 | 읽는법 | |
| | 의 미 | |
| 記す | 읽는법 | |
| | 의 미 | |
| 道 | 읽는법 | |
| | 의 미 | |
| 導く | 읽는법 | |
| | 의 미 | |
| 逃げる | 읽는법 | |
| | 의 미 | |
| 渡す | 읽는법 | |
| | 의 미 | |
| 盗む | 읽는법 | |
| | 의 미 | |
| 渡る | 읽는법 | |
| | 의 미 | |
| 倒れる | 읽는법 | |
| | 의 미 | |
| 道具 | 읽는법 | |
| | 의 미 | |

단어의 읽는 법과 의미를 써 봅시다.

| 단 어 | |
|---|---|
| 倒産 | 읽는 법<br>의 미 |
| 都市 | 읽는 법<br>의 미 |
| 都合 | 읽는 법<br>의 미 |
| 野菜 | 읽는 법<br>의 미 |
| 独立 | 읽는 법<br>의 미 |
| 励ます | 읽는 법<br>의 미 |
| 動く | 읽는 법<br>의 미 |
| 同じ | 읽는 법<br>의 미 |
| 動作 | 읽는 법<br>의 미 |
| 豆 | 읽는 법<br>의 미 |
| 頭 | 읽는 법<br>의 미 |
| 頭痛 | 읽는 법<br>의 미 |
| 目覚ましい | 읽는 법<br>의 미 |
| 落ち着く | 읽는 법<br>의 미 |
| 落とす | 읽는 법<br>의 미 |

| 단 어 | |
|---|---|
| 冷える | 읽는 법<br>의 미 |
| 冷たい | 읽는 법<br>의 미 |
| 両替 | 읽는 법<br>의 미 |
| 写す | 읽는 법<br>의 미 |
| 旅館 | 읽는 법<br>의 미 |
| 旅行 | 읽는 법<br>의 미 |
| 歴史 | 읽는 법<br>의 미 |
| 連絡 | 읽는 법<br>의 미 |
| 領収書 | 읽는 법<br>의 미 |
| 老人 | 읽는 법<br>의 미 |
| 論文 | 읽는 법<br>의 미 |
| 頼む | 읽는 법<br>의 미 |
| 料理 | 읽는 법<br>의 미 |
| 流す | 읽는 법<br>의 미 |
| 溜まる | 읽는 법<br>의 미 |

단어의 읽는 법과 의미를 써 봅시다.

| 단어 | | 단어 | |
|---|---|---|---|
| 就職 | 읽는 법<br>의 미 | 追う | 읽는 법<br>의 미 |
| 修理 | 읽는 법<br>의 미 | 追い付く | 읽는 법<br>의 미 |
| 取り消す | 읽는 법<br>의 미 | 最初 | 읽는 법<br>의 미 |
| 取り上げる | 읽는 법<br>의 미 | 最中 | 읽는 법<br>의 미 |
| 就く | 읽는 법<br>의 미 | 最終的 | 읽는 법<br>의 미 |
| 酔う | 읽는 법<br>의 미 | 最近 | 읽는 법<br>의 미 |
| 衝突 | 읽는 법<br>의 미 | 向上 | 읽는 법<br>의 미 |
| 信号 | 읽는 법<br>의 미 | 売り切れる | 읽는 법<br>의 미 |
| 出席 | 읽는 법<br>의 미 | 招待 | 읽는 법<br>의 미 |
| 出発 | 읽는 법<br>의 미 | 焦げる | 읽는 법<br>의 미 |
| 出来上がる | 읽는 법<br>의 미 | 招く | 읽는 법<br>의 미 |
| 出勤 | 읽는 법<br>의 미 | 草 | 읽는 법<br>의 미 |
| 祝日 | 읽는 법<br>의 미 | 測量 | 읽는 법<br>의 미 |
| 祝う | 읽는 법<br>의 미 | 諦める | 읽는 법<br>의 미 |
| 追加 | 읽는 법<br>의 미 | 締める | 읽는 법<br>의 미 |

단어의 읽는 법과 의미를 써 봅시다.

| 단어 | | 단어 | |
|---|---|---|---|
| 替える | 읽는 법<br>의 미 | 明るい | 읽는 법<br>의 미 |
| 裏 | 읽는 법<br>의 미 | 暮す | 읽는 법<br>의 미 |
| 入試 | 읽는 법<br>의 미 | 暮れる | 읽는 법<br>의 미 |
| 理由 | 읽는 법<br>의 미 | 募金 | 읽는 법<br>의 미 |
| 裏側 | 읽는 법<br>의 미 | 募集 | 읽는 법<br>의 미 |
| 磨く | 읽는 법<br>의 미 | 目立つ | 읽는 법<br>의 미 |
| 忙しい | 읽는 법<br>의 미 | 目的 | 읽는 법<br>의 미 |
| 望む | 읽는 법<br>의 미 | 夢中 | 읽는 법<br>의 미 |
| 忘れる | 읽는 법<br>의 미 | 岩 | 읽는 법<br>의 미 |
| いらいら | 읽는 법<br>의 미 | 味 | 읽는 법<br>의 미 |
| くたびれる | 읽는 법<br>의 미 | 迷う | 읽는 법<br>의 미 |
| 掃く | 읽는 법<br>의 미 | 美しい | 읽는 법<br>의 미 |
| だるい | 읽는 법<br>의 미 | 薄い | 읽는 법<br>의 미 |
| 改札 | 읽는 법<br>의 미 | 泊まる | 읽는 법<br>의 미 |
| 明ける | 읽는 법<br>의 미 | 返す | 읽는 법<br>의 미 |

단어의 읽는 법과 의미를 써 봅시다.

| 단 어 | | 단 어 | |
|---|---|---|---|
| 返事 | 읽는 법<br>의 미 | 変更 | 읽는 법<br>의 미 |
| 髪 | 읽는 법<br>의 미 | 変化 | 읽는 법<br>의 미 |
| 抜く | 읽는 법<br>의 미 | 別れる | 읽는 법<br>의 미 |
| 発見 | 읽는 법<br>의 미 | 並ぶ | 읽는 법<br>의 미 |
| 拭く | 읽는 법<br>의 미 | 並べる | 읽는 법<br>의 미 |
| 発表 | 읽는 법<br>의 미 | 病院 | 읽는 법<br>의 미 |
| 尋ねる | 읽는 법<br>의 미 | 歩く | 읽는 법<br>의 미 |
| 配る | 읽는 법<br>의 미 | 濡れる | 읽는 법<br>의 미 |
| 配達 | 읽는 법<br>의 미 | 復習 | 읽는 법<br>의 미 |
| 破れる | 읽는 법<br>의 미 | 複雑 | 읽는 법<br>의 미 |
| 番組 | 읽는 법<br>의 미 | 服装 | 읽는 법<br>의 미 |
| 法律 | 읽는 법<br>의 미 | 交流 | 읽는 법<br>의 미 |
| 壁 | 읽는 법<br>의 미 | 本日 | 읽는 법<br>의 미 |
| 変える | 읽는 법<br>의 미 | 停電 | 읽는 법<br>의 미 |
| 辺り | 읽는 법<br>의 미 | 浮く | 읽는 법<br>의 미 |

단어의 읽는 법과 의미를 써 봅시다.

| 단어 | | 단어 | |
|---|---|---|---|
| □ 栄養 | 읽는 법<br>의 미 | □ そっくり | 읽는 법<br>의 미 |
| □ 夫婦 | 읽는 법<br>의 미 | □ すっかり | 읽는 법<br>의 미 |
| □ 部屋 | 읽는 법<br>의 미 | □ 思い付く | 읽는 법<br>의 미 |
| □ 否定 | 읽는 법<br>의 미 | □ 新鮮 | 읽는 법<br>의 미 |
| □ 体 | 읽는 법<br>의 미 | □ 捨てる | 읽는 법<br>의 미 |
| □ 体力 | 읽는 법<br>의 미 | □ 基礎 | 읽는 법<br>의 미 |
| □ 払う | 읽는 법<br>의 미 | □ 謝る | 읽는 법<br>의 미 |
| □ 沸かす | 읽는 법<br>의 미 | □ 事故 | 읽는 법<br>의 미 |
| □ 沸く | 읽는 법<br>의 미 | □ 写真 | 읽는 법<br>의 미 |
| □ 悲しい | 읽는 법<br>의 미 | □ 似合う | 읽는 법<br>의 미 |
| □ 飛ぶ | 읽는 법<br>의 미 | □ 削る | 읽는 법<br>의 미 |
| □ 沸騰 | 읽는 법<br>의 미 | □ 産業 | 읽는 법<br>의 미 |
| □ 非常 | 읽는 법<br>의 미 | □ 森 | 읽는 법<br>의 미 |
| □ 貧しい | 읽는 법<br>의 미 | □ 傷 | 읽는 법<br>의 미 |
| □ 大体 | 읽는 법<br>의 미 | □ 相談 | 읽는 법<br>의 미 |

# 실전 JLPT 도전

실제 시험유형과 비슷한 문제를 통해 복습해 봅시다.

**1** ____의 단어의 읽는 법으로 가장 적당한 것을 ①, ②, ③, ④에서 하나 고르세요.

1) 日本語クラスの学生を<u>募集</u>しています。
일본어 반의 학생을 모집하고 있습니다.
①ぼうしゅう ②ぼしゅう ③もうしゅう ④もしゅう

2) 面接の合格者が<u>発表</u>された。 면접 합격자가 발표되었다.
①はつひょう ②はっぴょう ③はつひょ ④はっぴょ

3) 社長もいらっしゃるので、<u>服装</u>はきちんとしてください。
사장님도 오시기 때문에 복장은 똑바로 해 주세요.
①ふくしょく ②ふくそく ③ふくしょう ④ふくそう

**2** ____의 단어를 한자로 쓸 때 가장 적당한 것을 ①, ②, ③, ④에서 하나 고르세요.

1) どのパソコンにしようか<u>まよって</u>います。
어느 컴퓨터로 할지 망설이고 있습니다.
①拾って ②疑って ③迷って ④通って

2) 大雨のせいで、<u>ていでん</u>があった。
큰비 탓에 정전이 있었다.
①止電 ②落電 ③閉電 ④停電

3) この店は昔の音楽を<u>ながして</u>います。 이 가게는 옛날 음악을 틀고 있습니다.
①流して ②洗して ③消して ④清して

**3** (　)에 들어갈 것으로 가장 적당한 것을 ①, ②, ③, ④에서 하나 고르세요.

**1) 新しく家具を買って、(　　)もらった。**

새로 가구를 사서 배달을 받았다.

① 相談して　② 配達して　③ 発見して　④ 返事して

**2) 大人数で話すときは、一人一人に十分、気を(　　)ことだ。**

많은 사람들과 이야기할 때는 한명 한명에게 충분히 신경써야 한다.

① 離れる　② 替える　③ 磨く　④ 配る

**3) 勉強中、眠くて集中できないときは、(　　)お茶を飲むといいそうです。**

공부하는 중에 졸려서 집중이 안 될 때는 진한 차를 마시면 좋다고 합니다.

① 太い　② 恥ずかしい　③ 大人しい　④ 濃い

**4) 週末に友だちと旅行に行こうとしたが、台風が来るので、(　　)ことにしました。**

주말에 친구들과 여행을 가려고 했지만, 태풍이 와서 취소하기로 했습니다.

① 出来上がる　② 売り切れる　③ 取り消す　④ 追いつく

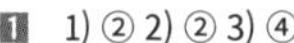


**1** 1) ② 2) ② 3) ④

**2** 1) ③ 2) ④ 3) ①

**3** 1) ② 2) ④ 3) ④ 4) ③

WEEK 03

# 3 주 째

# DAY 1

1회 2회 3회

단어의 읽는 법과 의미를 외워 봅시다.

MP3 1-3-1

| 단 어 | 읽는 법 | 의 미 |
|---|---|---|
| 01 相手 ⑭ | あいて | 상대 |
| 02 商業 ⑭ | しょうぎょう | 상업 |
| 03 商品 ⑰ | しょうひん | 상품 |
| 04 命令 ⑱㉑ | めいれい | 명령 |
| 05 生きる | いきる | 살다 |
| 06 生まれる | うまれる | 태어나다, 새로 생기다 |
| 07 生産 | せいさん | 생산 |
| 08 暑い | あつい | 덥다 |
| 09 建築 ⑱ | けんちく | 건축 |
| 10 夕食 | ゆうしょく | 석식, 저녁 식사 |

단어의 읽는 법과 의미를 외워 봅시다.

| | 단 어 | 읽는 법 | 의 미 |
|---|---|---|---|
| 11 | 選ぶ | えらぶ | 선택하다, 고르다 |
| 12 | 選手 ⑬ | せんしゅ | 선수 |
| 13 | 宣伝 | せんでん | 선전(=プロパガンダ) |
| 14 | 中間 | ちゅうかん | 중간 |
| 15 | 説明 | せつめい | 설명 |
| 16 | 星 | ほし | 별 |
| 17 | 緩い ㉔ | ゆるい | 헐렁하다, 완만하다 |
| 18 | 性格 ⑯㉑ | せいかく | 성격 |
| 19 | 成績 ⑯ | せいせき | 성적 |
| 20 | 貿易 | ぼうえき | 무역 |

단어의 읽는 법과 의미를 외워 봅시다.

| | 단 어 | 읽는 법 | 의 미 |
|---|---|---|---|
| 21 | 細い ㉓ | ほそい | 가늘다, 좁다 |
| 22 | 余る | あまる | 남다, 넘치다 |
| 23 | 歩道 | ほどう | 보도, 인도 |
| 24 | 細かい ⑭㉒ | こまかい | 잘다, 자세하다, 사소하다 |
| 25 | 世界 | せかい | 세계 |
| 26 | 税金 | ぜいきん | 세금 |
| 27 | 人数 | にんずう | 인원수 |
| 28 | 笑う | わらう | 웃다 |
| 29 | 消える | きえる | 꺼지다, 사라지다 |
| 30 | 咲く | さく | (꽃) 피다 |

# DAY 2

1회 2회 3회

단어의 읽는 법과 의미를 외워 봅시다.

MP3 1-3-2

| | 단 어 | 읽는법 | 의 미 |
|---|---|---|---|
| 01 | 焼く ⑯㉓ | やく | 굽다, 태우다 |
| 02 | 留学 | りゅうがく | 유학 |
| 03 | 少し | すこし | 조금 |
| 04 | 紹介 | しょうかい | 소개 |
| 05 | 消費 ⑯ | しょうひ | 소비 |
| 06 | 規則 ⑮⑯㉑㉔ | きそく | 규칙 |
| 07 | 続ける | つづける | 계속하다 |
| 08 | 送信 | そうしん | 송신 |
| 09 | 首 ⑮ | くび | 목 |
| 10 | 数える | かぞえる | (수) 세다 |

단어의 읽는 법과 의미를 외워 봅시다.

| | 단 어 | 읽는 법 | 의 미 |
|---|---|---|---|
| 11 | **受かる** | うかる | 합격하다 |
| 12 | **守る** ⑫⑮ | まもる | 지키다, 보호하다 |
| 13 | **近道** | ちかみち | 지름길(=早道(はやみち)) |
| 14 | **首都** ⑪ | しゅと | 수도(=都(みやこ)) |
| 15 | **受付** | うけつけ | 접수 |
| 16 | **手術** | しゅじゅつ | 수술 |
| 17 | **授業** | じゅぎょう | 수업 |
| 18 | **収入** | しゅうにゅう | 수입, 소득 |
| 19 | **修正** | しゅうせい | 수정 |
| 20 | **輸出** | ゆしゅつ | 수출 |

단어의 읽는 법과 의미를 외워 봅시다.

| | 단 어 | 읽는 법 | 의 미 |
|---|---|---|---|
| 21 | 縮小 | しゅくしょう | 축소 |
| 22 | 順調 | じゅんちょう | 순조(+な 한/+に 하게) |
| 23 | 拾う | ひろう | 줍다, 골라내다 |
| 24 | 親しい ⑲㉑ | したしい | 친하다, 가깝다 |
| 25 | 気付く ⑳ | きづく | 알아차리다, 깨닫다 |
| 26 | 詳しい | くわしい | 상세하다, 정통하다 |
| 27 | 勝つ ⑲ | かつ | 이기다, 쟁취하다 |
| 28 | 乗り換える | のりかえる | (교통수단) 갈아타다 |
| 29 | 乗車 ⑯ | じょうしゃ | 승차 |
| 30 | 示す | しめす | 나타내다, 가리키다 |

# DAY 3

[1회] [2회] [3회]

단어의 읽는 법과 의미를 외워 봅시다.

MP3 1-3-3

| | 단 어 | 읽는 법 | 의 미 |
|---|---|---|---|
| 01 | 試す | ためす | 시험하다 |
| 02 | 試食 | ししょく | 시식 |
| 03 | 試験 | しけん | 시험 |
| 04 | 植える ⑪ | うえる | 심다,<br>(사상, 생각) 불어넣다 |
| 05 | 食器 ⑭ | しょっき | 식기 |
| 06 | 文句 ⑮⑳ | もんく | 불평, 이의 |
| 07 | 郵便 ⑱ | ゆうびん | 우편 |
| 08 | 上達 | じょうたつ | (실력) 향상, 숙달 |
| 09 | 換える | かえる | 바꾸다, 교환하다 |
| 10 | 申し込み ⑯ | もうしこみ | 신청 |

단어의 읽는 법과 의미를 외워 봅시다.

| | 단 어 | 읽는 법 | 의 미 |
|---|---|---|---|
| 11 | **関心** ⑮ | かんしん | 관심 |
| 12 | **身長** ⑩ | しんちょう | 신장, 키 |
| 13 | **慎重** | しんちょう | 신중(+な 한/+に 하게) |
| 14 | **申請** | しんせい | 신청 |
| 15 | **失う** | うしなう | 잃다 |
| 16 | **室内** | しつない | 실내 |
| 17 | **失礼** | しつれい | 실례 |
| 18 | **失業** | しつぎょう | 실업 |
| 19 | **失敗** | しっぱい | 실패 |
| 20 | **心配** ⑯⑲㉓ | しんぱい | 걱정 |

단어의 읽는 법과 의미를 외워 봅시다.

| | 단 어 | 읽는법 | 의 미 |
|---|---|---|---|
| 21 | 十分 | じゅうぶん | 충분(+だ 하다/+な 한) |
| 22 | 悪い | わるい | 나쁘다, 잘못하다 |
| 23 | 楽しい ⑪ | たのしい | 즐겁다 |
| 24 | 顔 | かお | 얼굴 |
| 25 | 眼鏡 | めがね | 안경 |
| 26 | 安全 | あんぜん | 안전(+だ 하다/+な 한) |
| 27 | 暗い | くらい | 어둡다, 우울하다 |
| 28 | 押す | おす | 누르다, 밀다 |
| 29 | 夜中 | よなか | 한밤중 |
| 30 | 若い ⑭⑲ | わかい | 젊다, 미숙하다 |

# DAY 4

1회 2회 3회

단어의 읽는 법과 의미를 외워 봅시다. MP3 1-3-4

| | 단 어 | 읽는 법 | 의 미 |
|---|---|---|---|
| 01 | 洋服 | ようふく | 양복 |
| 02 | 様子 | ようす | 모습, 상태 |
| 03 | 涙 ⑪ | なみだ | 눈물 |
| 04 | 言葉 | ことば | 말, 언어 |
| 05 | 厳しい | きびしい | 엄하다, 냉엄하다 |
| 06 | 予防 | よぼう | 예방 |
| 07 | 予報 | よほう | 예보 |
| 08 | 分野 | ぶんや | 분야 |
| 09 | 報告 ⑲㉑ | ほうこく | 보고 |
| 10 | 迷惑 | めいわく | 민폐, 성가심<br>(+だ 하다/+な 한) |

단어의 읽는 법과 의미를 외워 봅시다.

| | 단 어 | 읽는 법 | 의 미 |
|---|---|---|---|
| 11 | **易しい** | やさしい | 쉽다 |
| 12 | **役立つ** | やくだつ | 도움이 되다, 쓸모가 있다 |
| 13 | **燃える** | もえる | 불 타다, 연소하다 |
| 14 | **延ばす** ⑫ | のばす | (시간, 일정) 연기하다 |
| 15 | **研究室** | けんきゅうしつ | 연구실 |
| 16 | **延期** ⑱㉑ | えんき | (시간, 일정) 연기 |
| 17 | **確か** ⑱㉒ | たしか | 확실함, 틀림없음<br>(+だ 하다/+な 한) |
| 18 | **燃焼** | ねんしょう | 연소 |
| 19 | **演奏** | えんそう | 연주 |
| 20 | **熱** | ねつ | 열 |

단어의 읽는 법과 의미를 외워 봅시다.

| | 단 어 | 읽는법 | 의 미 |
|---|---|---|---|
| 21 | 葉 | は | 잎 |
| 22 | 葉書 | はがき | 엽서 |
| 23 | 出身 | しゅっしん | 출신 |
| 24 | 営業 | えいぎょう | 영업 |
| 25 | 影響 ⑪㉔ | えいきょう | 영향 |
| 26 | 映画 | えいが | 영화 |
| 27 | 預かる | あずかる | 맡다, 보관하다 |
| 28 | 汚い ⑰ | きたない | 더럽다, 추잡하다 |
| 29 | 区別 ⑱ | くべつ | 구별 |
| 30 | 汚れる ⑮ | よごれる | 더러워지다 |

# DAY 5

1회 2회 3회

단어의 읽는 법과 의미를 외워 봅시다.

MP3 1-3-5

| | 단 어 | 읽는 법 | 의 미 |
|---|---|---|---|
| 01 | 屋根 | やね | 지붕 |
| 02 | 温暖化 | おんだんか | 온난화 |
| 03 | 温度 | おんど | 온도 |
| 04 | 温泉 | おんせん | 온천 |
| 05 | 腕 | うで | 팔, 솜씨 |
| 06 | 外 | そと | 밖 |
| 07 | 外科 | げか | 외과 |
| 08 | 外食 ⑫ | がいしょく | 외식 |
| 09 | 内側 ⑲ | うちがわ | 안쪽, 내면 |
| 10 | 腰 ⑱㉔ | こし | 허리 |

단어의 읽는 법과 의미를 외워 봅시다.

| | 단 어 | 읽는 법 | 의 미 |
|---|---|---|---|
| 11 | **要求** | ようきゅう | 요구 |
| 12 | **溶ける** ⑲ | とける | 녹다 |
| 13 | **容器** ⑬ | ようき | 용기, 그릇 |
| 14 | **用意** | ようい | 준비 |
| 15 | **優勝** | ゆうしょう | 우승 |
| 16 | **運転** | うんてん | 운전 |
| 17 | **運行** | うんこう | 운행 |
| 18 | **用事** | ようじ | 볼일, 용무 |
| 19 | **原料** ⑫⑱ | げんりょう | 원료 |
| 20 | **原因** ⑮ | げんいん | 원인 |

단어의 읽는 법과 의미를 외워 봅시다.

| 단 어 | 읽는법 | 의 미 |
|---|---|---|
| 21 **偉い** | えらい | 훌륭하다, 대단하다 |
| 22 **危ない** | あぶない | 위험하다, 불안하다 |
| 23 **慰める** | なぐさめる | 위로하다, 달래다 |
| 24 **位置** | いち | 위치 |
| 25 **偶然** ⑱⑳ | ぐうぜん | 우연 |
| 26 **誘う** | さそう | 권하다, 권유하다 |
| 27 **丘** | おか | 언덕 |
| 28 **有料** | ゆうりょう | 유료 |
| 29 **育てる** | そだてる | 키우다, 기르다 |
| 30 **応募** ⑪⑰ | おうぼ | 응모 |

# DAY 6

[1회] [2회] [3회]

단어의 읽는 법과 의미를 외워 봅시다.

🔊 MP3 1-3-6

| | 단 어 | 읽는 법 | 의 미 |
|---|---|---|---|
| 01 | 制限 [18] | せいげん | 제한 |
| 02 | 疑う [18][20][23] | うたがう | 의심하다 |
| 03 | 冗談 [11][19] | じょうだん | 농담 |
| 04 | 意識 | いしき | 의식 |
| 05 | 衣装 | いしょう | 의상 |
| 06 | 移動 [15] | いどう | 이동 |
| 07 | 以外 | いがい | 이외 |
| 08 | 印象 [14][19] | いんしょう | 인상 |
| 09 | 印刷 | いんさつ | 인쇄 |
| 10 | 日記 | にっき | 일기 |

단어의 읽는 법과 의미를 외워 봅시다.

| | 단 어 | 읽는 법 | 의 미 |
|---|---|---|---|
| 11 | 姿勢 | しせい | 자세, 태도 |
| 12 | 資源 ⑭㉒ | しげん | 자원 |
| 13 | 残念 | ざんねん | 유감, 안타까움<br>(+だ 하다/+な 한) |
| 14 | 将来 | しょうらい | 장래 |
| 15 | 丈夫 | じょうぶ | 튼튼함<br>(+だ 하다/+な 한) |
| 16 | 材料 ㉑ | ざいりょう | 재료 |
| 17 | 貯める ⑪ | ためる | (돈) 모으다,<br>(일) 미뤄 두다 |
| 18 | 積極的 ⑭⑲ | せっきょくてき | 적극적<br>(+な 한/+に 하게) |
| 19 | 伝える | つたえる | 전하다 |
| 20 | 転ぶ ⑪⑰ | ころぶ | 자빠지다, 구르다 |

단어의 읽는 법과 의미를 외워 봅시다.

| | 단 어 | 읽는 법 | 의 미 |
|---|---|---|---|
| 21 | 伝言 [21] | でんごん | 전언(남기는 말) |
| 22 | 伝統 | でんとう | 전통 |
| 23 | 自慢 | じまん | 자랑 |
| 24 | 折れる [16] | おれる | 꺾이다, 접히다 |
| 25 | 過去 [11][17][21] | かこ | 과거 |
| 26 | 節約 | せつやく | 절약 |
| 27 | 庭 | にわ | 정원, 뜰 |
| 28 | 丁寧 | ていねい | 공손함, 정중함, 주의 깊음<br>(+な 한/+に 하게) |
| 29 | 整理 [22] | せいり | 정리 |
| 30 | 情報 [11][22] | じょうほう | 정보 |

## 실력 체크

한 주 동안 외운 단어를 점검해 봅시다.

| WEEK 03 | 학습 날짜 | 달성 목표 | 다시 한번 확인해야 하는 단어 |
|---|---|---|---|
| DAY 1 | ___ / ___ | 30개 중 ___ 개 암기! | |
| DAY 2 | ___ / ___ | 30개 중 ___ 개 암기! | |
| DAY 3 | ___ / ___ | 30개 중 ___ 개 암기! | |
| DAY 4 | ___ / ___ | 30개 중 ___ 개 암기! | |
| DAY 5 | ___ / ___ | 30개 중 ___ 개 암기! | |
| DAY 6 | ___ / ___ | 30개 중 ___ 개 암기! | |

단어의 읽는 법과 의미를 써 봅시다.

| 단어 | | 단어 | |
|---|---|---|---|
| 相手 | 읽는법<br>의 미 | 星 | 읽는법<br>의 미 |
| 商業 | 읽는법<br>의 미 | 緩い | 읽는법<br>의 미 |
| 商品 | 읽는법<br>의 미 | 性格 | 읽는법<br>의 미 |
| 命令 | 읽는법<br>의 미 | 成績 | 읽는법<br>의 미 |
| 生きる | 읽는법<br>의 미 | 貿易 | 읽는법<br>의 미 |
| 生まれる | 읽는법<br>의 미 | 細い | 읽는법<br>의 미 |
| 生産 | 읽는법<br>의 미 | 余る | 읽는법<br>의 미 |
| 暑い | 읽는법<br>의 미 | 歩道 | 읽는법<br>의 미 |
| 建築 | 읽는법<br>의 미 | 細かい | 읽는법<br>의 미 |
| 夕食 | 읽는법<br>의 미 | 世界 | 읽는법<br>의 미 |
| 選ぶ | 읽는법<br>의 미 | 税金 | 읽는법<br>의 미 |
| 選手 | 읽는법<br>의 미 | 人数 | 읽는법<br>의 미 |
| 宣伝 | 읽는법<br>의 미 | 笑う | 읽는법<br>의 미 |
| 中間 | 읽는법<br>의 미 | 消える | 읽는법<br>의 미 |
| 説明 | 읽는법<br>의 미 | 咲く | 읽는법<br>의 미 |

단어의 읽는 법과 의미를 써 봅시다.

| 단 어 | | 단 어 | |
|---|---|---|---|
| 焼く | 읽는 법<br>의 미 | 手術 | 읽는 법<br>의 미 |
| 留学 | 읽는 법<br>의 미 | 授業 | 읽는 법<br>의 미 |
| 少し | 읽는 법<br>의 미 | 収入 | 읽는 법<br>의 미 |
| 紹介 | 읽는 법<br>의 미 | 修正 | 읽는 법<br>의 미 |
| 消費 | 읽는 법<br>의 미 | 輸出 | 읽는 법<br>의 미 |
| 規則 | 읽는 법<br>의 미 | 縮小 | 읽는 법<br>의 미 |
| 続ける | 읽는 법<br>의 미 | 順調 | 읽는 법<br>의 미 |
| 送信 | 읽는 법<br>의 미 | 拾う | 읽는 법<br>의 미 |
| 首 | 읽는 법<br>의 미 | 親しい | 읽는 법<br>의 미 |
| 数える | 읽는 법<br>의 미 | 気付く | 읽는 법<br>의 미 |
| 受かる | 읽는 법<br>의 미 | 詳しい | 읽는 법<br>의 미 |
| 守る | 읽는 법<br>의 미 | 勝つ | 읽는 법<br>의 미 |
| 近道 | 읽는 법<br>의 미 | 乗り換える | 읽는 법<br>의 미 |
| 首都 | 읽는 법<br>의 미 | 乗車 | 읽는 법<br>의 미 |
| 受付 | 읽는 법<br>의 미 | 示す | 읽는 법<br>의 미 |

단어의 읽는 법과 의미를 써 봅시다.

| 단어 | | 단어 | |
|---|---|---|---|
| 試す | 읽는 법<br>의 미 | 室内 | 읽는 법<br>의 미 |
| 試食 | 읽는 법<br>의 미 | 失礼 | 읽는 법<br>의 미 |
| 試験 | 읽는 법<br>의 미 | 失業 | 읽는 법<br>의 미 |
| 植える | 읽는 법<br>의 미 | 失敗 | 읽는 법<br>의 미 |
| 食器 | 읽는 법<br>의 미 | 心配 | 읽는 법<br>의 미 |
| 文句 | 읽는 법<br>의 미 | 十分 | 읽는 법<br>의 미 |
| 郵便 | 읽는 법<br>의 미 | 悪い | 읽는 법<br>의 미 |
| 上達 | 읽는 법<br>의 미 | 楽しい | 읽는 법<br>의 미 |
| 換える | 읽는 법<br>의 미 | 顔 | 읽는 법<br>의 미 |
| 申し込み | 읽는 법<br>의 미 | 眼鏡 | 읽는 법<br>의 미 |
| 関心 | 읽는 법<br>의 미 | 安全 | 읽는 법<br>의 미 |
| 身長 | 읽는 법<br>의 미 | 暗い | 읽는 법<br>의 미 |
| 慎重 | 읽는 법<br>의 미 | 押す | 읽는 법<br>의 미 |
| 申請 | 읽는 법<br>의 미 | 夜中 | 읽는 법<br>의 미 |
| 失う | 읽는 법<br>의 미 | 若い | 읽는 법<br>의 미 |

단어의 읽는 법과 의미를 써 봅시다.

| 단 어 | |
|---|---|
| □ 洋服 | 읽는 법<br>의 미 |
| □ 様子 | 읽는 법<br>의 미 |
| □ 涙 | 읽는 법<br>의 미 |
| □ 言葉 | 읽는 법<br>의 미 |
| □ 厳しい | 읽는 법<br>의 미 |
| □ 予防 | 읽는 법<br>의 미 |
| □ 予報 | 읽는 법<br>의 미 |
| □ 分野 | 읽는 법<br>의 미 |
| □ 報告 | 읽는 법<br>의 미 |
| □ 迷惑 | 읽는 법<br>의 미 |
| □ 易しい | 읽는 법<br>의 미 |
| □ 役立つ | 읽는 법<br>의 미 |
| □ 燃える | 읽는 법<br>의 미 |
| □ 延ばす | 읽는 법<br>의 미 |
| □ 研究室 | 읽는 법<br>의 미 |

| 단 어 | |
|---|---|
| □ 延期 | 읽는 법<br>의 미 |
| □ 確か | 읽는 법<br>의 미 |
| □ 燃焼 | 읽는 법<br>의 미 |
| □ 演奏 | 읽는 법<br>의 미 |
| □ 熱 | 읽는 법<br>의 미 |
| □ 葉 | 읽는 법<br>의 미 |
| □ 葉書 | 읽는 법<br>의 미 |
| □ 出身 | 읽는 법<br>의 미 |
| □ 営業 | 읽는 법<br>의 미 |
| □ 影響 | 읽는 법<br>의 미 |
| □ 映画 | 읽는 법<br>의 미 |
| □ 預かる | 읽는 법<br>의 미 |
| □ 汚い | 읽는 법<br>의 미 |
| □ 区別 | 읽는 법<br>의 미 |
| □ 汚れる | 읽는 법<br>의 미 |

단어의 읽는 법과 의미를 써 봅시다.

| 단 어 | | 단 어 | |
|---|---|---|---|
| □ 屋根 | 읽는법<br>의 미 | □ 運転 | 읽는법<br>의 미 |
| □ 温暖化 | 읽는법<br>의 미 | □ 運行 | 읽는법<br>의 미 |
| □ 温度 | 읽는법<br>의 미 | □ 用事 | 읽는법<br>의 미 |
| □ 温泉 | 읽는법<br>의 미 | □ 原料 | 읽는법<br>의 미 |
| □ 腕 | 읽는법<br>의 미 | □ 原因 | 읽는법<br>의 미 |
| □ 外 | 읽는법<br>의 미 | □ 偉い | 읽는법<br>의 미 |
| □ 外科 | 읽는법<br>의 미 | □ 危ない | 읽는법<br>의 미 |
| □ 外食 | 읽는법<br>의 미 | □ 慰める | 읽는법<br>의 미 |
| □ 内側 | 읽는법<br>의 미 | □ 位置 | 읽는법<br>의 미 |
| □ 腰 | 읽는법<br>의 미 | □ 偶然 | 읽는법<br>의 미 |
| □ 要求 | 읽는법<br>의 미 | □ 誘う | 읽는법<br>의 미 |
| □ 溶ける | 읽는법<br>의 미 | □ 丘 | 읽는법<br>의 미 |
| □ 容器 | 읽는법<br>의 미 | □ 有料 | 읽는법<br>의 미 |
| □ 用意 | 읽는법<br>의 미 | □ 育てる | 읽는법<br>의 미 |
| □ 優勝 | 읽는법<br>의 미 | □ 応募 | 읽는법<br>의 미 |

단어의 읽는 법과 의미를 써 봅시다.

| 단어 | | 단어 | |
|---|---|---|---|
| □ 制限 | 읽는 법<br>의 미 | □ 材料 | 읽는 법<br>의 미 |
| □ 疑う | 읽는 법<br>의 미 | □ 貯める | 읽는 법<br>의 미 |
| □ 冗談 | 읽는 법<br>의 미 | □ 積極的 | 읽는 법<br>의 미 |
| □ 意識 | 읽는 법<br>의 미 | □ 伝える | 읽는 법<br>의 미 |
| □ 衣装 | 읽는 법<br>의 미 | □ 転ぶ | 읽는 법<br>의 미 |
| □ 移動 | 읽는 법<br>의 미 | □ 伝言 | 읽는 법<br>의 미 |
| □ 以外 | 읽는 법<br>의 미 | □ 伝統 | 읽는 법<br>의 미 |
| □ 印象 | 읽는 법<br>의 미 | □ 自慢 | 읽는 법<br>의 미 |
| □ 印刷 | 읽는 법<br>의 미 | □ 折れる | 읽는 법<br>의 미 |
| □ 日記 | 읽는 법<br>의 미 | □ 過去 | 읽는 법<br>의 미 |
| □ 姿勢 | 읽는 법<br>의 미 | □ 節約 | 읽는 법<br>의 미 |
| □ 資源 | 읽는 법<br>의 미 | □ 庭 | 읽는 법<br>의 미 |
| □ 残念 | 읽는 법<br>의 미 | □ 丁寧 | 읽는 법<br>의 미 |
| □ 将来 | 읽는 법<br>의 미 | □ 整理 | 읽는 법<br>의 미 |
| □ 丈夫 | 읽는 법<br>의 미 | □ 情報 | 읽는 법<br>의 미 |

## 실전 JLPT 도전

실제 시험유형과 비슷한 문제를 통해 복습해 봅시다.

**1** ____의 단어의 읽는 법으로 가장 적당한 것을 ①, ②, ③, ④에서 하나 고르세요.

**1) 日本の首都は東京であることを知っていますか。**
일본의 수도는 도쿄란 것을 알고 있습니까?
① しゅとう ② しゅうと ③ しゅと ④ しゅうとう

**2) 部長は私を疑っているようだ。** 부장님은 나를 의심하고 있는 것 같다.
① しかって ② こわがって ③ きらって ④ うたがって

**3) 掃除をしたと言ったが、まだ汚い。** 청소를 했다고 했는데 아직 더럽다.
① せまい ② くさい ③ きたない ④ うるさい

**2** ____의 단어를 한자로 쓸 때 가장 적당한 것을 ①, ②, ③, ④에서 하나 고르세요.

**1) 息子を実家にあずけて出かけた。** 아들을 본가에 맡기고 외출했다.
① 預けて ② 借けて ③ 替けて ④ 貯けて

**2) もうすぐ試験のせいせきが出ます。** 이제 곧 시험 성적이 나옵니다.
① 成席 ② 成績 ③ 成籍 ④ 成積

**3) 本の字がこまかくてよく読めない。** 책의 글씨가 작아서 잘 읽을 수 없다.
① 短かくて ② 角かくて ③ 丸かくて ④ 細かくて

**3** (　)에 들어갈 것으로 가장 적당한 것을 ①, ②, ③, ④에서 하나 고르세요.

**1) 台風の(　　)を受けて、飛行機が遅れている。**

태풍의 영향을 받아 비행기가 늦어지고 있다.

① 文句　　② 報告　　③ 影響　　④ 区別

**2) 新しい企画のことなら、私より石田さんのほうが(　　)知っています。**

새로운 기획 건이라면 저보다 이시다 씨 쪽이 상세히 알고 있습니다.

① 楽しく　　② 親しく　　③ 厳しく　　④ 詳しく

**3) 春になると、全国の公園には桜が(　　)ます。**

봄이 되면 전국의 공원에는 벚꽃이 핍니다.

① 咲き　　② 焼き　　③ 守き　　④ 笑き

**4) 強い風のせいで、庭の木の枝が(　　)しまった。**

강한 바람 때문에 정원의 나뭇가지가 부러져 버렸다.

① 折れて　　② 伝えて　　③ 汚れて　　④ 燃えて

**1** 1) ③ 2) ④ 3) ③

**2** 1) ① 2) ② 3) ④

**3** 1) ③ 2) ④ 3) ① 4) ①

WEEK 04

# 4 주 째

1회 2회 3회

단어의 읽는 법과 의미를 외워 봅시다.

MP3 1-4-1

| | 단어 | 읽는법 | 의미 |
|---|---|---|---|
| 01 | 正確 | せいかく | 정확(+だ 하다/+な 한) |
| 02 | 除く | のぞく | 제거하다, 제외하다 |
| 03 | 平均 ⑰ | へいきん | 평균 |
| 04 | 制服 ⑱㉓ | せいふく | 제복, 교복 |
| 05 | 助ける ⑲ | たすける | 도와주다, 구조하다 |
| 06 | 希望 ⑲ | きぼう | 희망 |
| 07 | 組む | くむ | (팔짱, 깍지) 끼다,<br>(일정, 예산) 짜다 |
| 08 | 繰り返す | くりかえす | 반복하다 |
| 09 | 意志 ⑫㉑ | いし | 의지 |
| 10 | 尊敬 | そんけい | 존경 |

단어의 읽는 법과 의미를 외워 봅시다.

| | 단어 | 읽는법 | 의미 |
|---|---|---|---|
| 11 | 存在 | そんざい | 존재 |
| 12 | 尊重 ⑫⑱ | そんちょう | 존중 |
| 13 | 卒業 | そつぎょう | 졸업 |
| 14 | 満足 | まんぞく | 만족(+な 한/+に 하게) |
| 15 | 従う | したがう | 따르다 |
| 16 | 終わる ⑩⑰⑲ | おわる | 끝나다 |
| 17 | 種類 ⑳ | しゅるい | 종류 |
| 18 | 埋める ⑱ | うめる | 묻다, 메우다 |
| 19 | 禁止 | きんし | 금지 |
| 20 | 突然 ⑲ | とつぜん | 돌연, 갑자기 |

단어의 읽는 법과 의미를 외워 봅시다.

| | 단 어 | 읽는 법 | 의 미 |
|---|---|---|---|
| 21 | **住宅** | じゅうたく | 주택 |
| 22 | **昼食** ⑲ | ちゅうしょく | 중식, 점심 식사 |
| 23 | **主要** ⑰㉔ | しゅよう | 주요 |
| 24 | **周囲** | しゅうい | 주위 |
| 25 | **横断** | おうだん | 횡단 |
| 26 | **注意** | ちゅうい | 주의 |
| 27 | **主張** ⑪ | しゅちょう | 주장 |
| 28 | **駐車** ㉑ | ちゅうしゃ | 주차 |
| 29 | **準備** | じゅんび | 준비 |
| 30 | **重なる** | かさなる | 거듭되다, 겹치다 |

# DAY 2

1회 2회 3회

단어의 읽는 법과 의미를 외워 봅시다.

MP3 1-4-2

| | 단 어 | 읽는 법 | 의 미 |
|---|---|---|---|
| 01 | **重ねる** ⑬⑱㉑ | かさねる | 거듭하다, 포개다,<br>쌓아 올리다 |
| 02 | **仲間** | なかま | 동료, 친구 |
| 03 | **退屈** ㉔ | たいくつ | 지겨움, 따분함<br>(+だ 하다/+な 한) |
| 04 | **中身** | なかみ | 내용물, 실속 |
| 05 | **重要** | じゅうよう | 중요(+だ 하다/+な 한) |
| 06 | **中止** | ちゅうし | 중지 |
| 07 | **増える** | ふえる | 늘어나다, 증가하다 |
| 08 | **増加** | ぞうか | 증가 |
| 09 | **喋る** | しゃべる | 수다떨다 |
| 10 | **枝** | えだ | 가지, 갈래 |

단어의 읽는 법과 의미를 외워 봅시다.

| | 단 어 | 읽는 법 | 의 미 |
|---|---|---|---|
| 11 | **池** | いけ | 연못 |
| 12 | **遅い** ⑬⑲ | おそい | 늦다, 느리다 |
| 13 | **止まる** | とまる | 멈추다, 멎다 |
| 14 | **遅れる** ⑪ | おくれる | 늦다, 더디다 |
| 15 | **遅刻** | ちこく | 지각 |
| 16 | **地球** ⑪ | ちきゅう | 지구 |
| 17 | **指導** | しどう | 지도 |
| 18 | **地面** | じめん | 지면, 땅바닥 |
| 19 | **地味** | じみ | 수수함, 검소함<br>(+だ 하다/+な 한) |
| 20 | **指示** ⑪ | しじ | 지시 |

단어의 읽는 법과 의미를 외워 봅시다.

| | 단 어 | 읽는 법 | 의 미 |
|---|---|---|---|
| 21 | 知識 ㉔ | ちしき | 지식 |
| 22 | 地域 | ちいき | 지역 |
| 23 | 遅延 | ちえん | 지연 |
| 24 | 知人 | ちじん | 지인, 아는 사람 |
| 25 | 指定 | してい | 지정 |
| 26 | 支持 | しじ | 지지 |
| 27 | 支出 | ししゅつ | 지출 |
| 28 | 直す | なおす | 고치다, 바로잡다 |
| 29 | 職業 | しょくぎょう | 직업 |
| 30 | 直接 | ちょくせつ | 직접 |

# DAY 3

1회 2회 3회

단어의 읽는 법과 의미를 외워 봅시다.

MP3 1-4-3

| | 단 어 | 읽는 법 | 의 미 |
|---|---|---|---|
| 01 | 清潔 ⑪⑮⑲ | せいけつ | 청결(+な 한/+に 하게) |
| 02 | 畳む ⑬ | たたむ | 개다, 접다 |
| 03 | 電球 | でんきゅう | 전구 |
| 04 | 天然 | てんねん | 천연 |
| 05 | 浅い ⑲ | あさい | 얕다, 엷다 |
| 06 | 処理 | しょり | 처리 |
| 07 | 凄い | すごい | 굉장하다, 대단하다 |
| 08 | 責任 | せきにん | 책임 |
| 09 | 窓口 | まどぐち | 창구 |
| 10 | 窓 | まど | 창문 |

단어의 읽는 법과 의미를 외워 봅시다.

| | 단 어 | 읽는 법 | 의 미 |
|---|---|---|---|
| 11 | 参考書 | さんこうしょ | 참고서 |
| 12 | 文章 | ぶんしょう | 문장, 글 |
| 13 | 賛成 | さんせい | 찬성 |
| 14 | 着く | つく | 도착하다, 닿다 |
| 15 | 借金 | しゃっきん | 빚, 돈을 꿈 |
| 16 | 次 | つぎ | 다음 |
| 17 | 集合 ㉑ | しゅうごう | 집합 |
| 18 | 集団 | しゅうだん | 집단 |
| 19 | 微妙 | びみょう | 미묘(+な 한/+に 하게) |
| 20 | 立派 ⑩ | りっぱ | 훌륭함<br>(+だ 하다/+な 한) |

단어의 읽는 법과 의미를 외워 봅시다.

| | 단 어 | 읽는 법 | 의 미 |
|---|---|---|---|
| 21 | 進歩 ㉓ | しんぽ | 진보 |
| 22 | 診断 | しんだん | 진단 |
| 23 | 真剣 | しんけん | 심각함, 진지함 (+だ 하다/+な 한) |
| 24 | 進む | すすむ | 나아가다, 진행하다, 나아지다 |
| 25 | 沈む | しずむ | 가라앉다, 잠기다 |
| 26 | ごろごろ | | 데굴데굴 구르는 모양, 빈둥거리는 모양 |
| 27 | 危険 | きけん | 위험(+だ 하다/+な 한) |
| 28 | ぐっすり ㉔ | | 푹 잠든 모양 (+寝(ね)る/眠(ねむ)る 자다) |
| 29 | 臭い | くさい | 고약한 냄새가 나다 |
| 30 | 変 ⑲ | へん | 이상함 (+だ 하다/+な 한) |

# DAY 4

1회 2회 3회

단어의 읽는 법과 의미를 외워 봅시다.

MP3 1-4-4

| | 단 어 | 읽는 법 | 의 미 |
|---|---|---|---|
| 01 | がらがら | | 텅 빈 모양 |
| 02 | がっかり | | 실망하는 모양 |
| 03 | 発音 | はつおん | 발음 |
| 04 | 平素 | へいそ | 평소 |
| 05 | 輝く | かがやく | 눈부시게 빛나다, 반짝이다 |
| 06 | うろうろ ⑲㉔ | | 우왕좌왕하는 모양 |
| 07 | うっかり ⑩⑯⑱㉓ | | 무심코 |
| 08 | いよいよ | | 드디어 |
| 09 | 珍しい | めずらしい | 드물다, 희안하다 |
| 10 | 採集 | さいしゅう | 채집 |

단어의 읽는 법과 의미를 외워 봅시다.

| | 단 어 | 읽는 법 | 의 미 |
|---|---|---|---|
| 11 | 代表 ⑮ | だいひょう | 대표 |
| 12 | 専攻 | せんこう | 전공 |
| 13 | 収集 | しゅうしゅう | 수집 |
| 14 | 登場 ⑳ | とうじょう | 등장 |
| 15 | 側面 | そくめん | 측면 |
| 16 | 特色 | とくしょく | 특색 |
| 17 | 通勤 ⑩ | つうきん | 통근 |
| 18 | 渋滞 ⑬㉑㉓ | じゅうたい | 정체, 밀림 |
| 19 | 外出 | がいしゅつ | 외출 |
| 20 | 書類 | しょるい | 서류 |

단어의 읽는 법과 의미를 외워 봅시다.

| | 단 어 | 읽는법 | 의 미 |
|---|---|---|---|
| 21 | お寺 | おてら | 절 |
| 22 | 打つ | うつ | 치다, 때리다 |
| 23 | 季節 | きせつ | 계절 |
| 24 | 契約 | けいやく | 계약 |
| 25 | 調節 | ちょうせつ | 조절 |
| 26 | 煮る | にる | 익히다, 조리다, 삶다 |
| 27 | 秒 ㉑ | びょう | 초(시간 단위) |
| 28 | 違う | ちがう | 다르다, 틀리다 |
| 29 | 断る ⑯ | ことわる | 거절하다 |
| 30 | 床 | ゆか | 마루, 바닥 |

1회 2회 3회

단어의 읽는 법과 의미를 외워 봅시다.

MP3 1-4-5

|  | 단 어 | 읽는법 | 의 미 |
|---|---|---|---|
| 01 | 大会 ⑭ | たいかい | 대회 |
| 02 | 途中 | とちゅう | 도중 |
| 03 | 完成 ⑫㉔ | かんせい | 완성 |
| 04 | 発展 ⑭⑱ | はってん | 발전 |
| 05 | 怪しい ㉔ | あやしい | 수상하다, 의심스럽다 |
| 06 | 手伝う | てつだう | 돕다 |
| 07 | 感激 | かんげき | 감격 |
| 08 | 取り入れる | とりいれる | 도입하다, 안에 넣다 |
| 09 | 観客 | かんきゃく | 관객 |
| 10 | 飾る | かざる | 장식하다, 치장하다 |

단어의 읽는 법과 의미를 외워 봅시다.

| | 단 어 | 읽는 법 | 의 미 |
| --- | --- | --- | --- |
| 11 | 港 | みなと | 항구 |
| 12 | 欲しい | ほしい | 갖고 싶다, 원하다 |
| 13 | 面接 | めんせつ | 면접 |
| 14 | 順番 ⑮㉔ | じゅんばん | 순번, 차례 |
| 15 | ふらふら ⑳ | | 흔들리는 모양,<br>머리가 도는 모양 |
| 16 | 派手 ㉔ | はで | 화려함<br>(+だ 하다/+な 한) |
| 17 | 盛ん ⑱㉒ | さかん | 왕성함, 번성함<br>(+だ 하다/+な 한) |
| 18 | 負ける ㉔ | まける | 지다, (값) 깎아 주다 |
| 19 | 触る ㉑ | さわる | 만지다, 관여하다,<br>(기분) 상하게 하다 |
| 20 | 触れる | ふれる | 접하다, 닿다 |

단어의 읽는 법과 의미를 외워 봅시다.

| | 단 어 | 읽는 법 | 의 미 |
|---|---|---|---|
| 21 | 撫でる | なでる | 쓰다듬다, 어루만지다, 귀여워하다 |
| 22 | 単純 | たんじゅん | 단순(+な 한/+に 하게) |
| 23 | 身近 | みぢか | 신변, 가까운 곳 |
| 24 | 素晴らしい | すばらしい | 훌륭하다 |
| 25 | 技術 | ぎじゅつ | 기술 |
| 26 | 組み立てる | くみたてる | 조립하다, 구성하다 |
| 27 | 笑顔 | えがお | 웃는 얼굴 |
| 28 | 往復 | おうふく | 왕복 |
| 29 | 晴れる | はれる | (날씨) 맑다, 개다 |
| 30 | 覚える ⑭ | おぼえる | 외우다, 기억하다, 익히다 |

# DAY 6

1회 2회 3회

단어의 읽는 법과 의미를 외워 봅시다.

MP3 1-4-6

| | 단 어 | 읽는법 | 의 미 |
|---|---|---|---|
| 01 | 過ごす | すごす | (시간) 보내다, 지내다 |
| 02 | 専門家 | せんもんか | 전문가 |
| 03 | 進学 | しんがく | 진학 |
| 04 | 取り出す ㉔ | とりだす | 꺼내다, 추려 내다 |
| 05 | 形 | かたち | 모양, 형태 |
| 06 | 箱 | はこ | 상자 |
| 07 | ぴったり ⑳ | | (사이즈, 디자인, 색)<br>딱 맞음 |
| 08 | 帰国 | きこく | 귀국 |
| 09 | 自宅 | じたく | 자택 |
| 10 | 温める ⑫ | あたためる | 데우다 |

단어의 읽는 법과 의미를 외워 봅시다.

| | 단 어 | 읽는법 | 의 미 |
|---|---|---|---|
| 11 | 掃除 | そうじ | 청소 |
| 12 | 翌日 ㉑ | よくじつ | 익일, 다음 날 |
| 13 | 秘密 ⑲ | ひみつ | 비밀(=内緒(ないしょ)) |
| 14 | 走る ⑱ | はしる | 달리다 |
| 15 | 苦手 | にがて | 서투름<br>(+だ 하다/+な 한) |
| 16 | 便利 | べんり | 편리(+だ 하다/+な 한) |
| 17 | 光 | ひかり | 빛 |
| 18 | 普通 ⑲ | ふつう | 보통 |
| 19 | 実験 | じっけん | 실험 |
| 20 | 録音 | ろくおん | 녹음 |

단어의 읽는 법과 의미를 외워 봅시다.

| | 단 어 | 읽는 법 | 의 미 |
|---|---|---|---|
| 21 | 翻訳 ⑫ | ほんやく | 번역 |
| 22 | 訓練 ㉑ | くんれん | 훈련 |
| 23 | 正解 ⑮ | せいかい | 정답 |
| 24 | 衣服 | いふく | 의복, 옷 |
| 25 | 割引 ⑳ | わりびき | 할인 |
| 26 | 欠席 ⑭ | けっせき | 결석 |
| 27 | 以降 ⑳ | いこう | 이후 |
| 28 | 眠る | ねむる | 자다, 잠들다 |
| 29 | 眠い | ねむい | 졸리다 |
| 30 | 通知 ⑬㉑㉔ | つうち | 통지 |

## 실력 체크

한 주 동안 외운 단어를 점검해 봅시다.

| WEEK 04 | 학습 날짜 | 달성 목표 | 다시 한번 확인해야 하는 단어 |
| --- | --- | --- | --- |
| DAY 1 | ___ / ___ | 30개 중 ___ 개 암기! | |
| DAY 2 | ___ / ___ | 30개 중 ___ 개 암기! | |
| DAY 3 | ___ / ___ | 30개 중 ___ 개 암기! | |
| DAY 4 | ___ / ___ | 30개 중 ___ 개 암기! | |
| DAY 5 | ___ / ___ | 30개 중 ___ 개 암기! | |
| DAY 6 | ___ / ___ | 30개 중 ___ 개 암기! | |

단어의 읽는 법과 의미를 써 봅시다.

| 단어 | |
|---|---|
| 正確 | 읽는 법<br>의 미 |
| 除く | 읽는 법<br>의 미 |
| 平均 | 읽는 법<br>의 미 |
| 制服 | 읽는 법<br>의 미 |
| 助ける | 읽는 법<br>의 미 |
| 希望 | 읽는 법<br>의 미 |
| 組む | 읽는 법<br>의 미 |
| 繰り返す | 읽는 법<br>의 미 |
| 意志 | 읽는 법<br>의 미 |
| 尊敬 | 읽는 법<br>의 미 |
| 存在 | 읽는 법<br>의 미 |
| 尊重 | 읽는 법<br>의 미 |
| 卒業 | 읽는 법<br>의 미 |
| 満足 | 읽는 법<br>의 미 |
| 従う | 읽는 법<br>의 미 |

| 단어 | |
|---|---|
| 終わる | 읽는 법<br>의 미 |
| 種類 | 읽는 법<br>의 미 |
| 埋める | 읽는 법<br>의 미 |
| 禁止 | 읽는 법<br>의 미 |
| 突然 | 읽는 법<br>의 미 |
| 住宅 | 읽는 법<br>의 미 |
| 昼食 | 읽는 법<br>의 미 |
| 主要 | 읽는 법<br>의 미 |
| 周囲 | 읽는 법<br>의 미 |
| 横断 | 읽는 법<br>의 미 |
| 注意 | 읽는 법<br>의 미 |
| 主張 | 읽는 법<br>의 미 |
| 駐車 | 읽는 법<br>의 미 |
| 準備 | 읽는 법<br>의 미 |
| 重なる | 읽는 법<br>의 미 |

단어의 읽는 법과 의미를 써 봅시다.

| 단어 | | 단어 | |
|---|---|---|---|
| 重ねる | 읽는 법<br>의 미 | 地球 | 읽는 법<br>의 미 |
| 仲間 | 읽는 법<br>의 미 | 指導 | 읽는 법<br>의 미 |
| 退屈 | 읽는 법<br>의 미 | 地面 | 읽는 법<br>의 미 |
| 中身 | 읽는 법<br>의 미 | 地味 | 읽는 법<br>의 미 |
| 重要 | 읽는 법<br>의 미 | 指示 | 읽는 법<br>의 미 |
| 中止 | 읽는 법<br>의 미 | 知識 | 읽는 법<br>의 미 |
| 増える | 읽는 법<br>의 미 | 地域 | 읽는 법<br>의 미 |
| 増加 | 읽는 법<br>의 미 | 遅延 | 읽는 법<br>의 미 |
| 喋る | 읽는 법<br>의 미 | 知人 | 읽는 법<br>의 미 |
| 枝 | 읽는 법<br>의 미 | 指定 | 읽는 법<br>의 미 |
| 池 | 읽는 법<br>의 미 | 支持 | 읽는 법<br>의 미 |
| 遅い | 읽는 법<br>의 미 | 支出 | 읽는 법<br>의 미 |
| 止まる | 읽는 법<br>의 미 | 直す | 읽는 법<br>의 미 |
| 遅れる | 읽는 법<br>의 미 | 職業 | 읽는 법<br>의 미 |
| 遅刻 | 읽는 법<br>의 미 | 直接 | 읽는 법<br>의 미 |

단어의 읽는 법과 의미를 써 봅시다.

| 단어 | | 단어 | |
|---|---|---|---|
| □ 清潔 | 읽는 법<br>의 미 | □ 次 | 읽는 법<br>의 미 |
| □ 畳む | 읽는 법<br>의 미 | □ 集合 | 읽는 법<br>의 미 |
| □ 電球 | 읽는 법<br>의 미 | □ 集団 | 읽는 법<br>의 미 |
| □ 天然 | 읽는 법<br>의 미 | □ 微妙 | 읽는 법<br>의 미 |
| □ 浅い | 읽는 법<br>의 미 | □ 立派 | 읽는 법<br>의 미 |
| □ 処理 | 읽는 법<br>의 미 | □ 進歩 | 읽는 법<br>의 미 |
| □ 凄い | 읽는 법<br>의 미 | □ 診断 | 읽는 법<br>의 미 |
| □ 責任 | 읽는 법<br>의 미 | □ 真剣 | 읽는 법<br>의 미 |
| □ 窓口 | 읽는 법<br>의 미 | □ 進む | 읽는 법<br>의 미 |
| □ 窓 | 읽는 법<br>의 미 | □ 沈む | 읽는 법<br>의 미 |
| □ 参考書 | 읽는 법<br>의 미 | □ ごろごろ | 읽는 법<br>의 미 |
| □ 文章 | 읽는 법<br>의 미 | □ 危険 | 읽는 법<br>의 미 |
| □ 賛成 | 읽는 법<br>의 미 | □ ぐっすり | 읽는 법<br>의 미 |
| □ 着く | 읽는 법<br>의 미 | □ 臭い | 읽는 법<br>의 미 |
| □ 借金 | 읽는 법<br>의 미 | □ 変 | 읽는 법<br>의 미 |

단어의 읽는 법과 의미를 써 봅시다.

| 단어 | | 단어 | |
|---|---|---|---|
| □ がらがら | 읽는 법<br>의 미 | □ 特色 | 읽는 법<br>의 미 |
| □ がっかり | 읽는 법<br>의 미 | □ 通勤 | 읽는 법<br>의 미 |
| □ 発音 | 읽는 법<br>의 미 | □ 渋滞 | 읽는 법<br>의 미 |
| □ 平素 | 읽는 법<br>의 미 | □ 外出 | 읽는 법<br>의 미 |
| □ 輝く | 읽는 법<br>의 미 | □ 書類 | 읽는 법<br>의 미 |
| □ うろうろ | 읽는 법<br>의 미 | □ お寺 | 읽는 법<br>의 미 |
| □ うっかり | 읽는 법<br>의 미 | □ 打つ | 읽는 법<br>의 미 |
| □ いよいよ | 읽는 법<br>의 미 | □ 季節 | 읽는 법<br>의 미 |
| □ 珍しい | 읽는 법<br>의 미 | □ 契約 | 읽는 법<br>의 미 |
| □ 採集 | 읽는 법<br>의 미 | □ 調節 | 읽는 법<br>의 미 |
| □ 代表 | 읽는 법<br>의 미 | □ 煮る | 읽는 법<br>의 미 |
| □ 専攻 | 읽는 법<br>의 미 | □ 秒 | 읽는 법<br>의 미 |
| □ 収集 | 읽는 법<br>의 미 | □ 違う | 읽는 법<br>의 미 |
| □ 登場 | 읽는 법<br>의 미 | □ 断る | 읽는 법<br>의 미 |
| □ 側面 | 읽는 법<br>의 미 | □ 床 | 읽는 법<br>의 미 |

단어의 읽는 법과 의미를 써 봅시다.

| 단어 | | 단어 | |
|---|---|---|---|
| 大会 | 읽는 법<br>의 미 | 派手 | 읽는 법<br>의 미 |
| 途中 | 읽는 법<br>의 미 | 盛ん | 읽는 법<br>의 미 |
| 完成 | 읽는 법<br>의 미 | 負ける | 읽는 법<br>의 미 |
| 発展 | 읽는 법<br>의 미 | 触る | 읽는 법<br>의 미 |
| 怪しい | 읽는 법<br>의 미 | 触れる | 읽는 법<br>의 미 |
| 手伝う | 읽는 법<br>의 미 | 撫でる | 읽는 법<br>의 미 |
| 感激 | 읽는 법<br>의 미 | 単純 | 읽는 법<br>의 미 |
| 取り入れる | 읽는 법<br>의 미 | 身近 | 읽는 법<br>의 미 |
| 観客 | 읽는 법<br>의 미 | 素晴らしい | 읽는 법<br>의 미 |
| 飾る | 읽는 법<br>의 미 | 技術 | 읽는 법<br>의 미 |
| 港 | 읽는 법<br>의 미 | 組み立てる | 읽는 법<br>의 미 |
| 欲しい | 읽는 법<br>의 미 | 笑顔 | 읽는 법<br>의 미 |
| 面接 | 읽는 법<br>의 미 | 往復 | 읽는 법<br>의 미 |
| 順番 | 읽는 법<br>의 미 | 晴れる | 읽는 법<br>의 미 |
| ふらふら | 읽는 법<br>의 미 | 覚える | 읽는 법<br>의 미 |

단어의 읽는 법과 의미를 써 봅시다.

| 단 어 | | 단 어 | |
|---|---|---|---|
| 過ごす | 읽는 법<br>의 미 | 便利 | 읽는 법<br>의 미 |
| 専門家 | 읽는 법<br>의 미 | 光 | 읽는 법<br>의 미 |
| 進学 | 읽는 법<br>의 미 | 普通 | 읽는 법<br>의 미 |
| 取り出す | 읽는 법<br>의 미 | 実験 | 읽는 법<br>의 미 |
| 形 | 읽는 법<br>의 미 | 録音 | 읽는 법<br>의 미 |
| 箱 | 읽는 법<br>의 미 | 翻訳 | 읽는 법<br>의 미 |
| ぴったり | 읽는 법<br>의 미 | 訓練 | 읽는 법<br>의 미 |
| 帰国 | 읽는 법<br>의 미 | 正解 | 읽는 법<br>의 미 |
| 自宅 | 읽는 법<br>의 미 | 衣服 | 읽는 법<br>의 미 |
| 温める | 읽는 법<br>의 미 | 割引 | 읽는 법<br>의 미 |
| 掃除 | 읽는 법<br>의 미 | 欠席 | 읽는 법<br>의 미 |
| 翌日 | 읽는 법<br>의 미 | 以降 | 읽는 법<br>의 미 |
| 秘密 | 읽는 법<br>의 미 | 眠る | 읽는 법<br>의 미 |
| 走る | 읽는 법<br>의 미 | 眠い | 읽는 법<br>의 미 |
| 苦手 | 읽는 법<br>의 미 | 通知 | 읽는 법<br>의 미 |

# 실전 JLPT 도전

실제 시험유형과 비슷한 문제를 통해 복습해 봅시다.

**1** ____의 단어의 읽는 법으로 가장 적당한 것을 ①, ②, ③, ④에서 하나 고르세요.

1) 部屋をきれいに<u>掃除</u>してほしいです。 방을 깨끗이 청소해 줬으면 좋겠습니다.

①しょうじ ②しょうじょ ③そうじ ④そうじょ

2) レベルテストの結果は、今日中に<u>通知</u>します。

레벨 테스트 결과는 오늘 중으로 통지합니다.

①つうち ②とおち ③つうし ④とおし

3) 道路を<u>横断</u>するときは気を付けなければいけません。

도로를 횡단할 때는 주의하지 않으면 안 됩니다.

①よこたん ②よこだん ③おうたん ④おうだん

**2** ____의 단어를 한자로 쓸 때 가장 적당한 것을 ①, ②, ③, ④에서 하나 고르세요.

1) 彼女は腕を<u>くんで</u>犬を見ていた。 그녀는 팔짱을 끼고 개를 보고 있었다.

①組んで ②接んで ③折んで ④結んで

2) コンビニ弁当を<u>あたためて</u>食べました。

편의점 도시락을 데워서 먹었습니다.

①湯めて ②温めて ③熟めて ④熱めて

3) 赤ちゃんが母親に抱かれて<u>ねむって</u>います。

아기가 어머니에게 안겨 자고 있습니다.

①寝って ②宿って ③溶って ④眠って

**3** (　)에 들어갈 것으로 가장 적당한 것을 ①, ②, ③, ④에서 하나 고르세요.

**1) 大きい事故だったけど、足を動く(　　)をきちんとしたおかげか、すぐ歩けるようになった。**

큰 사고였지만 발을 움직이는 훈련을 제대로 한 덕분인지 바로 걸을 수 있게 되었다.

①割引　②訓練　③録音　④実験

**2) この容器は深すぎて、これよりもっと(　　)のはありませんか。**

이 용기는 너무 깊어서, 이것보다 좀 더 얕은 것은 없습니까?

①眠い　②すごい　③浅い　④遅い

**3) 薬の効きすぎのせいか、今朝から頭が(　　)している。**

약이 너무 잘 들은 탓인지 오늘 아침부터 머리가 빙빙 돈다.

①うろうろ　②ふらふら　③がらがら　④ごろごろ

**4) 会社で何かあったのか、さっきから弟の様子が(　　)。**

회사에서 무슨 일이 있었는지 아까부터 남동생의 상태가 이상하다.

①変だ　②派手だ　③盛んだ　④苦手だ

**정답**

**1** 1) ③ 2) ① 3) ④

**2** 1) ① 2) ② 3) ④

**3** 1) ② 2) ③ 3) ② 4) ①

# 부록 1 N3 관용 표현

시험 직전에 꼭 한번 보고 들어갑시다.

**1 気(き)がする** 생각이 들다, 느낌이 들다

㉮ 誰(だれ)かが呼(よ)んでいるような気(き)がする。

누군가가 부르고 있는 듯한 느낌이 든다.

**2 顔(かお)を出(だ)す** 얼굴을 내밀다, 참석하다, 출석하다

㉮ 明日(あした)の会議(かいぎ)には、どうしても顔(かお)を出(だ)さなくてはいけない。

내일 회의에는 어떻게든 참석하지 않으면 안 된다.

**3 目(め)が覚(さ)める** 눈이 떠지다, 잠을 깨다, 정신차리다 ⑭

㉮ 昨日(きのう)遅(おそ)く眠(ねむ)ったけど、朝早(あさはや)く目(め)が覚(さ)めた。

어제 늦게 잠들었지만 아침 일찍 눈이 떠졌다.

**4 目(め)に立(た)つ** 눈에 띄다, 두드러지다

㉮ 母(はは)もこのごろ年(とし)を取(と)って、白髪(しらが)が目(め)に立(た)ってきました。

어머니도 요즘 연세가 드셔서 흰머리가 눈에 띄게 되었습니다.

**5 思(おも)いがけない** 의외이다, 뜻밖이다

㉮ 彼(かれ)が死(し)ぬとは、本当(ほんとう)に思(おも)いがけなかった。

그가 죽다니, 정말로 뜻밖이었다.

**6** **気(き)にする** 마음에 두다, 걱정하다

㊎ そんなことはあまり**気(き)にしない**方(ほう)がいい。

그런 일은 별로 마음에 두지 않는 편이 좋다.

**7** **気(き)に入(い)る** 마음에 들다, 기분에 맞다 ⑫

㊎ ネクタイを買(か)いに行(い)ったが、**気(き)に入(い)った**ものがなかった。

넥타이를 사러 갔지만 마음에 드는 것이 없었다.

**8** **口(くち)が重(おも)い** 입이 무겁다, 과묵하다

㊎ 彼(かれ)は**口(くち)が重(おも)くて**、何(なん)となく付(つ)き合(あ)いにくい人(ひと)だ。

그는 과묵해서 어쩐지 사귀기 힘든 사람이다.

**9** **駄目(だめ)になる** 무용지물이 되다, 구제할 수 없는 상태가 되다

㊎ 私(わたし)の計画(けいかく)は全(すべ)て**駄目(だめ)になった**。

나의 계획은 전부 무용지물이 되었다.

**10** **身(み)に付(つ)ける** 몸에 걸치다, (지식, 습관, 기술) 습득하다 ⑬⑰

㊎ 外国語(がいこくご)を**身(み)に付(つ)ける**のは、若(わか)いうちの方(ほう)がいい。

외국어를 습득하는 것은 젊을 때 하는 편이 좋다.

**11** **気(き)が利(き)く** 생각이 잘 미치다, 눈치가 빠르다

㉮ 冷(つめ)たい飲(の)み物(もの)が用意(ようい)してあるとは、なかなか気(き)が利(き)くね。

차가운 음료가 준비되어 있다니, 꽤 눈치가 빠르네.

**12** **席(せき)を外(はず)す** 자리를 비우다, 비키다

㉮ 先生(せんせい)と二人(ふたり)だけで話(はな)したいから、君(きみ)は席(せき)を外(はず)していてくれ。

선생님과 단 둘이 이야기하고 싶으니까 너는 자리를 비켜 줘.

**13** **口(くち)に合(あ)う** 입맛에 맞다

㉮ お口(くち)に合(あ)うかどうか分(わ)かりませんが、召(め)し上(あ)がってください。

입에 맞으실지 모르겠지만, 드셔 보세요.

**14** **目(め)を通(とお)す** 대강 훑어보다

㉮ 新聞(しんぶん)に目(め)を通(とお)してから出掛(でか)けた。

신문을 대강 훑어보고 나서 외출했다.

**15** **気(き)が短(みじか)い** 성미가 급하다, 성마르다

㉮ 彼(かれ)は気(き)が短(みじか)くて、すぐに怒(おこ)ってしまう。

그는 성미가 급해서 금방 화를 내 버린다.

**16** **気になる** 신경 쓰이다, 걱정이 되다

㉦ 明日は遠足なので、天気が気になって眠れない。

내일은 소풍이라서 날씨가 신경 쓰여 잠들 수 없다.

**17** **具合が悪い** 상태가 나쁘다, 컨디션이 안 좋다

㉦ 今日は朝から具合が悪いので、日曜日に行くのはどうですか。

오늘은 아침부터 상태가 나빠서 일요일에 가는 것은 어때요?

**18** **役に立つ** 도움이 되다

㉦ この辞書は、国語の力を付けるのに役に立つ。

이 사전은 국어 실력을 늘리는 데에 도움이 된다.

**19** **思いも寄らない** 생각할 수도 없다, 뜻밖이다

㉦ 思いも寄らない入賞の知らせに、しばらく何も言えなかった。

뜻밖의 입상 소식에 잠시 동안 아무 말도 할 수 없었다.

**20** **気が付く** 알아채다, 생각이 나다

㉦ 計算が違っていることに気が付かなかった。

계산이 틀리다는 것을 알아채지 못했다.

Notes

Notes

Notes

Notes